职业教育扶贫研究与实践

黄春荣 编

北京理工大学出版社
BEIJING INSTITUTE OF TECHNOLOGY PRESS

版权专有　侵权必究

图书在版编目（CIP）数据

职业教育扶贫研究与实践/黄春荣编．—北京：北京理工大学出版社，2020.7
ISBN 978-7-5682-8627-5

Ⅰ．①职⋯　Ⅱ．①黄⋯　Ⅲ．①职业教育-扶贫-工作报告-广西　Ⅳ．①G719.2

中国版本图书馆CIP数据核字（2020）第111257号

出版发行 / 北京理工大学出版社有限责任公司
社　　址 / 北京市海淀区中关村南大街5号
邮　　编 / 100081
电　　话 / (010) 68914775 (总编室)
　　　　　 (010) 82562903 (教材售后服务热线)
　　　　　 (010) 68948351 (其他图书服务热线)
网　　址 / http://www.bitpress.com.cn
经　　销 / 全国各地新华书店
印　　刷 / 北京虎彩文化传播有限公司
开　　本 / 787毫米×1092毫米　1/16
印　　张 / 16.5　　　　　　　　　　　　　　　　责任编辑 / 梁铜华
字　　数 / 370千字　　　　　　　　　　　　　　 文案编辑 / 杜　枝
版　　次 / 2020年7月第1版　2020年7月第1次印刷　责任校对 / 刘亚男
定　　价 / 78.00元　　　　　　　　　　　　　　 责任印制 / 施胜娟

图书出现印装质量问题，请拨打售后服务热线，本社负责调换

本书编委会

主　任： 黄春荣
副主任： 陈　刚　　周　薇　　王显燕
委　员： 卢俊林　　钟芳晖　　章红平　　郭　慧
　　　　　　潘汝春　　刘春霞　　陈　静　　林　萍
　　　　　　黄齐治　　邓启荣　　沈德海　　何耀文
　　　　　　梁　杰　　杨伟燕　　侯　骏　　王勇权
　　　　　　冷玉芳　　谭坚俊　　黄维忠　　唐金玉
　　　　　　潘玉艳　　郭海君　　林　艳　　李　欣
　　　　　　方艳丹　　黎琼花　　党宇波　　邹茶云
　　　　　　黎　聪　　赵胜营　　邓小燕　　罗桂莲
　　　　　　李文轩　　阮为平　　甘晓玲　　邹丽兰
　　　　　　刘禹璐　　程丹宁　　陆仁超　　周　洁
　　　　　　方　云　　钟　燕　　赖崇远　　邓启荣
　　　　　　李佳玲　　甘文婷　　莫艺娟　　唐　荣

爬坡迈坎，有"职"不贫——
《职业教育扶贫研究与实践》序

  党的十九大以来，以习近平同志为核心的党中央，为进一步深化改革开放，打赢扶贫攻坚战，全面建成小康社会，实现"两个一百年"的战略目标作出了全面部署。其中，"发展教育脱贫"被定为扶贫攻坚"五大工程"之一。习近平总书记明确指出："要通过发展教育提高贫困家庭人口的文化素质和劳动技能，从而实现脱贫致富。职业教育是现代国民教育体系的重要组成部分，承载着为广大青少年传授创业就业基本技能、进入市场、发展经济的直接任务。"从这个意义上说，职业教育可谓任重道远，既担负着为实现党和国家的发展战略目标培养人才、储备人才的重大任务，也迎来顺应时代发展、把握市场脉搏、加大转型力度、进一步改善和完善自身体制的挑战和机遇。令人欣喜的是，作为职业教育的中坚力量，我们居安思危，清醒地考量了未来面临的形势，把握了稍纵即逝的机遇，为"教育扶贫"在职业教育领域内另辟蹊径进行了不懈的探索和努力。《职业教育扶贫策略研究》无疑是"教育扶贫"探索和努力的重大标志。

  无论从国际或国内大环境来看，这种探索和努力都是十分有益，非常有必要的。2019年以来，美国特朗普政府为了打压迅速崛起的中国，蓄意挑起中美经贸摩擦，妄图阻滞中国的发展，以维护自己的世界霸权。经过近一百年的斗争，尤其是经过四十年的改革发展，中国人民经历了从站起来到富起来再到强起来的巨大嬗变，以习近平同志为核心的中国共产党已非"吴下阿蒙"。他们清醒地、准确地估计到中国的发展还处在"爬坡"阶段，远远没有"登顶"，更非西方国家预言的"下滑"。纵观世界历史，新兴强国受到守成强国的打压、遏制，这是一道无法绕过去的"坎"。为此，党中央和国务院集亿万人民的智慧和力量，积40年改革发展的经验，提出中国的改革发展绝非别人的施舍和恩赐，最终要依靠自己的努力。我们要抢占国际道义的制高点，保持战略定力，保持必胜信心，不要心存侥幸，也不要惊慌失措，而要增强忧患意识，扎扎实实做好自己的事情，坚定不移地走中国特色社会主义道路。面对美国的新"冷战"思维和打压、遏制手段，中国政府采取了极其智慧的应对策略，"一带一路""教育扶贫"倡议正是其中极具创造性的一环。党中央的决策对我们职业教育工作者来说不仅是巨大的鼓舞，同时具有巨大的启示意义：立足于职业教育扶贫，增强扶贫内生动力、促进就业增收、加快脱贫致富、做到有"职"不贫；有效整合职业院校资源和社会资源，深入实施校校联合、校企合作、产教融合，做大、做优、做强职业教育品牌，不断提升办学水平和人才培养能力，走出了一条"扩规模、强内涵、提质量、促产业、带就业、增收入、能致富"的职业教育发展之路，为经济社会健康快速发展起到了积极的推动作用。

  广西职业教育人员从固基强身出发，依靠党的政策，顺应发展潮流，结合自身的特点和优势，积极探索职业教育扶贫的改革发展之路。本书收录的调研报告、论文、研究报告，从不同角度阐述了新时代职业学校如何紧随改革发展形势，探索广西职业教育扶贫的可行性与实践性。本书选取的文章，主要篇目在课题立项时都经过有关专家学者的评议和审核，并提出了修改完善的宝贵意见。毋庸置疑，这些论文的写作态度是认真的，这种直抒胸臆的探索是有益的、可贵的，其中，不乏令人眼前一亮的真知灼见；但是，由于受诸多条件的局限，从学术研究角度而言，有些论文的视野还不够开阔，阐发的观点还缺乏独树一帜的特色，仍有人云亦云之嫌；有些论文调查研究还不深入，赖以支持自己的学术观点的数据掌握得还不够充分，还缺乏权威性，说服力还不够。当然，从发展的角度而言，这些客观存在的问题应成为促使本书进一步完善的助力和动力。编者期望，本书能够起到抛砖引玉的作用，吹响职业教育扶贫"爬坡迈坎"的号角。由于编者水平有限，书中难免存在疏漏之处，恳请广大读者批评指正。

编 者

目　录

方案篇 ………………………………………………………………………… (1)
　　职业教育精准扶贫"圆梦班"实施方案 …………………………………… (3)
　　中职教育精准扶贫"圆梦班"开班仪式方案 ……………………………… (18)
　　建档立卡新生入学绿色通道实施方案 …………………………………… (20)
　　广西物资学校中职学生资助政策宣传月活动实施方案 ………………… (22)
　　广西物资学校学生资助管理工作新思路新举措介绍 …………………… (24)
　　校校合作开启扶贫扶一方的新方案 ……………………………………… (26)
　　职业院校电商专业精准扶贫策略 ………………………………………… (31)
　　广西"雨露计划"扶贫培训工作方案 …………………………………… (49)

调研篇 ………………………………………………………………………… (55)
　　金秀瑶族自治县扶贫工作调研报告 ……………………………………… (57)
　　关于我校前往广西玉林农业学校、玉林市第一职业中等专业学校调研的报告 ……
　　………………………………………………………………………………… (63)
　　"关爱留守儿童，召唤妈妈回家，共建幸福乡村"精准道德扶贫项目调研报告 …
　　………………………………………………………………………………… (68)
　　东兴市扶贫工作调研报告 ………………………………………………… (75)
　　《职业教育扶贫研究与实践》重点招标课题调研报告 …………………… (79)
　　职业教育扶贫机制调研报告 ……………………………………………… (83)
　　广西壮族自治区职业教育扶贫实施方案（代拟稿） ……………………… (87)

论文篇 ………………………………………………………………………… (93)
　　发展职业教育，助力精准扶贫 …………………………………………… (95)
　　精准扶贫视阈下的贫困人口职业教育脱贫探析 ………………………… (99)
　　广西职业教育精准扶贫探析 ……………………………………………… (105)
　　职业教育精准扶贫内涵的探究 …………………………………………… (111)
　　浅析新常态下应如何推进职业教育"精准"扶贫 ……………………… (117)
　　新型职业农民培训工作中遇到的挑战及应对策略探究 ………………… (120)
　　职业教育扶贫考评制度的研究 …………………………………………… (124)

关于职业教育扶贫的几点思考 …………………………………………… (127)
职业教育扶贫机制优化研究 …………………………………………… (130)
关于职业教育扶贫中识别机制的方法优化研究 ………………………… (134)
科学的机制建设助力提升职业教育扶贫成效 …………………………… (137)
基于"校企合作"的中等职业教育"双师型"教师培养研究 ………………… (140)
广西农产品电商品牌化的探索与实践 …………………………………… (143)
"互联网+"环境下农产品上行方法的研究与实践培养研究 …………… (146)
广西县域农村电商培训模式的探析与实践 ……………………………… (150)
中等职业教育市场营销教学中网络互动教学模式的运用探讨 ………… (156)
"互联网+"背景下农村职业学校学生管理中预防校园暴力的思考探讨 … (159)
党旗领航，职教扶贫——容县职业中专精准扶贫见成效 ……………… (163)
"互联网+"背景下农村职业学校学生管理策略的探析 ………………… (166)
玉林市第一职业中等专业学校脱贫攻坚工作总结 ……………………… (170)
贫困家庭适龄子女接受职业教育的研究报告 …………………………… (184)
《职业教育实施精准扶贫的研究与实践》研究报告 …………………… (190)
《职业教育扶贫机制与政策研究》研究报告 …………………………… (198)
《职业教育扶贫研究与实践》开题报告 ………………………………… (204)
《贫困家庭适龄子女接受中等职业教育的研究与实践》开题报告 …… (218)
《贫困家庭劳动力人口接受中职职业培训的研究与实践》开题报告 … (223)
《职业教育实施精准扶贫的研究与实践》开题报告 …………………… (230)
《职业教育扶贫机制与政策研究》开题报告 …………………………… (241)
发挥职业教育优势实现教育精准扶贫——以玉林市第一职业中等专业学校为例
　………………………………………………………………………………… (249)

参考文献 ………………………………………………………………………… (253)

方案篇

职业教育精准扶贫"圆梦班"实施方案

——王勇权　刘春霞　李欣

为全面贯彻落实中共中央、自治区打赢"脱贫攻坚战"的决策部署，通过多形式活动实施教育精准脱贫专项行动，组建"职业教育精准扶贫圆梦班"，致力实现资助"助无助之人立志，助有志之人成才"，特制定本方案。

一、实施目标

职业教育圆梦班编班及开展相关圆梦活动，让学生了解全区及广西物资学校针对贫困家庭学生的资助政策，鼓励学生参加扶贫培训，提高其就业和创业能力，做到精准补助，应补尽补。

二、实施对象

建档立卡的贫困学生；学校全方位了解确认的贫困学生及其家庭成员。

三、实施形式

针对符合条件的贫困学生，开展其在校期间的思想教育、学业帮扶、职业生涯规划、就业创业帮扶培训等扶贫行动。

（一）在校贫困学生虚拟编班

在独立建档的基础上，针对我校贫困学生进行虚拟编班。班级名称为"职教精准扶贫圆梦班"。指定专人担任"扶贫圆梦班"的班主任。班主任为贫困学生结对帮扶责任人，负责贫困学生在思想教育、学业帮扶、心理健康教育、职业生涯规划、就业创业、生活帮扶等方面的跟踪和指导。

（二）"圆梦班"结对帮扶工作新机制

1. 密集式宣传全区及我校针对贫困家庭子女的资助政策

通过网络、板报、信息公告栏、广播、征文比赛、墙报比赛、知识竞赛、宣传海报和宣传手册等多种形式和载体，广泛宣传资助政策体系的主要内容、实施范围、奖助学金标准、审批与发放流程等规定，及时让广大学生、家长和教师了解国家和学校的相关资助政策，努力做到家喻户晓、深入人心。

2. 资助工作与德育工作相结合，帮扶学生树立自信

学校开展"国家资助 点燃希望 放飞梦想"的主题班会；开展"筑梦、成长、感恩、奉献"资助征文、手抄报比赛，鼓励学生以文章、诗歌、图画、漫画、幻灯片、动画等多种

多样的形式来表达对国家资助的感恩之情；举办资助知识竞赛；举行相关学生合理使用资助金承诺的相关仪式；通过一系列的比赛活动，我校广大学生更加全面、深入地了解了国家资助政策及相关诚信知识，渗透了德育教育；同时，引导学生感恩国家、感恩社会，努力求学，合理使用资助金，使自己和家庭真正受益，督促自己成才。

3. 树立典型，引导学生明确职业生涯规划

通过宣传家庭经济困难学生依靠国家奖助学金、国家免学费政策、企业助学金等资助措施成长成才的先进事迹，宣扬诚实守信、自立自强、努力学习的典型人才，引导学生明确个人的职业发展规划。

举行相关资助金及奖学金的发放仪式，以仪式的气氛引导学生珍惜各项资助政策，激发学生树立立志成才的斗志。

4. 开通圆梦升学直通车，实现应用型人才精准升级

积极与区内大专、本科院校沟通协调为我校贫困学生建立"一对一"结对帮扶，激励学生继续接受教育，帮助贫困学生顺利完成"2+3""3+4"直通车升学，为品学兼优的贫困生提供升学深造的机会，帮助升入高职院校学习的贫困学生完成高等学校学业，顺利就业。

5. 推进人才培养模式改革，保障贫困学生精准就业

一是以专业为纽带，对接周边县乡优势特色产业，开展技能培训和实训；二是以新兴服务平台，推进技能技术服务；三是以校企合作、工学结合、顶岗实习、订单培养、现代学徒制人才培养模式改革，将课堂、课程、实习等连为一体，将职业教育与经济发展有机结合，让掌握技术的孩子带着技术进入市场，实现顺利就业。

6. 纳入精准扶贫圆梦的学生家庭，也纳入我校精准扶贫培训的首选范围

贫困学生的家庭在某种程度上存在致富的困难，同时，也需要在对学生教育扶贫的基础上，帮助其家庭致富脱贫。针对贫困家庭的父母或者家庭有需要职教技术扶贫，如区域产品电商技能推广、家庭农产品的品牌策划与营销，我校教师可利用电商专业、汽修技能及学校教师对农村产品品牌策划的优势，对贫困家庭展开家庭产品区域产品的针对性扶贫。

（三）大力开展校内优惠政策，加强对贫困学生的生活帮扶

学校运用开放的招生录取标准，向贫困学生倾斜；对在校贫困学生结合学校"励志、诚信、感恩"三位一体形成资助工作育人特色建设，加强学生资助育人工作；以爱心捐助中心为平台，整合校内外资源，扩大影响，丰富捐助形式内容，将企业或社会捐助赠爱心棉被、爱心衣物及其他生活用品等系列爱心活动纳入常态，推行相关激励机制，表彰和奖励为职业教育精准扶贫做出突出贡献的企业或行业协会等，汇聚和整合更多的社会资源和力量，壮大精准扶贫工作队伍。

"职业教育精准扶贫圆梦班"工作开展尚在试行阶段，贫困学生的家庭成员均可参与学校的技能帮扶、生活帮扶等系列活动，学校始终坚持凭借"遵政策、保权益、重教育、巧引导、促成才"原则开展资助工作，将资助工作与德育工作相结合，逐步使我校资助宣传工作形成长效机制，成为进一步提高我校教育教学工作成效的坚强后盾。

从目前实行的效果看，扶贫圆梦班的实施具有较积极的教育扶贫作用；同时，紧扣职教扶

贫的精准性，是一种从精准定制到精准帮扶、精准脱贫的定制式职教扶贫，是对纳入精准扶贫班级学生的职业技能、家长的生存技能、家庭农产品甚至区域产品整体扶贫营销的帮扶。这种形式以点带面，以技能和实践项目推进扶贫，是家长和学生都欢迎的模式；同时，这种定制式家庭职教精准扶贫，可以为全区甚至全国的职教扶贫提供一种相对完整的整体方案（表1）。

表1　建档立卡学生名录

姓名	性别	年级	班级	学号	籍贯	户口性质
陈绢红	女	2015	15级会计01班	201505004	广西壮族自治区梧州市岑溪市	农业户口
黄春灵	女	2015	15级会计01班	201505011	广西壮族自治区南宁市邕宁区	农业户口
赖美英	女	2015	15级会计01班	201505017	广西壮族自治区钦州市灵山县	农业户口
杨洁	女	2015	15级会计01班	201505052	广西壮族自治区南宁市青秀区	农业户口
黄春梅	女	2015	15级会计03班	2015050135	广西壮族自治区南宁市横县	农业户口
梁莉丽	女	2015	15级会计03班	2015050157	广西壮族自治区玉林市兴业县	农业户口
唐月涓	女	2015	15级会计03班	2015050178	广西壮族自治区梧州市岑溪市	农业户口
黄振芬	女	2015	15级会计03班	2015050140	广西壮族自治区梧州市岑溪市	农业户口
邓艳玲	女	2015	15级会计03班	2015050129	广西壮族自治区南宁市马山县	农业户口
黎金静	女	2015	15级会计03班	2015050144	广西壮族自治区梧州市岑溪市	农业户口
吴秋丽	女	2015	15级会计04班	2015050237	广西壮族自治区玉林市博白县	农业户口
梁艳云	女	2015	15级会计04班	2015050212	广西壮族自治区南宁市邕宁区	农业户口
陶文芳	女	2015	15级会计05班	2015050298	广西壮族自治区贵港市港北区	农业户口
陈本雄	男	2015	15级汽车运用与维修01班	201508002	广西壮族自治区钦州市浦北县	农业户口
周景荣	男	2015	15级汽车运用与维修01班	201508064	广西壮族自治区桂林市灌阳县	农业户口

续表

姓名	性别	年级	班级	学号	籍贯	户口性质
刘展	男	2015	15级汽车运用与维修01班	201508029	广西壮族自治区玉林市博白县	农业户口
李锦英	男	2015	15级汽车运用与维修01班	201508020	广西壮族自治区玉林市陆川县	农业户口
石洋	男	2015	15级汽车运用与维修01班	201508041	广西壮族自治区河池市都安瑶族自治县	农业户口
覃国科	男	2015	15级汽车运用与维修02班	201508112	广西壮族自治区玉林市容县	农业户口
秦家辉	男	2015	15级汽车运用与维修02班	201508108	广西壮族自治区桂林市全州县	农业户口
庞思元	男	2015	15级汽车运用与维修03班	201508169	广西壮族自治区玉林市兴业县	农业户口
秦玉辉	男	2015	15级汽车运用与维修03班	201508171	广西壮族自治区玉林市博白县	农业户口
陈新伦	男	2015	15级汽车运用与维修03班	201508131	广西壮族自治区贺州市富川瑶族自治县	农业户口
张龙著	男	2015	15级汽车运用与维修04班	201508240	广西壮族自治区柳州市融安县	农业户口
谢维波	男	2015	15级汽车运用与维修05班	201508292	广西壮族自治区玉林市容县	农业户口
苏炳华	男	2015	15级汽车运用与维修05班	201508281	广西壮族自治区梧州市万秀区	农业户口
李远智	男	2015	15级汽车运用与维修06班	201508332	广西壮族自治区南宁市隆安县	农业户口
黄建龙	男	2015	15级汽车运用与维修09班	201508488	广西壮族自治区百色市平果县	农业户口
罗成华	男	2015	15级汽车运用与维修09班	201508506	广西壮族自治区百色市田东县	农业户口
梁祖灯	男	2015	15级汽车运用与维修10班	201508559	广西壮族自治区贵港市桂平市	农业户口

续表

姓名	性别	年级	班级	学号	籍贯	户口性质
罗婷婷	女	2015	15级汽车整车与配件营销01班	201510029	广西壮族自治区河池市巴马瑶族自治县	农业户口
彭妮	女	2015	15级汽车整车与配件营销01班	201510037	广西壮族自治区崇左市龙州县	农业户口
刘泰君	男	2015	15级物流服务与管理01班	201513033	广西壮族自治区玉林市博白县	农业户口
劳正浚	男	2015	15级物流服务与管理01班	201513019	广西壮族自治区钦州市灵山县	农业户口
卓润权	男	2015	15级物流服务与管理01班	201513055	广西壮族自治区南宁市武鸣区	农业户口
周其威	男	2015	15级物流服务与管理01班	201513054	广西壮族自治区钦州市钦北区	农业户口
陈秀丽	女	2015	15级物流服务与管理02班	201513241	广西壮族自治区贵港市桂平市	农业户口
方团佳	男	2015	15级物流服务与管理02班	201513063	广西壮族自治区来宾市武宣县	农业户口
梁祖华	男	2015	15级物流服务与管理02班	201513080	广西壮族自治区贵港市桂平市	农业户口
杜同伟	男	2015	15级物流服务与管理03班	201513118	广西壮族自治区南宁市江南区	农业户口
刘钟干	男	2015	15级物流服务与管理03班	201513150	广西壮族自治区南宁市良庆区	农业户口
罗胜和	男	2015	15级物流服务与管理04班	201513217	广西壮族自治区贵港市桂平市	农业户口
刘茜茜	女	2015	15级物流服务与管理04班	201513209	广西壮族自治区玉林市博白县	农业户口
黄燕美	女	2015	15级物流服务与管理04班	201513194	广西壮族自治区贵港市港北区	农业户口
黄婷	女	2015	15级电子商务01班	201502011	广西壮族自治区贵港市港南区	农业户口
黄星星	女	2015	15级电子商务01班	201502012	广西壮族自治区贺州市钟山县	农业户口

续表

姓名	性别	年级	班级	学号	籍贯	户口性质
黄山源	女	2015	15级电子商务03班	201502131	广西壮族自治区钦州市钦北区	农业户口
王倩	女	2015	15级电子商务03班	201502153	广西壮族自治区玉林市博白县	乡镇非农户口
邓洪煌	男	2015	15级电子商务03班	201502120	广西壮族自治区钦州市灵山县	农业户口
何新民	男	2015	15级电子商务03班	201502125	广西壮族自治区玉林市兴业县	农业户口
吴朝正	男	2015	15级电子商务04班	201502222	广西壮族自治区贵港市覃塘区	乡镇非农户口
刘玉婷	女	2015	15级电子商务04班	201502205	广西壮族自治区南宁市良庆区	农业户口
邓书德	男	2015	15级电子商务04班	201502175	广西壮族自治区贵港市覃塘区	农业户口
卢君婷	女	2015	15级电子商务05班	201502258	广西壮族自治区玉林市北流市	农业户口
陆燕玲	女	2015	15级电子商务05班	201502263	广西壮族自治区贵港市桂平市	农业户口
文转波	男	2015	15级电子商务05班	201502281	广西壮族自治区桂林市灌阳县	农业户口
覃佳姝	女	2015	15级电子商务06班	201502330	广西壮族自治区贵港市港北区	农业户口
何燕琳	女	2015	15级广告设计与制作01班	201514010	广西壮族自治区贵港市桂平市	农业户口
张佳民	男	2015	15级广告设计与制作01班	201514056	广西壮族自治区北海市合浦县	农业户口
朱怡菲	女	2015	15级广告设计与制作01班	201514060	广西壮族自治区玉林市博白县	农业户口
覃光烛	男	2015	15级计算机网络技术01班	201507040	广西壮族自治区玉林市兴业县	农业户口
陈春勇	男	2015	15级计算机网络技术01班	201507003	广西壮族自治区玉林市容县	农业户口
田德	男	2015	15级计算机网络技术01班	201507044	广西壮族自治区玉林市玉州区	农业户口

续表

姓名	性别	年级	班级	学号	籍贯	户口性质
黄爱芳	女	2015	15级计算机网络技术02班	201507058	广西壮族自治区崇左市天等县	农业户口
庞伊宁	女	2015	15级计算机网络技术02班	201507082	广西壮族自治区玉林市博白县	农业户口
陈金华	女	2015	15级市场营销01班	201512002	广西壮族自治区贵港市桂平市	农业户口
庞雪妃	女	2015	15级市场营销02班	201512092	广西壮族自治区玉林市博白县	农业户口
陆兰会	女	2015	15级市场营销02班	201512083	广西壮族自治区百色市田林县	农业户口
李梅婷	女	2015	15级市场营销02班	201512071	广西壮族自治区玉林市兴业县	农业户口
王世琼	女	2015	15级市场营销03班	201512146	广西壮族自治区崇左市扶绥县	农业户口
甘之意	女	2015	15级市场营销03班	201512114	广西壮族自治区崇左市扶绥县	农业户口
梁艺葵	女	2015	15级市场营销04班	201512185	广西壮族自治区百色市平果县	农业户口
潘宏祚	男	2015	15级市场营销04班	201512199	广西壮族自治区南宁市良庆区	农业户口
林孔鹏	男	2015	15级市场营销04班	201512190	广西壮族自治区梧州市岑溪市	农业户口
卢晓云	女	2015	15级市场营销04班	201512194	广西壮族自治区南宁市西乡塘区	农业户口
黄柳结	女	2015	15级市场营销04班	201512177	广西壮族自治区百色市德保县	农业户口
欧玲梅	女	2015	15级市场营销04班	201512198	广西壮族自治区贵港市桂平市	农业户口
覃宇强	男	2015	15级电子技术应用01班	201501044	广西壮族自治区贵港市港北区	农业户口
赖祖鑫	男	2015	15级电子技术应用01班	201501019	广西壮族自治区钦州市灵山县	农业户口
吴育龙	男	2015	15级电子技术应用01班	201501049	广西壮族自治区玉林市玉州区	农业户口

续表

姓名	性别	年级	班级	学号	籍贯	户口性质
吴宗林	男	2015	15级电子技术应用01班	201501050	广西壮族自治区玉林市玉州区	农业户口
周家辉	男	2015	15级电子技术应用02班	201501111	广西壮族自治区贵港市桂平市	农业户口
刘广石	男	2015	15级电子技术应用02班	201501082	广西壮族自治区玉林市博白县	农业户口
刘炫葭	男	2015	15级国际商务01班	201504031	广西壮族自治区玉林市陆川县	农业户口
庞彩琴	女	2015	15级国际商务01班	201504040	广西壮族自治区贵港市覃塘区	农业户口
张樱嵘	女	2015	15级国际商务01班	201504055	广西壮族自治区钦州市灵山县	农业户口
钟小雲	女	2015	15级国际商务01班	201504056	广西壮族自治区贺州市钟山县	农业户口
韦 微	女	2015	15级房地产营销与管理01班	201503022	广西壮族自治区贺州市钟山县	乡镇非农户口
刘春梅	女	2015	15级房地产营销与管理01班	201503012	广西壮族自治区贵港市平南县	乡镇非农户口
刘张凤	女	2016	会计一班	20160101036	广西壮族自治区玉林市博白县	农业户口
陈蓉蓉	女	2016	会计一班	20160101020	广西壮族自治区钦州市钦南区	农业户口
梁宗春	男	2016	会计一班	20160101014	广西壮族自治区钦州市灵山县	农业户口
李玲玲	女	2016	会计一班	20160101048	广西壮族自治区钦州市浦北县	农业户口
卢 楠	女	2016	会计一班	20160101027	广西壮族自治区桂林市全州县	农业户口
陈雪琼	女	2016	会计一班	20160101007	广西壮族自治区贵港市平南县	农业户口
覃荣荣	女	2016	会计二班	20160102024	广西壮族自治区河池市金城江区	农业户口
刘玉媛	女	2016	会计二班	20160102036	广西壮族自治区玉林市博白县	农业户口

续表

姓名	性别	年级	班级	学号	籍贯	户口性质
谢丽花	女	2016	会计二班	20160102054	广西壮族自治区南宁市江南区	农业户口
符群	女	2016	会计三班	20160103010	广西壮族自治区河池市宜州区	农业户口
梁泰宁	女	2016	会计三班	20160103032	广西壮族自治区玉林市容县	农业户口
覃花飘	女	2016	会计三班	20160103030	广西壮族自治区百色市德保县	农业户口
李小王	女	2016	会计三班	20160103034	广西壮族自治区崇左市天等县	农业户口
陆朝洋	男	2016	会计三班	20160103049	广西壮族自治区南宁市兴宁区	农业户口
黄健武	男	2016	会计三班	20160103045	广西壮族自治区百色市靖西市	乡镇非农户口
黄铃丽	女	2016	会计五班	20160105025	广西壮族自治区南宁市武鸣区	农业户口
吴佳兰	女	2016	会计五班	20160105047	广西壮族自治区南宁市良庆区	农业户口
黄小铿	女	2016	会计五班	20160105050	广西壮族自治区钦州市浦北县	农业户口
韦亚妹	女	2016	会计五班	20160105030	广西壮族自治区百色市隆林各族自治县	农业户口
莫双	女	2016	会计五班	20160105023	广西壮族自治区来宾市兴宾区	农业户口
邝荣栓	男	2016	汽修一班	20160601017	广西壮族自治区贵港市平南县	农业户口
周永稳	男	2016	汽修一班	20160601053	广西壮族自治区河池市天峨县	农业户口
梁勇辉	男	2016	汽修一班	20160601027	广西壮族自治区贵港市桂平市	农业户口
王建民	男	2016	汽修一班	20160601045	广西壮族自治区玉林市博白县	农业户口
曾明	男	2016	汽修一班	20160601050	广西壮族自治区百色市田东县	农业户口

续表

姓名	性别	年级	班级	学号	籍贯	户口性质
唐会鹏	男	2016	汽修二班	20160602023	广西壮族自治区桂林市灌阳县	农业户口
谢文俊	男	2016	汽修三班	20160603003	广西壮族自治区玉林市陆川县	农业户口
杨宝棉	男	2016	汽修三班	20160603050	广西壮族自治区贵港市桂平市	农业户口
吴柱东	男	2016	汽修四班	20160604009	广西壮族自治区梧州市藤县	农业户口
韦德教	男	2016	汽修四班	20160604008	广西壮族自治区河池市都安瑶族自治县	农业户口
卢国福	男	2016	汽修四班	20160604042	广西壮族自治区河池市巴马瑶族自治县	农业户口
农发强	男	2016	汽修四班	20160604026	广西壮族自治区南宁市良庆区	农业户口
麻顺琪	男	2016	汽修四班	20160604041	广西壮族自治区崇左市扶绥县	农业户口
余福胜	男	2016	汽修五班	20160605035	广西壮族自治区南宁市邕宁区	农业户口
覃庆池	男	2016	汽修五班	20160605020	广西壮族自治区玉林市容县	城市户口
韦进利	男	2016	汽修五班	20160605037	广西壮族自治区贵港市桂平市	农业户口
覃增震	男	2016	汽修五班	20160605028	广西壮族自治区河池市金城江区	农业户口
韦义顺	男	2016	汽修五班	20160605030	广西壮族自治区河池市东兰县	农业户口
莫庆波	男	2016	汽修五班	20160605008	广西壮族自治区南宁市上林县	农业户口
黄球	男	2016	汽修六班	20160606030	广西壮族自治区河池市都安瑶族自治县	农业户口

续表

姓名	性别	年级	班级	学号	籍贯	户口性质
陈剑	男	2016	汽修六班	20160606025	广西壮族自治区贵港市桂平市	农业户口
陈贤德	男	2016	汽修七班	20160607006	广西壮族自治区贵港市平南县	农业户口
韦权	男	2016	汽修七班	20160607004	广西壮族自治区贵港市覃塘区	农业户口
吴金伟	男	2016	汽修九班	20160609044	广西壮族自治区梧州市藤县	农业户口
黎志超	男	2016	汽修九班	20160609045	广西壮族自治区南宁市隆安县	农业户口
刘光呈	男	2016	汽修九班	20160609053	广西壮族自治区贵港市平南县	农业户口
李程杰	男	2016	汽修九班	20160609011	广西壮族自治区玉林市玉州区	农业户口
莫绪周	男	2016	汽修九班	20160609006	广西壮族自治区河池市南丹县	农业户口
覃富满	男	2016	汽修十班	20160610002	广西壮族自治区梧州市岑溪市	农业户口
陈金崇	男	2016	汽修十班	20160610014	广西壮族自治区玉林市兴业县	乡镇非农户口
潘其灵	男	2016	汽修十班	20160610041	广西壮族自治区南宁市横县	农业户口
张东	男	2016	车身修复一班	20161301059	广西壮族自治区南宁市横县	农业户口
赖洁兴	男	2016	车身修复一班	20161301009	广西壮族自治区玉林市陆川县	农业户口
梁权	男	2016	车身修复二班	20161302015	广西壮族自治区玉林市兴业县	农业户口
吴道帆	男	2016	车身修复二班	20161302035	广西壮族自治区柳州市融水苗族自治县	农业户口
莫正官	男	2016	车身修复二班	20161302027	广西壮族自治区南宁市上林县	农业户口
韦福社	男	2016	物流一班	20160801013	广西壮族自治区百色市右江区	农业户口

续表

姓名	性别	年级	班级	学号	籍贯	户口性质
陆珍	女	2016	物流一班	20160801030	广西壮族自治区河池市环江毛南族自治县	农业户口
陆福勤	男	2016	物流一班	20160801027	广西壮族自治区百色市田东县	农业户口
黎文业	男	2016	物流二班	20160802005	广西壮族自治区玉林市玉州区	农业户口
江燕清	女	2016	物流三班	20160803038	广西壮族自治区贵港市桂平市	农业户口
陈虹宇	女	2016	物流四班	20160804041	广西壮族自治区玉林市北流市	农业户口
方春风	女	2016	物流四班	20160804001	广西壮族自治区南宁市西乡塘区	农业户口
罗柔利	女	2016	物流四班	20160804014	广西壮族自治区玉林市陆川县	农业户口
万海林	男	2016	物流四班	20160804007	广西壮族自治区玉林市陆川县	农业户口
莫庆亮	男	2016	物流四班	20160804024	广西壮族自治区贵港市桂平市	农业户口
黄氏婷	女	2016	电商一班	20160901051	广西壮族自治区百色市靖西市	农业户口
陈秋如	女	2016	电商二班	20160902006	广西壮族自治区玉林市陆川县	农业户口
丘燕冰	女	2016	电商二班	20160902041	广西壮族自治区玉林市陆川县	农业户口
李海东	男	2016	电商三班	20160903004	广西壮族自治区玉林市博白县	农业户口
农章林	男	2016	电商三班	20160903017	广西壮族自治区梧州市藤县	农业户口
韦荣秀	女	2016	电商四班	20160904046	广西壮族自治区贺州市钟山县	农业户口

续表

姓名	性别	年级	班级	学号	籍贯	户口性质
梁娇霞	女	2016	电商四班	20160904024	广西壮族自治区贵港市平南县	农业户口
董会亮	男	2016	电商五班	20160905056	广西壮族自治区贺州市钟山县	乡镇非农户口
黄春雯	女	2016	电商五班	20160905010	广西壮族自治区百色市右江区	农业户口
刘奇鹏	男	2016	电商五班	20160905035	广西壮族自治区玉林市博白县	农业户口
蒙锦媚	女	2016	电商五班	20160905009	广西壮族自治区梧州市藤县	农业户口
郭丽金	女	2016	电商五班	20160905038	广西壮族自治区梧州市藤县	农业户口
阮大洲	男	2016	电商五班	20160905046	广西壮族自治区玉林市博白县	农业户口
杨 阳	男	2016	动漫班	20160201036	广西壮族自治区玉林市陆川县	农业户口
黄飞燕	女	2016	动漫班	20160201033	广西壮族自治区钦州市钦北区	农业户口
杨振孟	男	2016	网络一班	20161101049	广西壮族自治区百色市靖西市	农业户口
吴 群	女	2016	广告班	20160401028	广西壮族自治区钦州市浦北县	农业户口
陆焕君	女	2016	广告班	20160401045	广西壮族自治区南宁市横县	农业户口
黄秀艳	女	2016	广告班	20160401017	广西壮族自治区河池市巴马瑶族自治县	农业户口
颜宇廷	男	2016	广告班	20160401054	广西壮族自治区钦州市浦北县	农业户口
刘萍萍	女	2016	营销一班	20161201050	广西壮族自治区贵港市	农业户口
韦艺勤	女	2016	营销一班	20161201025	广西壮族自治区南宁市	农业户口

续表

姓名	性别	年级	班级	学号	籍贯	户口性质
莫永开	男	2016	营销二班	20161202009	广西壮族自治区河池市南丹县	农业户口
韦厚吉	男	2016	营销二班	20161202027	广西壮族自治区钦州市钦北区	农业户口
林奕飒	女	2016	营销二班	20161202045	广西壮族自治区南宁市西乡塘区	农业户口
黄燕链	女	2016	营销二班	20161202010	广西壮族自治区钦州市钦北区	农业户口
卢雪微	女	2016	营销二班	20161202033	广西壮族自治区南宁市西乡塘区	农业户口
黄小怡	女	2016	营销二班	20161202035	广西壮族自治区钦州市钦北区	农业户口
覃明兰	女	2016	营销二班	20161202039	广西壮族自治区钦州市浦北县	农业户口
卢月红	女	2016	营销三班	20161203044	广西壮族自治区南宁市江南区	农业户口
黄锦贤	男	2016	电技一班	20161001047	广西壮族自治区贵港市桂平市	农业户口
刘晓锋	男	2016	电技一班	20161001033	广西壮族自治区贵港市港北区	农业户口
凌玉贵	男	2016	电技一班	20161001007	广西壮族自治区玉林市博白县	农业户口
黄国满	男	2016	电技一班	20161001038	广西壮族自治区百色市平果县	农业户口
颜泽发	男	2016	电技一班	20161001004	广西壮族自治区钦州市钦北区	农业户口
苏 盛	男	2016	电技一班	20161001052	广西壮族自治区南宁市青秀区	农业户口
李榕欢	男	2016	电技二班	20161002048	广西壮族自治区玉林市兴业县	农业户口
张 靖	男	2016	电技二班	20161002031	广西壮族自治区钦州市灵山县	农业户口
杨龙孝	男	2016	电技二班	20161002060	广西壮族自治区贺州市富川瑶族自治县	农业户口

续表

姓名	性别	年级	班级	学号	籍贯	户口性质
韦世星	男	2016	电技二班	20161002052	广西壮族自治区柳州市融安县	农业户口
杨先海	男	2016	电技二班	20161002006	广西壮族自治区贵港市桂平市	农业户口
梁 妙	女	2016	商务班	20160301049	广西壮族自治区玉林市北流市	农业户口
黄 娜	女	2016	商务班	20160301035	广西壮族自治区南宁市武鸣区	农业户口
谢思柳	女	2016	商务班	20160301016	广西壮族自治区玉林市陆川县	农业户口
马远奔	男	2016	建筑班	20160501004	广西壮族自治区玉林市容县	农业户口
黄朝柚	男	2016	建筑班	20160501009	广西壮族自治区南宁市横县	农业户口

中职教育精准扶贫"圆梦班"开班仪式方案
——广西物资学校

为深入贯彻落实中职教育精准扶贫,增强学生对"职业教育精准扶贫"的认识,解除心中的疑惑;为脱贫打好基础,特开设中职教育精准扶贫圆梦班,圆梦班开班仪式方案如下。

一、圆梦班背景

广西属于少数民族自治区,经济发展相对落后。与此同时,产业发展、经济结构调整的任务繁重,培养高素质技能型人才队伍是推动广西各项事业进步的关键。新时期职业教育如何促进精准扶贫,更好地为全面建成小康社会服务,是值得思考和探索的问题。扭转"为读书而读书"的传统思维,大力推进职业教育,提升贫困人口的文化素质和职业技能,增强脱贫致富能力,成为教育精准扶贫的一大方向和重要途径。

二、开班仪式对象

在校全体建档立卡的贫困学生。

三、时间及地点

1. 时间:2017年3月15日下午14:30—16:30。
2. 地点:综合楼多功能报告厅。

四、出席人员

1. 学校党委书记。
2. 学校校长。
3. 分管资助工作副校长。
4. 资助部门负责人。
5. 圆梦班班主任。

五、活动流程

1. 建档立卡在校学生签到。
2. 主持人介绍出席仪式的领导和嘉宾。
3. 分管资助工作副校长介绍教育精准扶贫相关政策。
4. 资助部门负责人介绍圆梦班的目的意义和有关要求。
5. 书记、校长致辞。
6. 圆梦班班主任授开班第一课。

7. 仪式结束。

六、仪式物资准备

1. 茶水、话筒、笔记本电脑、投影、音响设备。
2. 签到表、主持词、开班手册、开班仪式议程。

七、工作要求

1. 高度重视，认真组织

学校各级各层人员要理解圆梦班的重要作用和意义，将圆梦班作为学校一项重大工作抓好抓细；各班班主任要将圆梦班开班仪式有关精神传达到本班每一位建档立卡贫困生。

2. 分工明确，密切配合

党政办公室、学生工作处、教务处、职业教育研究中心和总务处要在此前召开协调会，将圆梦班各项工作落实到位。

3. 做好宣传，抓出成效

党政办公室要做好圆梦班的对外宣传工作，教务处、学生工作处要做好家校沟通协调工作，职业教育研究中心、团委要做好校内宣传工作，让圆梦班成为学校职业教育事业的典范。

2017 年 1 月

建档立卡新生入学绿色通道实施方案
——广西物资学校

从2015年10月中国扶贫攻坚工作实施精准扶贫方略开始，国家增加扶贫投入，出台优惠政策措施，而教育扶贫也将作为其中一个重点实施方向，我校为确保教育精准扶贫工作的有效开展，结合学校实际情况，特制订建档立卡新生入学绿色通道实施方案，具体如下。

一、绿色通道服务工作领导小组

组　长：学校校长、党委书记。

副组长：分管财务和资助工作副校长。

成　员：学校资助办全体成员、财务处部分成员。

二、绿色通道申请对象。

全体建档立卡新生。

三、绿色通道现场工作程序

1. 建档立卡新生出示相关证件。
2. 填写登记表，登记表内容含姓名、性别、班级、出生年月、生源地、家庭成员基本信息、家庭简要情况。
3. 财务处现场办理免住宿费手续。
4. 爱心企业赠送棉被、衣服和生活用品。

四、绿色通道工作程序

1. 新生入学报到前，调查了解相关信息。全校教师初步统计新生就读信息，调查了解是否有属于政府扶贫部门建档立卡的贫困新生，在新生入学报到前报备相关信息至招生与就业处，招生与就业处负责统计相关信息及做好新生入学报到前期准备工作。

2. 新生入学报到时，由学校为所有持有相关证件的建档立卡贫困新生提供绿色通道服务。

主要内容有：免除所有住宿费，财务处为符合条件的贫困新生现场办理免住宿费手续，爱心企业现场赠送棉被、衣物和生活用品。

3. 建档立卡贫困新生录入学籍后，按政策给予相应的困难资助，确保落实到位。资助办按照现行中等职业学校国家资助金资助标准，给予其中一、二年级贫困学生每人每年2 000元资助，确保建档立卡贫困学生全部享受助学金且获得最高档次资助。

4. 建档立卡贫困学生在校学习期间，有关部门和人员积极做好管理和帮扶工作。学校团委根据各部门情况设立勤工助学岗位,优先安排建档立卡学生上岗;学工处对所有建档立卡贫困新生按年级进行概念编班,班级名称为"圆梦班",并指定专人担任"圆梦班"班主任;教务处负责建立结对帮扶工作新机制,各班班主任为本班贫困学生结对帮扶的负责人,教务处负责指导各教研室和相关教师在思想教育、学业帮扶、心理健康教育、职业生涯规划、就业创业、生活帮扶等方面进行跟踪和指导。

5. 建档立卡贫困学生离校就业前,加强就业指导,畅通升学渠道。招生与就业处组织教师与贫困学生结对帮扶,负责对贫困生进行职业生涯规划、就业指导和就业后支持。组织开展毕业生就业能力培训,提供个性化就业咨询和指导,将优质就业岗位优先向贫困生推荐,联合企业为贫困毕业生提供每人不少于3个就业岗位信息,力争贫困生充分就业。升学办积极与区内大专、本科院校沟通协调,为贫困学生建立"一对一"结对帮扶,帮助贫困学生顺利"2+3""3+4"直通车升学,为品学兼优的贫困学生提供升学深造机会,帮助升入高等职业院校学习的贫困学生完成学业,顺利就业。

2016 年 8 月

广西物资学校中职学生资助政策宣传月活动实施方案

——广西物资学校

根据自治区教育厅《关于开展2017年全区"学生资助政策宣传月"活动的通知》(桂教资助〔2017〕5号)精神,为了让广大学生和家长更加全面、深入地了解国家的资助政策,促进我校资助工作有序地进行,结合我校实际,特制订本实施方案。

一、组织领导

宣传组组长:章红平。

宣传组副组长:卢平、韦鲲、王勇权。

宣传组成员:李伟芳、李欣、杨金宇、黄维忠、赖崇远、王卫兴、何俊昆、各班级班主任。

领导小组组长负责组织、协调、督查学校各部门协助,指导宣传组成员齐心合力开展好资助政策的宣传活动。

二、活动主题

感恩资助 励志自强。

三、活动目标

拟通过网络、板报、信息公告栏、广播、征文比赛、墙报比赛、知识竞赛、宣传海报和宣传手册等多种形式和载体,广泛宣传我校资助政策体系的主要内容、实施范围、奖助学金标准、审批与发放流程等规定,及时让广大学生、家长和教师都了解国家和学校的相关资助政策,努力做到家喻户晓、深入人心。

四、活动内容

1. 国家对家庭经济困难就读中等职业学校的学生资助政策的重大意义。
2. 中等职业学校免学费、国家助学金、政府教育奖学金等资助政策的主要内容及申报和发放程序。
3. 学校贯彻落实各项资助政策的创新做法、好的经验及成绩。
4. 学校大力扩宽社会企业资助的成效。
5. 学校日常的捐资助困活动。
6. 获得资助的家庭困难学生或其家长的感恩之情。
7. 获得资助的学生合理使用资助金的承诺。

五、活动具体形式

采取有效的宣传手段和密集式宣传方式：

1. 充分利用校园广播、校园板报、校会、主题班会、学校网页、海报、手抄报比赛等灵活多样的方式积极宣传好国家对就读中职学生资助政策的重大意义及主要内容、流程，营造气氛，引导学生及社会各界关注了解中职生资助的相关信息。

2. 进行专栏橱窗宣传，将中职生资助政策的相关项目、主要内容、重大意义及学校落实资助政策的做法及成效等制作成海报，以专栏橱窗形式长期宣传。

3. 加大校园内外网的资助表彰专栏的宣传力度，将我校各阶段的资助工作动态及时宣传。

4. 继续发挥资助咨询专线的沟通渠道，发挥我校资助办公室与师生、家长直接沟通的高效性，通过学校资助QQ、热线电话、家长函等方式随时为学生和家长对资助相关政策和事务进行答疑解难。

5. 继续发挥资助宣传栏及时信息传递的作用，将学校为学生办理资助政策过程中的公示信息、通知、进展情况、个人发放情况等需沟通的信息及时传递给学生，促进资助工作全面及时落实到每个学生。

6. 开展"国家资助 点燃希望 放飞梦想"的主题班会；开展"筑梦、成长、感恩、奉献"资助征文、手抄报比赛，鼓励学生以文章、诗歌、图画、漫画、幻灯片、动画等多种多样的形式来表达对国家资助的感恩之情；举办资助知识竞赛；举行相关学生合理使用资助金的承诺的相关仪式；通过一系列的比赛活动，使我校广大学生更加全面、深入地了解国家资助政策及相关诚信知识，渗透德育教育，引导学生感恩国家、感恩社会，努力求学，合理使用资助金，使自己和家庭真正受益，督促自己成才。

7. 着力宣传家庭经济困难学生依靠国家奖助学金、国家免学费政策、企业助学金等资助措施成长成才的先进事迹；宣传家庭经济困难学生诚实守信、自立自强、努力学习、报效社会的典型事迹。

8. 举行相关资助金及奖学金的发放仪式，以仪式的气氛来引导学生珍惜各项资助政策，激发学生树立立志成才的斗志。

9. 由招生就业办公室组织利用招生宣传资料加大对资助政策的宣传，同时，利用招生宣传大篷车、小篷车的机会，将宣传资料、展板带到各乡镇及各中学进行巡回宣传，并为群众解疑释难。让社会公众、中学生及教师都了解国家对中职学生的资助政策及重要意义，了解国家对职业教育发展的重视及就读职业学校的优势与前景，增强就读职业教育的信心。

10. 充分利用在校生的资源，将中职生资助政策宣传到我校的各边远乡镇和农村。我校学生大部分来自农村和城镇贫困家庭，他们及其家庭均已充分享受到国家对中职生资助政策的待遇，他们也更深切地感受到了国家对中职生的重视与关心，因此，我校将充分利用这些宣传的"生力军"，把资助政策宣传到农村的千家万户。

中职学生资助工作是一项长期不懈的工作，我校始终坚持以"遵政策、保权益、重教育、巧引导、促成才"的原则开展资助工作，将资助工作与德育工作相结合，逐步形成我校资助宣传工作的长效机制。资助工作与德育工作的结合，将成为进一步提高我校教育教学工作成效的坚强后盾。

2017年5月3日

广西物资学校学生资助管理工作新思路新举措介绍

——广西物资学校

自2007年国家开始实施学生资助政策以来，广西物资学校全员齐心协力，致力认真落实各项助学政策，拓宽社会捐资助学途径，扩大受助学生比例，做到"绝不让一名学生因家庭贫困而失学"；致力受助学生立德成才教育，实现资助"助无助之人立志，助有志之人成才"的目标；同时，不断加强制度建设，努力提高管理水平，切实增强服务意识，积极探索学生资助管理工作的新思路和新举措。

一、加强学生资助工作制度化、规范化建设

我校学生大部分来自农村和城镇贫困家庭，学校始终坚持凭借"遵政策、保权益、重教育、巧引导、促成才"的原则开展资助工作，受到了上级部门和社会的赞扬，曾连续两年获得广西壮族自治区资助工作先进单位称号。

为了保证国家各项资助政策和措施的贯彻执行，确保家庭经济困难学生资助工作的制度化、规范化开展，广西物资学校结合实际，陆续修订、制订了各项资助工作规章制度，完善了资助工作服务流程，构建资助工作长效机制，使学校家庭经济困难学生资助工作真正成为惠及学生的阳光工程。

二、加强学生资助政策宣传工作

利用招生宣传、张贴资助海报、学生资助工作网页、学生资助工作QQ群等各种媒介，宣传国家各项资助政策及学校贯彻落实各项政策具体的实施办法；同时，还将通过举办资助知识竞赛活动、资助征文活动、资助墙报手抄报、班级主题班会等渠道，有组织有实效地传达国家关于学生资助工作的有关政策和精神。

这几年，我校举办的资助知识竞赛，为同类中职学校首创，已经成为同类学校争相模仿、学习的活动宣传形式；我校也从2012年开始连续五年获得资助征文优秀组织奖，选送的作品全部获得三等奖以上，这些成绩也成为各校资助工作人员关注的焦点。

三、加强各项学生资助工作项目的落实

一是加强家庭经济困难学生认定工作的科学化和规范化。不断深入研究家庭经济困难学生认定中的难点问题，进一步细化经济困难学生贫困等级认定办法，规范认定程序，坚持班级民主评议、班主任审核推荐、学生资助办初审认定、校学生资助领导小组复核、校内公示等评审认定程序，切实增强认定工作的科学化、规范化。二是做好各级各类奖、助学金的评

定、发放工作。坚持在"公平、公正、公开"的基础上，严格按照各级各类奖助学金的评定原则，在学生德、智、体、美全面发展的综合素质评价体系的基础上，对其政治思想、道德品质、身心健康、实践技能、创新能力、综合素质等进行科学评价，以确保广西壮族自治区人民政府中等职业教育奖学金、学校设立的奖学金真正用于品学兼优的学生身上，国家助学金、校级助学金及企业和个人在该校设立的奖学金用于家庭经济困难学生身上。三是扎实做好勤工助学工作。在积极做好校内勤工助学固定岗位设置的同时，进一步拓宽勤工助学渠道，深入各部门开展勤工助学用工岗位的专题调研，积极开辟勤工助学岗位，规范勤工助学行为，扩大勤工助学市场。

加强学生资助育人工作与特色建设。一是继续加强"励志、诚信、感恩"三位一体的资助工作育人特色建设。二是以爱心捐助中心为平台，整合校内外资源，扩大影响，丰富捐助形式内容，将爱心捐助系列活动纳入常态。三是选、树家庭经济困难优秀学生典型，加大对典型事迹的宣传力度，发挥典型引领和激励作用。四是对于因特殊情况而致贫的学生，根据实际情况给予临时性困难补助，动员广大师生积极开展各种形式的捐助活动。

在过去的资助工作中，我们做了大量的工作，取得了不错的成绩，未来，我们将以此为常态，持之以恒，更好地实施国家资助政策，完成贫困生资助工作，一如既往地将"绝不让一名学生因家庭贫困而失学"的目标实现下去，这对家庭贫困的学生是极大的支持和鼓励，对于稳定学生、减少辍学、提升教育质量起到了重要作用。

2017 年 5 月 3 日

校校合作开启扶贫扶一方的新方案

——冷玉芳　　刘春霞

服务地方经济社会发展是职业学校办学一项永恒的任务和宗旨，职教扶贫是被世界各国扶贫开发实践证明了的一条有效的扶贫道路。

职业教育扶贫的形式多样，从针对个体的适龄儿童扶贫的常规职业教育及针对贫困家庭劳动力的职业培训，到针对贫困家庭的产业扶贫及针对贫困家庭人口的定制式教育扶贫，还有一种在探索中的对区域校区的教育扶贫，由职教发展较好的示范学校示范专业对相对教育落后的学校开展校校教育扶贫，可以把教育扶贫的惠及面最大化地开展，开启教育扶贫扶一方的新模式。

广西物资学校以教育精准扶贫为核心，对玉林市第一职业中等专业学校、容县职业中等专业学校及灵山职业中等专业学校开展了教育帮扶、产业扶持、技能培训等多方面建立以本校优势专业特长为依托，以校校合作开展对多所县域职校的教育扶贫交流。与地方战略合作长效扶贫机制，开启多元参与治理贫困的模式，把扶贫扶一人、扶一家和扶一方教育相结合，将职教示范学校的职教扶贫功能最大化。

我校与玉林市第一职业中等专业学校、灵山职业中等专业学校、武鸣职业技术学校等多所县级职教中心建成校校合作关系，以我校汽修、会计、电商及营销专业等优势专业，帮扶县级职教中心相应的专业建设；以我校校企合作带动校校合作，帮助合作学校快速开展专业建设，培养师资团队及开展生产性实践教学项目。

一、学校层面经验交流学习共同发展

合作校之间需要定期交流沟通并建立交流学习机制，通过交流沟通拟定合作计划、相互学习，维护合作良性发展。下面以我校与灵山职业中等专业学校合作为例，阐述如何建立合作校之间的交流学习机制。

首先，合作校完成领导层面的交流，对合作的项目、合作事宜进行磋商，完善合作协议，指定双方合作负责人，明确负责人职责。

其次，以负责人为代表建立合作交流学习机制，明确交流学习间隔时间、地点、讨论事项等详细事宜。

最后，按照交流学习机制，负责人组织定期或不定期的交流学习，及时沟通合作期间的相关事宜或经验教训。

二、优势专业对口帮扶快速开展专业建设

合作校之间建立专业对口帮扶的前提是指定专业两校差距非常明显，以我校电商专业与灵山职业中等专业学校电商专业合作为例，阐述开展优势专业对口帮扶专业建设的方法。合

作初期，我校电商专业是全国优秀专业，而灵山职业中等专业学校电商专业则处于刚刚申报成立阶段。我校电商专业对灵山职业学校电商专业的帮扶即从无到有到优秀帮扶的开展流程如下。

1. 建立专业人才培养方案

以我校电商人才培养方案为蓝本，结合灵山职业中等专业学校电商专业的具体情况，经过双方专业教师的交流，共建灵山职业中等专业学校电商专业人才培养方案。

2. 培养教师团队

首先，组织灵山职业中等专业学校电商专业教师到我校学习一个学期，学习专业课程教学、学生管理等经验。

其次，我校派遣经验丰富的多名教师到灵山职业中等专业学校轮流指导，以我校电商专业教师为主讲老师进行课程教学，我校教师根据当地特殊情况不断修整课程，完善人才培养方案，并进行课程教学示范，手把手教会灵山职业中等专业学校电商专业教师如何完成电商课程教学。

最后，经过三年轮岗，培养一批优秀电商专业教师。三年的轮岗指导以集中到分散为原则，由我校教师长期驻点指导一年，第二年则进行间隔性指导，第三年，指导的间隔时间加长，三年后，逐步形成远程指导或由灵山职业中等专业学校派遣电商专业教师到我校学习及解决实际操作中遇到的问题。

3. 专业实训室建设及实训项目开展

职业教育中实训是关键，电商专业的实践需要配备专业的实训室，根据电商专业的特点，配备能够上网的机房。由于资源有限，刚开始时，机房无法实现一人一机，因此，开展小组教学，两人一机共同学习；我校根据具体情况，将一批具有一定年限但还能继续使用的设备捐献给灵山职业中等专业学校，建立实训室，以解决人多机少的棘手问题。随着专业的逐步扩大与成熟，灵山职业中等专业学校不断申请建设经费并获批，利用下拨的经费建立实训室。我校教师不仅指导其实训室的建设，也指导其如何利用实训室开展实训活动，从而更好地利用实训室开展教学。

4. 多方面整体培养专业建设

建设一个专业，除了培养师资、建设实训室外，也需要其他方面的建设，比如，在学生比赛、学生活动等方面，我校教师指导灵山职业中等专业学校教师开展技能赛培训指导，经过三年的学习，灵山职业中等专业学校的学生多次获得全区电商技能比赛第一、二、三等奖。

三、结合区域产业生产性实践教学项目带教，开展校企合作项目

职业教育离不开校企合作，两校可根据当地企业、政府资源建立校政企的合作，以我校与横县中等职业技术学校的合作为例，阐述开展校政企合作的方法。我校与横县政府建立合作关系，承办横县政府的电商创业大赛与开展农村电商培训、孵化横县农村电商创业项目。

我校在电商创业大赛承办过程中引入横县职教中心，与其建立承办团队，我校提供承办师资退伍，纳入横县职教中心教师学习。另外，横县职教中心提供学生共同完成承办工作。

比赛期间，横县职教中心也组织学生队伍参赛，我们与横县职教中心教师共同指导学生完成比赛。经过比赛，横县职教中心不仅形成承办队伍，也形成了参赛队伍，大大提高了专业办赛、参赛水平。

我校师资团队应横县政府邀约到横县开展农村电商培训服务，开展培训期间纳入横县职教中心教师，横县职教中心教师先成为学员进行学习，逐步成熟后形成培训师资团队在当地继续开展农村电商培训。

我校师资团队在承办比赛、培训服务期间，孵化了多个横县农村电商项目，孵化项目期间带领横县职教中心教师共同参与，把项目分解、整合成多个电商生产性实践项目，不仅指导农户开展电商，而且还指导学生完成生产性实践项目，多方合作完成了多个农村电商项目，同时也指导横县职教中心教师学会与当地企业合作形成生产性实践项目并开展项目，大大增强了当地中等职业学校校企合作的成效。

我校与玉林市第一职业中等专业学校、灵山职业中等专业学校、武鸣区职业技术学校等多所县级职教中心建成校校合作关系，以优势专业帮扶县级职教中心相应的专业建设，以校企合作带动校校合作，形成生产性实践项目，共同服务精准扶贫工作。校校合作协议参考范本见表1。

表1　校校合作协议参考范本

×××学校与×××学校 校校合作协议

甲方：

乙方：

为了促进职业学校间的教育合作交流，经甲方和乙方相互了解考察和友好协商，同意开展深层次的教育交流与合作，现就有关合作事宜达成以下协议。

一、合作总则

全面贯彻落实国家和广西教育规划纲要，深化职业教育，积极响应和配合广西教育厅扶持县级职业教育的扶助活动，甲乙双方坚持"挖掘优势资源潜力，校校间职业教育协调发展"的指导思想，恪守"帮扶合作、互相促进、共同发展"的基本原则；增进校校间的友好交流，提升甲乙双方的办学理念，开拓师生视野，提高学校管理能力，促进职业教育快速发展，实现教育资源共享，校校共同发展。

二、合作内容

1. 全方位深层次的合作

(1) 内部管理制度。

(2) 领导班子的建设。

(3) 师资培养。

(4) 专业建设。

(5) 德育工作。

(6) 教学改革。

(7) 职业资格（技能）鉴定。

2. 专业帮扶的合作

甲方优质专业（电商专业、汽修专业）对点帮扶乙方的薄弱专业，在乙方选择若干个班作为帮扶合作实验班进行专业建设及人才培养提升合作。实验班的学籍注册在甲方。

三、甲方的责任和义务

（1）根据甲、乙双方合作招生专业的设置情况，甲方需为乙方的师资队伍建设提供各种帮助，接受乙方专业教师到校学习和挂职，参加技能培训和带赛。

（2）根据双方合作专业教学的需要，应乙方要求，甲方派送专业教师到乙方指导专业课程开展，为乙方提供优质的教学服务和展示教学教改成果，提高乙方的教学水平。

（3）甲方应协助和指导乙方优化专业结构，制定专业人才培养方案，建立专业课程体系，编制专业教学计划，完善校内专业实训基地建设，培养"双师"型教师队伍，指导开展专业理论和实践教学，保证乙方人才培养质量。及时合法完成合作专业学生的招生录取工作、资助管理工作、毕业证办理及其他证件办理工作。

（4）根据甲乙双方的年度合作招生计划，甲方需及时向乙方提供合作招生所需的文档资料，协助完成招生任务。

（5）根据乙方的实际情况和具体要求，甲方协助乙方完成学校基础能力建设的规划，为乙方提供部分专业对口的教学设备，设备的具体要求可由双方另行商定。

（6）甲方应协助乙方建立相应的职业资格（技能）鉴定站。为其开展职业资格、技能培训和鉴定工作提供服务，考证培训收益双方协商。

四、乙方的责任和义务

（1）为专业教学所需，乙方教师应实时参加专业师资培训计划，到甲方学校挂职、跟班带教、参加技能培训和带赛。

（2）乙方在不影响学校教学的情况下，优先满足甲方送教到校的教师的排课需求和开展各种帮扶活动的要求，为合作提供方便。为甲方派往乙方任教教师提供必要的住宿条件，满足基本的生活需要。

（3）乙方应积极开展专业优化工作，在甲、乙双方专业人才培养方案的基础上，制订合作专业的实施性教学计划，开展教学、完成教学档案管理和学籍管理工作，为甲方办理合作专业学生的毕业证提供完整有效的教学文档和资料。为合作专业学生办理资助提供真实有效的数据和资料。

（4）根据甲、乙双方的年度合作招生计划，乙方需准确、正面向所在地初中毕业生宣传甲方学校，完成双方协商的合作招生任务：全日制学生300人。

（5）根据合作招生专业的教学需要，乙方应将甲方提供的专业设备用于合作专业的基础能力建设，尽量满足合作专业的教学实践。

（6）乙方应积极开展合作专业的相关职业资格、技能培训和鉴定的组织和宣传工作，优先选送学生在甲方考证培训中心参加考证培训，并按规定支付相应的考试和培训费用。

五、合作经费管理

（1）甲方取得的实验班学生的国家财政免学费补助金对公转入乙方基本账户，再上交财政专户；余下的归甲方支配使用。

（2）实验班学生的住宿费和教材代收费，由乙方按标准收取，归乙方支配使用。除此之外，甲、乙双方不得以实验班为名对学生收取政策许可外的费用。

六、附则

（1）为加强沟通和协调，甲、乙双方应指派校级领导负责合作项目，成立校校合作项目办公室，确定项目负责人。建立校校合作例会机制，定期或不定期的会面以便及时研究解决合作过程中的问题。甲乙双方职工需明确合作的意义，了解合作的内容，积极配合开展各项活动，加强对合作项目的管理。

（2）双方对参与合作的教师的基本情况有知情权，服从所在地学校的管理。

(3) 双方有义务为合作中的教学、科研成果和知识产权保密。未经同意或授权，不得转载或对第三方披露。

(4) 本合作协议有效期为 5 年，时间：2017 年 7 月 1 日至 2022 年 7 月 1 日。合作协议期满后甲乙双方需进行全面的总结和评估，同时，接受教育厅的评估和审核。

(5) 本协议履行中出现纠纷或意外，双方应本着和谐、共赢的精神协商解决，协商不成可约定由教育厅协调解决。

(6) 本协议一式两份，双方各持一份，自双方签字、盖章之日生效。

甲方：   乙方：
代表（或授权）人：   代表（或授权）人：
地址：   地址：
日期：   日期：

我校开展精准扶贫校校合作五年多以来，本着联动多方力量，以职教扶贫思路共筑人民富裕的理念，两年多的实践带动了多所职业学校、多个县乡镇开展精准扶贫工作，务实的工作精神得到广泛好评并且效果显著，被列为多个政府部门、院校的典型案例。

职业院校电商专业精准扶贫策略
——冷玉芳

从逻辑和理性的角度来看，政府是解决我国贫困问题强有力的外在主导和推动力量，而贫困者自己才是实现永久脱贫的本体。把提高人力资本放在首位，增强贫困者脱贫的本体性力量，彰显扶贫的针对性、实效性、永久性和本体性特点。在信息技术高度发达的今天，电商为我国实现精准扶贫战略提供了新的路径。从2015年开始，我国每年的中央一号文件都会对电商扶贫提出新要求，党的十九大报告要求"坚持大扶贫格局，注重扶贫同扶志、扶智相结合"。

职业院校应当剖析当前农村劳动力致贫现状，把握扶贫原则，明晰只有把职业教育同扶贫开发相结合，才能有所作为，才能更好地服务于脱贫攻坚大局。广西物资学校电子商务专业从2016年5月开始，致力于职业院校电商专业精准扶贫的研究，主要开展农村电商培训、电商创新创业大赛、校校合作与校企合作支持农村电商精准扶贫。经过两年多的实践，总结了职业院校电商专业精准扶贫策略。

一、利用农村电商培训提高农民电商意识与技能

简单的物质帮助式扶贫只能解决小范围的、暂时性的困难，而要建立全覆盖、可持续性的小康社会，"扶智"和"扶志"才是根本之道和长久之计。2015年的中央扶贫开发工作会议，将教育扶贫上升至国家战略，教育作为"智扶"的重要手段也逐渐被学者研究。职业院校作为培训活动的重要组成部分，在培养下一代上尚不足以发挥其时效短的优势，但是，在培养贫困地区现有适龄劳动力（生产主体）职业技能上，则具有见效快、针对性强等优势，职业院校作为精准扶贫的重要力量不容忽视。

广西物资学校电子商务专业与广西农小二农业科技有限公司、广西壮族自治区通信产业服务有限公司科技培训分公司合作，组建培训中心，携手培训企业、农业电商企业共同开发适合农民、城乡个体户的培训模式，深入基层为农民工、残障人士、农户、个体户等群众提供各类电子商务培训与指导，自2016年7月至今，已开展了50多场次培训，超2 500人次直接受益，目前已经带动五百多人开展电商运营，极大地推动了区域电子商务发展。2017年培训中心通过培训、考核增加全省中职电商教师30名，扩大了原有的电商培训师资库，成为区内有名的电商培训教师输出中心。电子商务培训记录表（部分）见表1。

表1 电子商务培训记录表（部分）

时间	地点	培训人员类型	参培人数
2016年7月11—25日	南宁	南宁市西乡塘区残障人士	50
2016年8月10日	靖西	乡镇干部、中小民营企业、个体户	60

续表

时间	地点	培训人员类型	参培人数
2016年9月—2017年4月	巴马	农民、县级职教中心学生、乡镇干部、村干部、妇联干部、中小民营企业、个体户、返乡青年	1 000（20期，每期两天一夜）
2017年3月	横县	乡镇创业青年、个体户、乡镇干部	60
2017年5—6月	柳城	农民、县级职教中心学生、乡镇干部、村干部、妇联干部、中小民营企业、个体户、返乡青年	500（10期，每期两天一夜）
2017年10—12月	大新	同上	1 000（20期）

通过两年多的实践发现，开展农村电商培训不仅需要面对面的培训；也需要培训前对学员的调研，培训后及时开展后续服务；更需要平台支持整个培训服务。为此电商团队研发了能够流畅链接所有培训模式以满足培训对象的需求，即在混合式学习理论、建构主义学习理论、成人学习理论的指导下，形成"基于微信平台的广西农村电商混合式培训模式"，如图1所示。

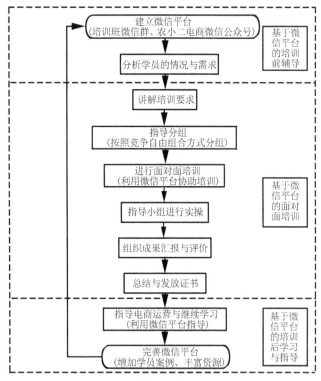

图1 农村电商混合式培训模式

基于微信平台的广西农村电商混合式培训模式主要有三个亮点。

1. 面对面培训，独创阶梯式培训

针对巴马、靖西、横县、柳城等地农特产品进行调研论证，制订了网络销售策略；同时，针对培训对象具体情况进行调研分析，制订培训策略，最终以网络销售农特产品为切入点打造"阶梯式培训"，将培训分为三级进阶：初级、中级、高级（见图2）。初级班学员主要学习微商运营模式销售自有产品；中级班在此基础上学会淘宝等平台操作运营及网络营销技巧；高级班则要学会农特产品品牌塑造。初、中、高级采用进阶式培训，逐层选拔。阶梯式培训既打造了当地领袖型学员，可带领其他农民、个体户开展电商活动，又保证了培训对象都能开展基本电商活动，如图2所示。

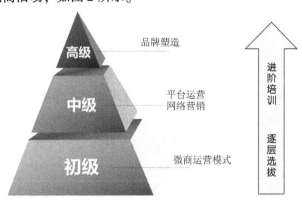

图2　培训的三级进阶

2. 依靠微信平台，完成线上学习

由于培训学员智能手机普及率与微信使用率几乎达到100%，因此，选择微信平台进行线上学习符合学员需求，可操作性强，简单方便。基于微信平台设计的原则，以及混合式培训对线上线下的需求，将农村电商培训的微信平台设计成以下五个模块：协作交流模块、学习资源模块、实操练习模块、智能查询模块和辅助资源模块，如图3所示。

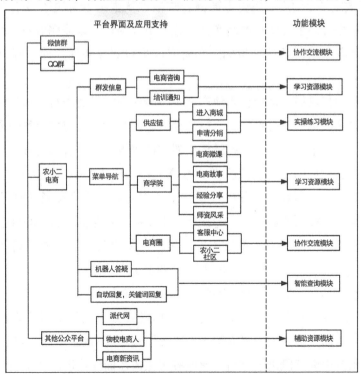

图3　农村电商混合式培训微信公众平台总体框架图

3. 利用实际产品，作为教学案例

围绕学员实际案例，通过电商手段解决学员实际问题，以此为基础开展培训，实用有效。学员提供自有农特产品作为实操培训道具，初级班培训讲师根据产品特性手把手指导农民、个体户利用手机开展微商活动；中级班则利用"手机+电脑"的模式学会简单的网络营销并建立个人或企业淘宝店进行运营管理；高级班带领学员分组对既定的农特产品进行分析、重组，通过各种推广手段完成品牌的塑造及注册。

经过两年多的实践得出以下结论。

（1）开展基于微信平台的广西农村电商混合式培训，在培训前充分了解学员已有的电商能力情况及具体的培训需求才能在线上与线下培训中因材施教，满足不同基础的学员学习电商知识与开展电商技能实操，培训后能更有效地指导学员开展电商学习与实践，真正实现农产品上行。

（2）基于微信平台的广西农村电商混合式培训使用的微信平台实现了简易的电商实操功能，有效地降低了学员开展电商实践的心理障碍，有效配合线下实操培训的开展，并能吸引学员不断坚持使用平台学习与实践。

（3）基于微信平台的广西农村电商混合式培训的面对面培训需要设置小组协作与成果分享，不仅利于培训师指导学员开展电商协作，而且帮助学员将协作关系延续到培训后的电商实践中，有效培养了学员的电商协作能力。

（4）基于微信平台的广西农村电商混合式培训从根本上解决了各个电商示范县的核心培训需求，培训中开展了真实的电商实践，让学员在培训中就能完成农产品上行的尝试，及时有效地完成了各个示范县培训目标。本研究成果得到商务厅广西国际电商中心的认同与推荐。

我校开展的农村电商培训结合当地产业——孵化农村电商项目，培训切实落地。利用当地农特产品为培训案例，教会农民、个体户开展电商活动，并建立社群开展长期电商辅导工作，持续解决农民、个体户开展电商过程中遇到的困难，社群有效提升了学员黏性，更好地推动团队的组织、活动的开展，活跃性非常高，各个群内学员积极讨论电商活动与分享成果，极大地提升了培训的效果。搭建"企业+学校+农民"立交桥式帮扶，促进电商扶贫的有效开展；同时，极大地提升了教师技能水平及服务社会的能力。自深度合作以来，我校电商教师同时带领学生共同深入参与项目，完成了专业教师从教书匠到"师傅"——即专家的蜕变，学生的参与也为农村电商的未来发展做了人才储备。

"农村电商混合式培训"实施的有效策略有以下5个。

（1）农村电商培训设计策略：农村电商培训既要解决电商知识的普及，又要解决电商运营技能的培养，而培训时间非常短暂，要达到好的效果就必须用上培训前和培训后的实践，利用微信平台串联三段培训时间，形成有机整体才能让培训的效果最大化。

（2）微信平台利用策略：农村电商混合式培训前利用微信即时通信功能了解学员状况，面对面培训时利用微信公众平台协助，培训后利用即时通信功能与公众平台指导学员开展电商实践，以及利用微信公众平台完成简单的电商运营实际操作，从而真正达到农产品上行的培训目标。

（3）培训资源设计策略：混合式培训资源包括线下与线上资源，线上线下资源要注重连贯性，线上资源辅助线下资源的使用，即面对面培训与平台学习相结合。另外，还要注重资源的持续性，每一轮培训后都要重新审核平台资源是否还能辅助面对面培训与在线学习，不断丰富平台资源。

（4）培训学分累加策略：成年人的培训自主性非常强，无法强硬控制，只能通过一些策略提高其参与程度，学员分累加是一个很好的办法，能够适当地给予学员压力，又在学员能够承受的范围内，完成了有效的控制，而且还监督学员完成了培训。

（5）学员活动组织策略：注重培养学员之间的协作意识，农村电商混合式培训是理论与实践相结合的培训，故应增加学员实操与成果汇报环节，给学员创造互动与协作的机会，让学员之间多一些交流，更有利于电商协作能力的提升。

二、利用电商类比赛或者创新创业大赛挖掘电商团队并进行培养

2017年，我校电商专业开始与横县、平果、百色等政府合作承办电商创新创业大赛，通过大赛挖掘电商团队，进行指导与培训，形成当地强有力的电商创业团队。以下以横县2017年创新创业大赛为例进行分析。

1. 合作协议

2017年中国（横县）茉莉花文化节电商创业大赛承办协议

甲方：
乙方：
根据《中华人民共和国合同法》及国家有关法律法规的规定，甲、乙双方本着平等互利的原则，经友好协商，就甲方委托乙方指导承办比赛的事宜达成如下协议：

第一条 合作内容
1. 活动名称　2017年横县电子商务创业大赛。
2. 活动地点　横县。
3. 合作方式　承办比赛。
4. 合同期限　2017年6月26日起至本合同规定内容履行完毕止。

第二条 合同总价款及付款方式
（1）本次合作内容主要包括赛事宣传推广、专家评审、导师指导、承办人员劳务等方面内容，本合同总价款为人民币（大写）－元整（￥－.00）。包括全程指导策划、组织、执行等，具体内容见下表。

序号	项目	具体内容	预算说明	小计
1	宣传推广	网络媒体宣传	网站、论坛、微博、微信等网络媒体持续宣传费用	（¥-）
		宣传物料	大赛宣传手册、宣传纸袋、喷绘幕布、横幅、展架等设计	
		大赛宣传视频制作	赛前宣传视频、赛事宣传、赛事回顾视频	
		大赛全程跟拍素材	专业摄影跟拍全程	
		直播大赛宣传推广	直播平台进行直播与推广	
		大赛网络平台搭建[建议通过中国（横县）茉莉花文化节官方网站及横县青年圈微信公众号报名]	大赛报名网页制作及维护、PC端与移动端报名系统开发、官方微信公众平台搭建、大赛关键词搜索排名优化	
2	导师指导费用	初赛评审费用	邀请5名评审专家进行初赛评审，预期1天两个赛项	（¥-）
		复赛评审费用	邀请10名评审专家进行复赛评审，每个赛项5名评审，预期1天两个赛项	
		决赛评审费用	邀请7名评审专家进行决赛评审，预期1天两个赛项	
		赛后交流会	邀请创业导师做赛后创业指导	
3	导师指导费用	初赛指导老师指导费用	邀请1名组委会专家解析比赛方案，指导参赛作品制作	（¥-）
		复赛指导老师指导费用	复赛指导老师指导费用	
		决赛指导老师指导费用	邀请业内名师4人，对决赛队伍进行专业指导	
4	承办人员劳务费用	承办工作人员劳务费	指挥赛前准备、赛务工作，保障比赛工作顺利进行，每场6人	（¥-）
		现场工作人员劳务费	现场工作人员初赛10人，复赛和决赛各20人	
合　计				（¥-）

(2) 付款方式：合同签订后 10 个工作日内，甲方向乙方支付人民币 - 元整（￥ - . 00）。待项目完结后，甲方在 10 个工作日内向乙方支付余下的 - 元整（￥ - . 00）。

乙方收款账户：

乙方收款账号：

开户银行：

第三条 验收

(1) 验收标准：乙方在本合同签订时开始承办比赛，直至比赛结束，并出具相关方案。

(2) 验收凭证：

①乙方出具的大赛方案；

②乙方承办实时记录。

第四条 双方责任和义务

（一）甲方责任和义务

(1) 甲方应按约定付款。

(2) 根据乙方的方案，及时安排相关人员参与实施。

（二）乙方责任和义务

(1) 乙方指派 3 名老师负责整个比赛的指导、沟通联络，并中途不擅自变更指导老师。

(2) 乙方根据甲方要求参加一切有效必要的沟通活动。

(3) 乙方按工作进度向甲方提供相应服务。

(4) 未经甲方书面同意，乙方对本合同涉及的资料、信息（包括但不限于商业秘密、技术资料、图纸、数据，以及与业务有关的客户的信息及其他信息等）负有保密义务，并不得向任何人披露上述资料和信息，但正常履行本合同项下义务的除外。

第五条 违约责任

(1) 若甲方未按合同要求付款，超过 5 个工作日后，每逾期 1 天，则按应付而未付金额的 1% 向乙方支付违约金。

(2) 若乙方承诺提供的服务不能达到甲方要求，甲方有权从合同价款中扣除相应款项。如因此造成活动全部或部分延误，甲方有权再扣除合同总价款的 10% 作为违约金。

(3) 甲方认为由于乙方违约造成本合同不能履行或不能完全履行，且已无必要继续履行；或乙方在收到甲方要求其纠正违约的通知后 3 日内仍不纠正其行为，则甲方有权向乙方发出解除本合同的书面通知，该通知自送达乙方时生效，乙方除应返还甲方已支付的全部价款外，另须按本合同总价款的 10% 向甲方支付违约金。甲方有权直接在甲方应付未付款中扣除，违约金不足以弥补甲方损失的，甲方可继续向乙方追偿。

(4) 若本合同的履行未能达到预期效果，则双方根据实际执行情况及给甲方带来的直接和间接损失，协商确定乙方应支付的违约金。违约金不足以弥补甲方损失的，甲方可继续向乙方追偿。

第六条 转让条款

乙方未经甲方书面同意，不得全部或部分转让本合同项下的权利义务。

第七条 其他

(1) 本合同如有未尽事宜，经双方友好协商，可另行签订协议，作为本协议的补充文件。

(2) 本合同一式四份，甲、乙双方各执两份，具有同等法律效力。

(3) 本合同自双方签字盖章之日起生效。
(4) 因履行本合同发生争议时，双方应友好协商，协商不成时可向合同履行地横县人民法院提起诉讼。

甲方：　　　　　　　　　　　乙方：
代表（或授权）人：　　　　　代表（或授权）人：
地址：　　　　　　　　　　　地址：
日期：　　　　　　　　　　　日期：

2. 承办方案

2017年中国（横县）茉莉花文化节电商创业大赛工作方案

一、大赛宗旨

（一）立足优势产业，整合资源打造创业创新新格局

坚持创新、协调、绿色、开放、共享五大发展理念，发挥政府引导作用，立足我县丰富的特色资源，结合茉莉花产业，利用市场机制吸纳包括电商平台、电商示范基地、电商示范企业、银行、天使投资、创业投资、科技园、孵化器、创业基地、众创空间、行业协会、产业联盟等在内的各方力量，为我县青年电商创业创新服务。孵化有潜力、有带动效应的电商创业项目，并从实战出发，打造县域土特网货爆品，促进横县经济社会发展。

（二）打造横县电商创业品牌，提升"茉莉花之乡"影响力

依托横县茉莉花"一会一节"，通过文化创意、品牌塑造、社会化营销促进横县优质农特产品网上销售。充分利用网络、新媒体等互动方式，宣传我县电子商务创新创业人物，树立广西横县优质网货品牌，打造权威性高、影响面广、带动力大的区域性、国际化电子商务大赛，提升广西横县电商在自治区及东盟的影响力。

（三）激发创业创新活力，助推电商扶贫攻坚

鼓励区内有能力、有条件的个人、团队和企业积极参与大赛，开展创业经验分享、创业项目路演等活动，提升参赛者电商创业、电商创富能力。发挥党建优势，汇聚电商力量，打造广泛参与、互助互利的电商扶贫服务体系，共推精准扶贫。

二、大赛主题

互联网+茉莉花。

三、大赛时间

2017年6月30日—8月20日。

四、组织机构

（一）组织单位

县电商办、团县委、县财政局、县人社局、县经信局、县农业局、县教育局（待定）。

（二）合作单位

县邮政局及"村邮乐购"平台。

（三）承办单位

广西物资学校。

（四）大赛组委会

由县电商办、团县委、县财政局、县人社局、县经信局、县农业局、县教育局、广西物资学校组成大赛组委会。设立专家委员会，由大赛组委会邀请行业企业、创投风投机构、电商园区、高校和科研院所专家组成，负责参赛项目的评审工作，指导电商创新创业。

五、大赛冠名

县邮政局及"村邮乐购"平台。

六、大赛形式

本次大赛分创新创业赛与网销实战赛两种形式，分别成立创新创业项目比赛组、网销实战比赛组。

（一）创新创业赛参赛要求

以团队形式参赛，围绕横县土特产品电商上行构思参赛的创业创新项目，带动第一、第二产业电商的转型发展。

参赛项目要求能够将移动互联网、云计算、大数据、物联网等新一代信息技术与行业产业紧密结合，将电子商务与横县特色产业紧密结合，培养一批电商创客，形成一批特色物产电商品牌，培育一批电商创业团队，孵化一批电商项目，推动电子商务与制造业、农业、教育、科技、金融、社区等深度融合的服务创新、业态创新和模式创新，实现传统企业转型升级。根据需要分为中小企业电商转型升级、电子商务创新创业、电商扶贫 3 个主题方向：

1. 中小企业电商转型升级

参赛企业结合自身业务，将移动互联网、云计算、大数据、物联网等新一代信息技术与产业行业紧密结合，推动企业应用电子商务敏捷应对市场需求的变化，探索开展个性化营销、网络定制、柔性化生产和社会化物流，实现转型升级。重点鼓励传统产业领域应用电子商务的创新创业项目。

2. 电子商务创新创业

参赛项目结合行业特点和应用需求，培育产生基于电子商务的新产品、新服务、新业态、新模式，重点鼓励跨境电商、网络营销创意、社区电商、移动电商、互联网金融、全渠道零售、个性化定制、系统平台、社群经济、网红经济、电商配套服务、智慧物流仓储等类型。

3. 电商扶贫

参赛项目将电子商务与脱贫扶贫、农产品销售、农村便民服务、新农村建设等涉农产业紧密结合，围绕资源禀赋、特色物产、脱贫需求打造"横县特色品牌"，推动县域特色资源开发。重点鼓励农村电商产品规模化、标准化与品牌化、快递物流服务、农村服务网点建设的创新创业项目及 2017 年脱贫目标村与电商企业结对创业项目。

初赛参赛作品形式为商业策划 PPT，内容包含团队展示、团队优势、商业模式、创新点、投资收益、社会服务等；复赛形式为"8 分钟项目路演+3 分钟现场问答"；决赛形式为"5 分钟项目路演+5 分钟现场问答+1 分钟创业故事描述"。

（二）网销实战赛参赛要求

以团队形式参赛（个人报名的需经初期培训后自由组成团队参加该组比赛），主要围绕大赛组委会指定的以茉莉花产品为主的横县特色产品，进行线上销售比赛。

参赛团队可选择大赛提供的村邮乐购平台，也可以选择其他网络平台开展销售或推广，也可以是自行创建的网站、手机 APP、微信公众号、微店铺、微信社群等。以上各类网店或自建网站、手机 APP、微信公众号、微店铺必须是以参赛团队或参赛企业名义注册的。

初赛参赛作品以PPT形式提交，内容包含参赛团队展示、团队优势、选品策略、实战平台、销售策略等；网销实战赛不设复赛，40个自然日后直接进入决赛，以销量定名次，进入前五名的参赛队提交PPT进行现场经验分享。

两个比赛组均配有专业导师团进行培训，赛前进行三期电子商务技能培训；同时，邀请组委会专家帮助梳理参赛项目、指导参赛队制作方案、制作视频；邀请区内著名导师指导复赛参赛队伍通过电商提升销量，邀请国内著名导师指导决赛参赛队伍塑造电商品牌。

七、知识产权要求

参赛项目内容须健康、合法，无任何不良信息。参赛项目所涉及的发明创造、专利技术、资源等必须拥有清晰合法的知识产权或物权，报名时需提交完整的具有法律效力的所有人书面授权许可书、项目鉴定证书、专利证书等。抄袭、盗用、提供虚假材料或违反相关法律法规的，一经发现，即刻丧失参赛相关权利并自负一切法律责任。对于已注册运营的项目，在报名时需提交单位概况、法定代表人情况、组织机构代码复印件等相关证明材料。

八、参赛对象

以团体或个人为单位报名参赛。主要面向三类群体：一是广西壮族自治区内电商创业个人、团队或企业；二是横县籍准备毕业的大学生个人或团队；三是广西壮族自治区内各高校、高（中）职学校电商专业学生个人或团队。

以团队为单位报名参赛。每个团队的参赛成员不少于3人，须为参加比赛的实际成员。参赛团队所报参赛项目，须为本团队策划或经营的项目，不可借用他人项目参赛。企业须在广西壮族自治区内注册登记，每个企业只能派出一个团队参赛。

九、赛制与赛程安排

（一）赛制安排

创新创业赛采用初赛、复赛、决赛三级赛制；网销实战赛采用初赛、决赛两级赛制。

（二）参赛报名

（1）报名方式：关注中国共产主义青年团横县委员会的公众号"横县青年圈"，进入公众平台选择大赛报名，根据要求填写相关信息后提交。

（2）参赛材料提交要求：参赛选手须提交完整的PPT，统一提交到指定的邮箱。

（3）可同时报名创新创业赛与网销实战组赛，但同一个人不可以同时报不同的团队或企业参赛，同一个参赛队获奖只能选择其中一个赛项。

（三）赛程安排

（1）第一阶段（宣传、报名、启动阶段）。

序号	时间	比赛进程	内容
1	6月30日—7月9日	宣传报名阶段	（1）制作宣传视频、H5、图文材料，通过县内媒体、互联网平台及各高校横县老乡群等线上线下媒体，广泛开展宣传推广，吸引青年关注； （2）以通过团组织推荐、社会引荐、青年自荐、学校讲座等方式，发动青年在线报名
2	2017年6月26日—30日	大赛启动仪式	（1）印制大赛相关物料，准备启动仪式现场； （2）召开大赛启动仪式； （3）针对参加大赛启动仪式的不同群体进行参赛动员

(2) 第二阶段（比赛阶段）。
①创新创业赛安排。

序号	时间	比赛进程	内容
1	7月9日—20日	初赛阶段	（1）确定报名团队，审核报名材料，确定参赛队伍资格； （2）开展第一期大赛培训，帮助参赛队梳理参赛项目，指导参赛选手制作参赛作品并提交； （3）组织专家评委评出进入复赛的参赛队
2	7月20日—31日	复赛阶段	（1）邀请区内电商专家担任指导老师，采取一对五的指导方式，对参赛队进行面对面与远程实战辅导，引导创业项目提升独特性、可行性等； （2）进行复赛，复赛采用现场竞赛方式，由组委会邀请业界知名天使投资人对项目的商业模式、产品与技术创新、网络营销创意、创业实绩、社会效益等进行评审，为创业团队对接创业辅导、创业场地、创业融资等资源； （3）通过路演与现场问答确定决赛资格
3	8月1日—20日	决赛阶段	（1）邀请国内著名电商专家担任指导老师，采取一对三的方式，选择创业团队进行面对面与远程辅导，提高参赛团队整体水平； （2）进行决赛，决赛采用现场竞赛方式，由组委会邀请各方专家进行点评，邀请知名媒体进行宣传与直播； （3）通过路演、现场问答、创业故事叙述的方式，综合评定决赛成绩，评选出一、二、三等奖

②网销实战赛安排。

序号	时间	比赛进程	内容
1	7月9日—11日	初赛阶段	（1）确定报名团队，审核报名材料，确定参赛队伍资格； （2）开展第一期大赛培训，帮助参赛队注册网销平台，指导参赛选手制作参赛作品并提交，指导参赛队如何开展网销； （3）组织专家评委评出进入网销实战赛的团队
2	7月10日—8月18日	销售阶段	（1）邀请区内电商实战专家担任指导老师，采取一对五的指导方式，对参赛队进行面对面与远程实战辅导，指导参赛队提高销量； （2）网销时间为40个自然日，8月18日24时结束，计算各参赛队成绩
3	8月20日	决赛阶段	（1）通过指定商品出货总额计算决赛成绩，评选出一、二、三等奖； （2）8月20日网销赛前五名制作PPT分享网销经验，组委会进行现场直播

(3) 第三阶段（赛后落地阶段）。

序号	时间	比赛进程	内容
1	8月26日	大赛颁奖	茉莉花节召开当天进行大赛颁奖仪式
2	8月26日—2017年年底	成果转化阶段	对参赛的优秀创业个人或团队提供落地发展综合支持。一是落地孵化，推荐进驻县电商孵化中心（或邮政电商分园）；二是转移就业，推荐加入县内电商企业和青创团队；三是发展提升，推荐免费参加县内电商培训，获得导师团指导，争取县经信、人社、税务等方面政策指导和支持

十、奖项设置

（1）第一阶段（准备阶段）。

①宣传、报名、启动。

②大赛启动仪式。

（2）第二阶段（比赛阶段）。

①创新创业赛安排。

②网销实战赛安排。

（3）第三阶段（赛后落地阶段）。大赛两个赛项各设1个一等奖，奖金为20 000元，颁发证书、奖杯；2个二等奖，奖金为8 000元，颁发证书、奖杯；5个三等奖，奖金为2 000元，颁发证书、奖杯；若干个优秀奖，颁发证书；1个最佳创意奖，1个最佳团队奖，1个最佳美工奖，1个最佳导师奖，各奖励奖金2 000元，颁发证书、奖杯。奖金总额为10万元。获奖项目获主委会提供投融资对接、落地孵化等服务。

大赛设电商优秀组织奖5个，授予组织参加大赛完成较好的乡镇、单位电商服务企业，获得证书、奖杯。

大赛设"广西横县电子商务优秀案例"若干个，获得证书及奖杯，并获得大赛宣传组宣传推广。发挥奖励的激励作用和强化后续的跟进扶持。全县商务、发改等部门将持续为参赛团队提供系列后续跟踪扶持，助力电商创业项目做大做强。

十一、组织保障

（一）高度重视，加强领导

举办本次电子商务创业大赛是落实党的十八大和十八届三中、四中、五中、六中全会精神，全面实施"电商广西、电商东盟"工程和"党旗领航·电商扶贫"行动的重要组成部分，是推进高校就业创业教育、促进大学生创业实践、助力精准脱贫的一项具体举措。对于构建大众创业万众创新支撑平台，打造"双引擎"，实现"双目标"具有重要意义和积极作用。各级部门要高度重视，加强领导，科学安排，注重实效，充分发挥各方优势，成立组织机构，切实抓好大赛的组织工作。

（二）把握导向，精心组织

各乡镇要围绕横县茉莉花等优势产业，选择本地最具特色、最具发展潜力的农特产品或涉农服务类项目作为电商扶贫主题赛参赛选题。各乡镇应借助电子商务创业大赛平台，组织传统行业、电商企业、非公经济组织和社会组织积极参赛，组织区内外电子商务创业导师、电商企业对创业团队和创业项目进行创业辅导和创业资源对接，激发参赛者创新思维，打造出一批特色品牌产品和一批电商创富项目，助推特色产业发展。各乡镇应根据"党旗领航·电商扶贫"行动计划要求，积极组织本地龙头企业、贫困村党组织第一书记、大学生村官、农村合作组织负责人、家庭农场主、农村网店业主、返乡创业大学生、农村创业青年参赛，各乡镇报名不少于5名，电子商务基础较好的乡镇报名不少于15名。

（三）广泛动员，密切配合

主办、承办和协办单位要密切配合，加强协调，切实做好大赛各项工作。商务、发改、团委、妇联、各高校要广泛动员，认真选拔，既要保证参赛项目质量，也要扩大和提升大赛的参与面、受益面、影响力，努力为实现大赛的目标发挥积极作用、提供有力保障。各地网信办、远程办应结合本单位工作职责，为创业项目提供政策、网宣、扶贫、视频制作等指导和支持。

（四）加强宣传，营造氛围

主办、承办和协办单位要将大赛宣传作为工作重点，摆上日程，列入计划。借助电视、报刊、广播等传统媒体（特别要注重运用论坛、微信、微博、直播平台等新媒体手段），在企业、学生、青年、妇女中和社会上营造关注、理解、支持电商创业、电商扶贫的社会氛围，同时，提升赛事的社会影响力与品牌传播力，为我县电商创业、电商扶贫创造良好的环境和平台。

（3）评分标准
（1）复赛评分标准。

项目参赛序号		项目名称		
评分项目	评分标准		分值	得分
商业模式（25分）	商业模式： 【11~15分】商业模式构建科学、严谨，具有切实可行的运用路径及价值； 【5~10分】商业模式构建合理，具有一定的可操作性及存在一定的应用价值； 【4分及以下】未能构成完整的商业模式，操作过程中存在较大漏洞和不可行，缺少商业价值		15	
	实施的计划： 【7~10分】项目对实施进度目标、时间、资金、人员等规划安排合理，能有效落地； 【3~6分】项目对实施进度目标、时间、资金、人员等规划安排基本合理； 【2分及以下】项目对实施进度目标、时间、资金、人员等规划安排混乱，没有可操作性		10	
项目（产品、服务）（20分）	【14~20分】项目所针对的用户群合理、进入的时间点合适、能够形成产业化； 【7~13分】项目所针对的用户基本合理、进入的时间点稍微提前和推后，有潜力形成产业化； 【6分及以下】项目所针对的用户群不合理、进入的时间点不合适、不能形成产业化		20	

评分项目	评分标准	分值	得分
团队及创业者素质（15分）	【11~15分】团队拥有丰富的创业经验，创业者（负责人）具有较强的创业魅力，团队背景、资历、互补性、资源整合能力能对项目有较大的促进作用； 【5~10分】项目创始人及团队的创业经验、个人魅力、创业魄力、背景及资历、团队互补性、资源整合能力一般； 【4分及以下】项目团队欠缺创业经验，团队成员也缺乏创业者魄力及储备能力	15	
市场竞争及分析（20分）	市场前景：市场容量，前瞻性、成长性、竞争壁垒 【4~5分】项目具有较好的市场前景，未来市场对该产品的市场容量及认可度较高，有前瞻性和成长力； 【2~3分】项目在未来市场中认可度一般，能满足一定的市场需求，前瞻性和成长力一般； 【1分及以下】项目在未来市场中不被看好，项目缺乏市场认可度，不具备前瞻性和成长力	5	
	营销策略： 【7~10分】营销策略新颖，目标客户明确，创意营销对顾客具有潜在吸引力，能保持并增强顾客黏性，营销渠道畅通； 【3~6分】营销策略一般，能吸引一定的目标顾客，营销渠道基本顺畅； 【2分及以下】营销策略分析缺乏创新，潜在顾客不明确，对顾客的潜在吸引力不强，营销渠道不够顺畅	10	
	风险管控： 【4~5分】项目具有较强的市场竞争力，有较好的资金、技术、市场、人员等风险规避能力； 【2~3分】项目具有一定的市场竞争能力，有一定的资金、技术、市场、人员等风险规避能力； 【1分及以下】项目不具有市场竞争力，没有资金、技术、市场、人员等风险规避能力	5	
运营状况（10分）	【7~10分】项目具有良好的经营现状、盈利空间，产品或服务定价合理、投资回报率较高。具有较强的增长性及未来可形成可持续的良性经营； 【3~6分】项目经营现状一般、盈利空间较小，具有一定的增长性及未来可形成可持续的良性经营； 【2分及以下】项目经营现状较差、盈利空间很小，具有很弱的增长性及未来可形成可持续的良性经营	10	

评分项目	评分标准	分值	得分
现场表现（5分）	逻辑性：整体答辩思路是否清晰、逻辑严密、快速反应，陈述和回答提问的内容是否具有整体一致性，语言清晰明了	2	
	精准性：是否能准确理解评委问题，回答具有针对性，回答内容建立在准确的事实和可信的逻辑推理上	2	
	表现力：计划书（PPT）内容展示连贯、条理清楚、有感染力、突出重点	1	
其他（5分）	社会效益，带动就业能力	5	
总得分			

评审人签字：

（2）决赛评分标准。

项目参赛序号		项目名称		
评分项目	评分标准		分值	得分
商业模式	商业模式构建科学、严谨，具有切实可行的运用路径及价值		15	
实施计划	项目对实施进度目标、时间、资金、人员等规划安排合理		5	
项目可行性	项目所针对的用户群合理、进入的时间点合适、能够形成产业化		10	
团队素质	团队具有创业经验，团队背景、资历、互补性、资源整合能力能对项目有较大的促进作用，成员匹配合理		10	
市场分析	市场前景分析到位，项目具有市场前景，未来市场对该产品的市场容量及认可度较高，有前瞻性和成长力		5	
营销策略	营销策略具有创新，具有吸引力，目标客户明确，能保持并增强顾客黏性，营销渠道畅通		10	
风险管控	项目具有较强的市场竞争力，有较好的资金、技术、市场、人员等风险规避能力		5	
运营状况	项目具有良好的盈利空间，产品或服务定价合理、投资回报率合理，具有较强的增长性及未来可形成可持续的良性经营		10	
社会效益	项目具有带动一定就业的能力		5	
路演表现	整体思路清晰、逻辑严密、快速反应，陈述的内容具有整体一致性，语言清晰明了		10	
表现力	计划书（PPT）内容展示连贯、条理清楚、有感染力、突出重点		5	
答辩表现	能准确理解评委问题，回答具有针对性，回答内容建立在准确的事实和可信的逻辑推理上		10	
总分			100	

评审人签字：

三、利用校企合作支持农村电商生产行实践项目实施

我校与玉林市第一职业中等专业学校、广西灵山职业中等专业学校、武鸣区职业技术学校等多所县级职教中心建成校校合作关系，以我校优势专业帮扶县级职教中心相应的专业建设，校企合作带动校校合作，形成生产性实践项目，共同服务精准扶贫工作。校企合作协议如下。

校企合作协议

甲方：
乙方：

为响应国家关于加强学校和企业合作的号召，充分利用校企双方的优势，发挥学校教育系统性的优势，为社会及企业培养更多高素质、高技能的应用型人才，同时也为学生实习、实训、就业、创业提供更大空间与平台。在公平、公正、合理、平等自愿、充分酝酿和理解的基础上，经双方友好协商，现就双方校企合作事项达成如下协议。

一、合作原则

本着"优势互补、资源共享、互惠双赢、共同发展"的原则，校企双方建立紧密的合作关系。甲乙双方在以下几个领域展开全方位的合作：①电子商务培训；②电子商务课程开发；③生产性实训基地建设；④网络推广项目；⑤网络销售项目；⑥实训、实习、就业合作等。通过深度校企合作，培养具备实战技能的学生，提升学校与企业的影响力，为企业解决缺少人才等难题。

二、合作方式及内容

1. 甲方提供以下服务
(1) 提供办公所用场所、设备、相关工作人员。
(2) 提供多媒体教室用于开展电商专业知识培训，使用时乙方需提前申请。
(3) 完成相关师资培训，达到可以培训社会人员电商方面知识的水平。
(4) 完成相关学生培训，达到完成项目所需的水平。

2. 乙方提供以下服务
(1) 在甲方提供的办公场所开展公开透明的办公。
(2) 电子商务培训项目、电子商务课程开发项目与甲方共同完成。
(3) 提供甲方开展项目过程中所需的材料，保证项目正常运营。
(4) 派遣专员跟踪整个项目的进展，并实时给予指导。

3. 其他方面合作
(1) 双方共同合作，在电子商务专业中，根据乙方需要，本着学生自愿的原则组织一定数量的学生为乙方输送人才，这部分学生可以优先安排进入乙方企业实训、实习、就业。
(2) 乙方积极参与甲方的专业建设，协助培养高质量的适合企业需求的学生。
(3) 乙方以具有竞争力的方式给甲方提供电子商务服务项目。
(4) 乙方为甲方短期实训、实习提供便利，实习相关具体事宜可以根据需要详细洽谈。
(5) 作为合作伙伴，乙方在同等条件下优先录用甲方毕业生。
(6) 甲方有责任根据乙方需要，推荐适合企业发展的优秀毕业生。
(7) 学生在乙方的实习行为，作为甲方教育内容的一部分，乙方享有对实习人员的评定权，甲方给予认可。

三、长期规划

甲乙双方根据各自的发展状况及合作程度共同探讨之后的深化合作，合作方向包括实训基地建设、专业共建、行业学术研究、课题联合申报等内容。

四、双方其他权利义务

（1）双方有遵守本协议的义务。
（2）双方就分歧事情有进行商讨的权利。
（3）甲方对在乙方实训、实习、就业的学生有管理的义务。
（4）乙方对同等条件的甲方学生有优先录取义务。
（5）乙方有义务在项目供应、资金结算等方面提供便利。

五、保密事项

（1）协议期间，企业方人员履行工作职责或完成工作任务，或者利用场地、资料等进行项目研发或技术开发等产生的智力成果所涉及的知识产权为企业方所有。

（2）协议任何一方对协议内容及在合作过程中获知的对方的保密信息（包括技术密码和商业秘密）负有保密责任和义务。未经对方书面许可，不得泄露给第三方，否则视为违约并负责赔偿损失。

（3）协议终止后，协议双方仍需遵守本保密条款规定的保密义务，直至对方书面同意其揭穿此项义务，或该保密信息已公开，不会因为违反本保密条款而给对方造成损害时止。

六、合作期限

合作期限为三年，双方可根据合作意愿和实际情况续签合作协议。

以上协议如遇非人为因素发生重大变化时或有其他未尽事宜，双方另行协商解决，并签订补充协议（或备忘录），补充协议（或备忘录）与本协议具有同等效力，本协议一式二份，双方各执一份。

甲方： 乙方：
代表（或授权）人： 代表（或授权）人：
地址： 地址：
日期： 日期：

综上所述，经过两年多的实践，我校电商专业形成了具有特色的精准扶贫流程图，如图4所示。

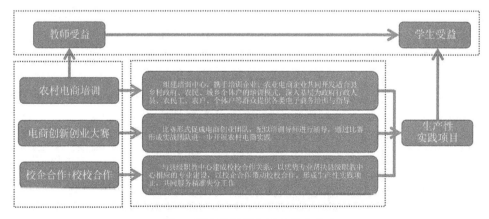

图4　职业院校服务精准扶贫策略

以上为我校电商专业精准扶贫的实践成果，本着共同有无、共同进步的原则，两年多的实践带动了多所职业学校、多个县乡镇开展农村电商精准扶贫工作，务实的工作精神得到广泛好评，同时，效果显著，被列为多个政府部门、院校的典型案例。

广西"雨露计划"扶贫培训工作方案

为贯彻落实《中国农村扶贫开发纲要（2011—2020年）》和《中共广西壮族自治区委员会、广西壮族自治区人民政府关于实施我区新一轮扶贫开发攻坚战的决定（桂发〔2012〕7号）》，不断加强扶贫培训，提高贫困人口素质，增强其就业和创业能力，结合我区实际，制订本方案。

一、主要内容

（一）职业教育

面向贫困地区就读普通高校或中高等职业学校的家庭经济困难学生，通过完善家庭经济困难学生资助政策体系，拓宽资助面，提高资助标准，采取"奖、贷、助、补、减"等多元资助措施，使家庭经济困难学生能够上得起大学、接受职业教育。

（二）创业培训

面向贫困地区农村有文化的青壮年劳动力，通过资助到职业学校、专业培训机构、企业等进行中短期职业技能培训，取得技术技能资格证书并实现转移就业。经过努力，培养一批"讲道德、有文化、懂技术、会经营"的新型农民，使贫困地区的农民整体素质有所提高，就业能力与创业能力明显增强。

（三）农村实用技术培训

通过专家授课、现场培训、"农家课堂"等方式开展农业实用技术培训，使每个贫困农户至少有1名劳动力掌握1～2门有一定科技含量的农业生产技术。

二、实施原则

（一）政府扶持、齐抓共管的原则

各级政府要把农村劳动力教育培训纳入地方经济社会发展规划，统筹调配使用各类职业教育资源，满足农村劳动力对多样化职业教育的需求，积极引导和鼓励学生接受职业教育，为农村劳动力在城镇就业和安置创造条件。大幅度增加财政投入，建立以政府为主导的资助政策体系。各有关部门要加强协作，共同做好政策指导、资金扶持、督促检查及各项服务工作。

（二）个人自愿、群众参与的原则

坚持让培训对象自觉自愿参加培训，自愿选择培训专业和培训内容，充分调动培训对象的学习积极性，充分发挥贫困群众的主体作用，确保贫困群众的知情权、参与权、表达权、监督权。

（三）整合资源、创新机制的原则

以现代教育培训机构和现代技能培训机构为主渠道，发挥各种教育培训资源的作用，多渠道、多层次、多形式地开展培训工作，加强政府引导，完善政策措施，优化配置资源，创新培训机制。

（四）公开、公平、公正的原则

通过加强管理，强化监督，严格按规定程序操作，将资助对象、申请办法、资助标准以及培训机构和培训专业等向社会公示，做到工作过程透明，结果公平公正。

（五）学以致用、注重实效的原则

根据劳动力资源状况和市场需求现状，按不同区域、不同行业、不同对象、不同形式、不同内容的要求，以市场需求为导向，以发挥效益为中心，以提高就业能力和就业质量为目标，以农民增收为目的，坚持短期培训与学历教育相结合，培训与就业相结合，突出重点、学以致用、注重实效。

三、资助对象与标准

（一）资助对象

职业教育和创业培训的资助对象为国家和自治区扶贫开发工作重点县（包括享受重点县政策待遇的县）的家庭困难学生和农村青壮年劳动力，农村实用技术培训主要面向贫困村的扶贫对象。

（二）资助标准

（1）在坚持现行的家庭困难学生资助政策与标准的基础上，采取以下标准进行资助：大学本科全日制学生按每人5 000元的标准资助，一次性发放；大学专科全日制学生、中高职学生按每人每年2 000元的标准资助，连续资助两年。每位接受资助的学生只能享受1个学历段的补助。

（2）中短期技能培训按每人1 500元的标准补助，农村实用技术培训按每人100元的标准补助。

四、目标任务及年度安排

在坚持现有资助政策不变的情况下，每年新增资助本科生（优先安排升入"一本"的学生）1 000名，大专和中高职学生1万名，每年开展中短期技能培训3万名，农村实用技术培训20万人次。

五、培训方式与就业途径

（一）培训方式

1. 中短期职业技能培训

通过定点培训、订单培训、委托培训、定向培训等方式，集中1个月以上时间进行技能培训，使受训人员达到初、中级技工水平。

2. 职业学历教育

主要是通过各类全日制职业技术学校开展2~3年职业教育，使受训人员达到中、高级技能水平。

3. 大学本、专科学历教育

资助家庭困难学生完成普通高校本科、专科学历教育。

4. 农村实用技术培训

通过专家授课、现场培训、"农家课堂"等方式进行，使贫困农户掌握1~2门有一定科技含量的农业生产技术。

（二）就业途径

1. 自主创业

通过劳动力技能培训，提升劳动者的综合素质和专业技能，鼓励和引导农村劳动者自主创业。

2. 就地就业

大力推行农业结构调整，发展农产品深加工、精细加工，特种养殖及地方特色优势产业，构建起特色支柱产业体系，吸纳大批农村剩余劳动力就地就业。

3. 就近就业

推进城乡一体化进程，加快小城镇建设步伐，就近吸引大量的农村剩余劳动人口就业。

4. 进城就业

统筹产业政策和就业政策，大力发展劳动密集型产业和服务业，吸纳农村劳动力向大、中城市的二、三产业转移，扩大农村劳动力转移的容量。

5. 政府购买岗位、购买服务转移农村劳动力就业

推进党政机关和企事业单位后勤服务社会化，通过政府购买岗位、购买服务等形式开发保洁、保安、修理、快递等岗位。大力发展社区服务业，把社区就业纳入经济社会发展规划及城市建设规划，培育托幼、托老、医疗、家政等服务岗位，实现农村劳动力转移就业。

六、保障措施

（一）加强领导，认真做好各项资助衔接工作

各地各部门要高度重视贫困农村劳动力培训转移就业工作，整合现有的各种资助资源，形成资助合力，开展行之有效的资助工作。要结合我区承接东部产业转移、促进产业结构调

整的需要，加快职业教育发展，为当地经济建设提供高素质的应用型、技术型人力资源，促进我区社会经济发展。

（二）健全管理机构，建立完善管理机制

各地要根据工作需要和在整合现有资源的基础上，建立健全学生资助管理机构，制订具体的管理办法，切实抓好落实。

（三）落实责任，明确分工

为确保资助政策落实到位，各级政府、各相关部门和学校要履行职责，密切配合，分工协作，促进资助工作有序、有效地开展。自治区人民政府负责统筹制订全区普通本科高校、高等职业学校和中等职业学校家庭经济困难学生资助政策体系的实施方案和各项具体政策措施；统筹确定自治区本级及设区市人民政府经费分担责任；研究解决资助工作中的重大事项。

（四）足额安排经费，确保资金落实

自治区财政要将资助经费纳入年度预算予以落实，并按规定及时分配和拨付。各设区市人民政府也要根据确定的经费分担原则，将资助经费足额纳入预算安排，科学合理地进行分配，及时拨付到所辖县（市、区）和相关学校。各地、各学校要切实加强资助经费管理，确保及时发放、专款专用。要加强监督检查，对于挤占挪用资金、弄虚作假套取资金等违法违规行为，要追究责任、严肃处理。

（五）加强收费管理，规范收费行为

规范学校收费行为，坚决制止乱收费。加大对服务性收费和代收费的监督力度，切实减轻学生及家长负担。绝不允许一边加大助学力度，一边擅自设立收费项目、擅自提高收费标准。

（六）加大宣传力度，营造良好氛围

各地、各有关部门和各学校要通过多种形式向社会广泛宣传，使这项惠民政策家喻户晓、深入人心，使广大学生及其家长及时知晓受助的权利。要充分发挥新闻媒体的重要作用，通过广播、电视、报刊等新闻媒体多形式地开展宣传工作，协助和引导新闻工作者深入群众、学生和学校进行采访，以多种形式反映改革成果，反映受助学生及其家长的心声，加强舆论引导和监督，努力营造良好的社会氛围。

附件："雨露计划"扶贫培训年度计划安排一览表

单位：万人，万元

序号	项目名称	项目建设内容	人数	单位（万元/万人）	金额	分年度实施情况/年							
						2012		2013		2014		2015	
						人数	金额	人数	金额	人数	金额	人数	金额
1	新增资助大学本科学生项目	每年新增资助学生1 000名，资助金额为5 000元	0.4	5 000	2 000	0.1	500	0.1	500	0.1	500	0.1	500
2	新增资助中高职（含大专）学生项目（从2011年开始实施）	每年新增资助学生1万名，资助金额为2 000元/年，连续资助2年	4	4 000	14 700	2	2 700	2	4 000	2	4 000	2	4 000
3	中短期技能培训（获岗位职业证书）	每年培训新增劳动力3万名，平均每人培训费用为1 500元	12	1 000	16 500	3	3 000	3	4 500	3	4 500	3	4 500
4	农村实用技术培训	每年开展农村实用技术培训20万人次，平均每人次为100元	80	55	7 136	20	1 136	20	2 000	20	2 000	20	2 000
	合计		96.4		40 366	25.1	7 336	25.1	11 000	25.1	11 000	25.1	11 000

注：2012年，因资金安排等原因，中高职学历教育分：大石山区学生资助1万人，标准为1 500元/人；非大石山区学生资助1万人，标准为1 200元/人；中短期技能培训补助标准为1 000元/人。年度计划投资安排中，不包括国务院扶贫办安排的"雨露计划"试点项目资金，其他年度的资助规模和标准按文件要求安排。

调研篇

金秀瑶族自治县扶贫工作调研报告

为切实推进职业教育扶贫研究工作,广西物资学校重大招标课题《职业教育扶贫研究与实践》课题组骨干成员先后赴金秀瑶族自治县三江乡、七建乡开展扶贫工作调研,通过座谈、实地走访、问卷调查等方式,收集贫困户建档立卡信息、精准扶贫政策措施、贫困家庭适龄子女接受职业教育的现状和需求等一手资料,努力探索职业教育扶贫工作的方式方法,为全区职教扶贫政策的制定与实施提供了数据参考。

一、金秀瑶族自治县扶贫工作基本情况

金秀瑶族自治县地处桂中东部的大瑶山,成立于1952年5月,是全国最早成立的瑶族自治县。截至2016年,全县行政区划辖3镇8乡80个村民委(含街委),总人口为14.73万人,有瑶、壮、苗、侗等少数民族11.45万人,是国家级贫困县。2017年扶贫计划任务为4 547人、摘帽6个贫困村,奋斗目标为6 436人,摘帽7个贫困村。

近几年来,全县紧扣脱贫摘帽总体目标和"一号工程"要求,始终把脱贫攻坚作为重大政治任务和最大民生工程抓紧、抓好,积极运用国家对民族自治地区、国家生态保护地区、国家贫困县的政策倾斜,努力构建政府、市场、社会"三位一体"大扶贫格局,坚持"治标"与"治本"结合、"输血"与"造血"并重、"扶贫"与"扶智"并举,以预脱贫村为主战场、预脱贫户为主要工作对象,主动应对困难,克服种种不利因素,聚焦帮扶,精准发力,使全县经济社会稳步向前发展,极大地促进了扶贫攻坚各项工作的有序开展。

二、金秀瑶族自治县教育扶贫工作的主要内容

2016年以来,全县积极开展教育扶贫脱贫工作,重点帮扶贫困学生上学,各项资助体系全部建立健全,各个学生资助项目顺利实施,贫困学生资助实现了全覆盖,家庭经济困难学生通过奖、助、免、贷的形式确保了不失学,精准资助工作取得了阶段性进展,有了新成效。

(一)教育扶贫脱贫工作机构建立,精准资助工作落在实处

为了加强对全县学生资助工作的领导,特成立了由分管副县长为组长、相关单位负责人为成员的金秀瑶族自治县学生资助工作领导小组。县教育局成立学生资助管理中心,安排2名专职工作人员,配足配齐必要的办公设备。普通高中、中职学校、中心校全部成立学生资助工作办公室,全面加强学生精准资助工作。

(二)全县学生资助体系全部建立,贫困学生上学得到保障

全县按照国家资助政策,全部建立了学生资助体系,从根本上保障了贫困学生上学。一是全县学前教育免除保教费,义务教育"两免一补",普通高中教育免学杂费、

国家助学金、中职教育免学费、国家助学金、大学生生源地贷款、大学新生入学补助等助学体系全部建立。二是组织学校收集信息，将建档立卡学生资助信息录入广西精准扶贫学生资助信息管理系统，使建档立卡贫困学生资助进入信息化、精准化管理。

（三）教育扶贫脱贫工作取得新成效，困难学生资助实现全覆盖

1. 学前阶段

2016年春季学期，为552名困难家庭学前幼儿发放入园补助27.72万元。2016年秋季学期对全县建档立卡贫困户适龄在园幼儿免除保育费和教育费488人，40.09万元。

2. 义教阶段

实施寄宿生生活补助，2016年春季学期，为4 662名中小学寄宿生发放生活补助268.77万元；秋季学期，为4 670名中小学寄宿生发放寄宿生生活补助272.29万元。

3. 高中阶段

实施高中国家助学金政策和免学费政策，2016年春季学期，为735名普通高中学生发放国家助学金73.5万元，为1 545名普通高中学生免除学费83.43万元；秋季学期，为720名普通高中学生发放国家助学金82.88万元，为1 192名普通高中学生免除学费64.37万元，为375名建档立卡贫困生免除学杂费33.75万元。

4. 中职阶段

实施免学费政策及中职国家助学金政策，2016年春季学期，为中等职业技术学校217名学生免除学费16.275万元，为52名学生发放国家助学金5.2万元；秋季学期为321名学生免除学费24.08万元，为116名学生发放国家助学金11.6万元。

5. 大学阶段

实施生源地助学贷款政策、大学新生入学补助、泛海助学行动等助学政策。2016年，为大学新生办理生源地助学贷款，共799人，金额525.6万元。为44名当年考入全日制高校的建档立卡贫困家庭学生发放"泛海助学行动"项目经费22万元；为245名家庭经济困难大学新生发放新生入学补助20.05万元。2009年以来，通过实施大学新生入学补助、生源地助学贷款等政策，县直部门扶贫、民政、团委、工会等各单位及各类社会资助，累计资助大学生超过7 000人次。其中贷款发放3 622笔，合计发放助学贷款2 180.34万元，极大地缓解了贫困家庭大学生上学难的问题。具体内容见表1。

表1 2016年教育惠民工程学生资助项目完成情况统计表

序号	项目名称	上级拨付金额数/万元	本级配套金额数/万元	发放金额数/万元		受助学生数/人		发放建档立卡户学生金额数/万元		建档立卡户学生数/人	
				春季学期	秋季学期	春季学期	秋季学期	春季学期	秋季学期	春季学期	秋季学期
1	学前教育入园补助金	27.72		27.72	—	552	—	—	—	—	—
2	学前教育幼儿免保教育	46.09		—	46.09	—	488	—	46.09	—	488
3	义务教育家庭经济困难寄宿生生活费补助（小学）	167.20		90.45	78.35	1 809	1 567	32.65	34.55	653	691
4	义务教育家庭经济困难寄宿生生活费补助（初中）	367.25		178.31	193.94	2 853	3 103	46.38	49.19	742	787
5	普通高中免学费	147.80		83.43	64.37	1 545	1 192	16.9		313	
6	普通高中国家助学金	156.41		75.53	82.88	735	720	39.13	65.23	313	375
7	普通高中免学杂费	33.75			33.75		375		33.75		375
8	中央彩票公益金滋惠计划	7			7		35				
9	中等职业教育免学费	33.26		16.28	16.98	217	321	2.10	6	28	80
10	中等职业教育国家助学金	16.80		5.20	11.60	52	116	2.80	8	28	30
11	自治区人民政府奖学金	1.80			1.810		9				
12	贫困大学新生入学补助费	4.86	14.54		19.40		225				
13	中央彩票公益金润雨计划	1.50			1.50		28				
	合计	1 011.44	14.54	474.92	557.66	7 763	8 179	139.96	242.81	2 077	2 876

从表1的数据可以看出，政府直接补贴力度不断加大，每个教育阶段直接补贴都在2 000元以上，那么间接反映出农村家庭教育负担在学前教育、义务教育和高中教育阶段的绝大部分来自学生的生活费，特别是寄宿费方面（住宿、交通、伙食等）。来自学费和生活费等方面比较沉重的负担主要发生在大专及以上教育阶段。

三、金秀瑶族自治县职业教育基本情况以及存在的问题

(一) 金秀瑶族自治县职业教育基本情况

金秀瑶族自治县的职业教育由县职业技术学校、县农机校、成人文化技术学校和县内培训机构组成。金秀瑶族自治县现有职业教育学校一所,即金秀瑶族自治县职业技术学校,是金秀瑶族自治县职业教育的主阵地,该校位于金秀瑶族自治县经济中心——桐木镇,有南北两个校区,北校区用于全日制日常教学和成人培训,南校区为校企合作基地,已引进江汛电子厂和工艺品加工厂两个企业及金鸿驾驶培训学校。

学校创办于 1983 年,校园占地 70 亩①,现有在校生 700 多人,教职工 52 人。开设有电子技术应用、制冷和空调设备的运用与维修、数控技术应用、计算机应用、汽车运用与维修、农村电气技术六个专业,其中,电子技术应用专业为自治区示范专业,学校还是自治区电工电子示范性实训基地。学校内设培训处,教学之余承担社会培训,年培训量达 1 000 多人次。

学校先后被确定为"广西壮族自治区贫困村劳动力转移就业培训基地""金秀瑶族自治县职业技能定点培训机构""金秀瑶族自治县农村人才创业服务中心""金秀瑶族自治县县委党校第一分校""广西中等职业学校电工电子自治区示范性实训基地"等。

(二) 存在的问题

1. 职业教育发展水平与服务经济社会发展能力总体不足

2017 年各中学输送初中毕业生就读县职业技术学校任务情况见表 2。

表 2　2017 年各中学输送初中毕业生就读县职业技术学校任务分解表

学校	毕业生人数	培训人数	送生任务
民族中学	407	122	72
桐木中学	407	122	72
头排中学	198	59	35
忠良中学	56	17	9
罗香中学	67	20	12
合计	1 132	340	200

表 2 数据说明,金秀瑶族自治县职校每年计划招生的人数规模较小,且基本稳定在 200～300 人,在校生规模也仅仅维持在 700～800 人(数据来源于金秀瑶族自治县教育和科技局)。

目前全县人口为 14.73 万人,2017 年,扶贫计划任务为 4 547 人,但由于仅有一所中等职业学校,因此,职业教育发展水平与服务经济社会发展的能力总体明显不足。

---

① 1 亩 = 666.67 平方米。

2. 职业教育对产业发展支持十分有限

从金秀瑶族自治县职业技术学校的专业设置情况来看,仍以传统专业为主,职业教育专业设置融入特色产业链特点不明显,片区特色产业发展所需的相关专业力量薄弱。从这一点来看,职业教育对产业发展支持十分有限。

3. 资源匮乏、教育观念落后,职业教育面临"入学难"

2016年金秀瑶族自治县建档立卡的贫困户子女就读情况见表3。

表3 2016年金秀瑶族自治县建档立卡的贫困户子女就读情况统计表

学校	就读人数/人	人数占比/%	各教育阶段存在的问题
金秀镇各小学	160	58.80	小学教育资源向乡集中,偏远山区绝大部分孩子寄居中心小学,建档立卡贫困户子女占90%以上
县民族小学	22		
桐木中心校	499		
头排中心校	204		
三江中心校	103		
大樟中心校	201		
长垌中心校	19		
三角中心校	80		
忠良中心校	227		
六巷中心校	51		
罗香中心校	188		
桐木中学	283	26.80	初中优质教育资源配置不均,初中毕业打工问题突出,造成贫困的化际传递
头排中学	114		
忠良中学	104		
罗香中学	69		
民族中学	229		
民族高中	348	11.70	高中一般都有比较成熟的教学和管理,但运行经费不足,农村孩子100%寄宿,支付较高成本
金秀职校	80	2.70	中职学校师资和管理突破难度大,进一步升学的比例太低,升学层次太低,家长对教育的预期难以达到
合计	2 981	100	

金秀瑶族自治县建档立卡的贫困户子女接受小学阶段教育人数占比为58.80%,接受初中阶段教育人数占比为26.80%,合计接受义务教育阶段的总人数占比为85.60%;接受高中阶段教育人数占比为11.70%,接受中职教育人数占比为2.70%,合计接受非义务教育阶段的总人数占比为14.40%(表3)(数据来源于金秀瑶族自治县教育和科技局)。

笔者在调研走访过程中,与金秀瑶族自治县职业技术学校的一位老师谈到生源问题时,他感叹道:"现在的职业学校教育很不好办,生源是一大问题,很多家庭需要我们多次上门与父母沟通,才肯把孩子送到学校来。他们宁愿让初中毕业的孩子去打工,也不愿意让他们在学校继续学习……"

可以看出,当地的很多农民已经受够了深山中资源的匮乏和生存环境的恶劣,面对巨大的生存压力,他们更愿意选择外出打工,家庭的实际困难让贫困家庭的适龄孩子们不得不早早地负担起家里的生活重担,他们只有踏进学校的年龄,而没有踏进学校的资格。

四、职业教育扶贫工作下一步的方向和建议

2015年12月15日,国务院新闻办公室举行"十三五"脱贫攻坚工作有关情况新闻发布会。扶贫办主任刘永富在介绍相关情况时表示,精准扶贫、精准脱贫是脱贫攻坚的基本方略,而精准扶贫的主要途径是"五个一批",即:发展生产脱贫一批、易地扶贫搬迁脱贫一批、生态补偿脱贫一批、发展教育脱贫一批、社会保障兜底一批。

"教育扶贫"在国家重大战略部署中处于最中心的位置,其中,发展教育脱贫一批,是指治贫先治愚,扶贫先扶智,国家教育经费要继续向贫困地区倾斜、向基础教育倾斜、向职业教育倾斜,帮助贫困地区改善办学条件,对农村贫困家庭幼儿特别是留守儿童给予特殊关爱。对职业教育扶贫工作的方向和建议,主要有以下3点。

(一)助弱扶困,实现两个全覆盖

一是建立政府兜底、社会广泛参与的资助工作机制,落实困难学生资助,实现建档立卡贫困家庭学生资助全覆盖;二是构建家庭、学校、政府、社会力量相衔接的建档立卡贫困家庭子女关爱服务网络,建立信息台账,实行动态管理,精准施策全覆盖。

(二)扶贫扶技,广泛开展职业教育技能培训

深入初、高中毕业生家庭走访劝学,切实提高中职入学水平,特别是建档立卡贫困家庭子女教育信息的追踪与反馈。统筹各类职业教育培训资源,采取集中培训、送训下乡、网络培训等方式,面对建档立卡家庭主要劳动力和"两后生",开展各类职业技术技能培训。

(三)扶志扶智,阻断贫困代际相传

致力于职业教育的内涵发展,通过提高教育教学质量,而"向职业教育倾斜",工作目标就是:培训一人、输出一人、就业一人、脱贫一户,让更多的贫困学生接受到良好的教育,改变命运,阻断贫困的代际相传。

关于我校前往广西玉林农业学校、玉林市第一职业中等专业学校调研的报告

——何耀文

一、摘要

近日，我校职业教育发展研究中心，组织课题组部分成员及骨干教师前往广西玉林农业学校与玉林市第一职业中等专业学校调研，了解其开展课题研究、学生管理、专业建设和师资建设等方面的先进经验和成果做法。座谈会上，双方就议题结合各自实践展开了全面而深入的分享和交流，气氛热烈，经过激烈的思想碰撞，在课题的顶层设计、问卷设计、研究方案和思路，以及专业建设、师资建设等方面形成了不少共识，均感到受益良深，不虚此行，为我校下一阶段的课题研究、学生管理、专业建设、师资建设等方面提供了详细的事实参照。

二、调研背景

最近几年是我校重大变革和发展的关键时期。2016年，我校获得自治区重大招标课题"职业教育扶贫研究与实践"及多项重点和一般课题。此外，随着学校改革发展进入瓶颈，一些平时忽略的问题开始在招生与就业、学生管理、专业建设、师资建设等方面集中凸显出来。为了有效深入推进我校2016年重大招标课题的研究实践，以及深化学生管理、专业建设、师资队伍建设等方面改革，我校职业教育发展研究中心组织部分课题组成员及骨干教师前往广西玉林农业学校、玉林市第一职业中等专业学校进行实地调研交流。

三、调研时间与地点

具体调研时间、地点见表1。

表1 调研时间及地点

时间		地点
2016年6月16日	上午	广西玉林农业学校
	下午	玉林市第一职业中等专业学校

四、调研对象

（1）广西玉林农业学校：2016年重点招标课题组各子课题负责人。

（2）玉林市第一职业中等专业学校：主管教务、学生管理、招生与就业的校领导、中层主任。

五、调研方法

访谈法。

六、调研结果

（一）重大招标课题方面

广西玉林农业学校的招标课题没有正式开展，只是打算在暑假对市内市外、区内区外的中等职业学校、企业进行问卷调研和实地调研，但其有不少先进的经验做法值得借鉴。

1. 课题研究的顶层设计

广西玉林农业学校与我们最大的区别在于，前者课题研究的顶层设计严谨合理，目的明确，思路清晰。其在开题报告会经过专家点评后，四个子课题负责人和主持人间已经过多次会谈论证，反复修订，最终明确了四个子课题与总课题间、子课题与子课题之间的逻辑关系，在此基础上，各子课题负责人均已制订了各自研究方案和研究思路。

2. 调查问卷的制作

我们一行看了他们做的一份调研问卷，短小精悍，内容全面。他的这份问卷涵盖了四个子课题的调研需求，而且能同时适用于中等职业学校、企业、政府部门三方调研对象。（我们拿了一份样本回来，可以参照制作）

3. 研究思路

相关扶贫政策学习和文献分析；制作问卷；对学校和企业进行问卷和实地调研；整理典型案例，形成调研报告；对典型案例进行深入研究，提炼其行之有效的先进做法，分析其行之不足的原因，并提出解决对策和实施建议；提出保障机制和政策建议；整理成果，发表论文，进行结题。

4. 研究成果类型

总课题研究成果主要有几种类型：调研报告、案例集、专著、论文，以及其他佐证材料。

（二）学生管理方面

玉林市第一职业中等专业学校在学生管理等方面有不少典型案例，值得我校借鉴学习。

（1）其学生宿舍、食堂、环境卫生等方面采取第三方业务外包，由学校提出工作标准，第三方公司结合自身先进技术和管理模式，严格执行，效果良好，值得称赞。

（2）在学生管理方面，玉林市第一职业中等专业学校的"自信教育"工程做得很成功。其认为，学生入学教育，首重助其树立自信，自信而心安，心安方接受知识，从内心深处激发学生学习的热情。整个"自信教育"工作由多方面内容构成，比如，针对每一位学生建立档案，每学期的期初和期末固定和不固定开展升本动员，邀请高校教师、成功企业家和校友返校开展主题演讲，根据不同学生的学情调整教育方式，鼓励学生开展多方面的兴趣活动等，用鼓励替代打压，引导学生扬长补短，有效提升了学生的自信和学习的激情。

（3）班主任管理方面，玉林市第一职业中等专业学校的班主任管理工作与我校类似，也有多项内容的考核，每月有班级管理津贴，但整体上有两点差异：一是每月面向全校公布班主任管理成效的排名，并把其结果作为教师职称评审和职务晋升考核的一项重要参照指标；二是其班主任津贴每月只有 100 多元，比我校低很多，但是，其班主任的工作热情和投入度明显比我校强，其整体生态明显优于我校。

（三）专业建设方面

玉林市第一职业中等专业学校在专业设置方面，大胆革新，勇于开拓。比如，根据市场的需求，他们先后开设了幼师、服装设计、烹饪、可组装建筑设计等新兴热点专业，而弱化了如汽修等相对成熟、竞争激烈的专业，整体上保证了招生规模的持续强劲上升。这一点，值得我校借鉴学习。

（四）招生与就业方面

在招生方面，玉林市第一职业中等专业学校的做法有两点：一是抓住良好形势，及时建设新校区；二是通过不断建立新的热点专业，持续拉动招生，使整体招生规模稳步上升。

在就业方面，一是积极开拓市内外、区内外的校企合作企业，从追求数量到追求质量，积累了大量的优质企业资源；二是紧密与企业开展深度合作，在实习和就业阶段，开展形式多样的合作。比如，幼师专业的毕业生，仅是玉林市内的幼儿园就已经全部安置完成，有效提升了毕业生就业率。

（五）师资队伍建设方面

（1）教职工团队核心凝聚力的打造。整体感觉，玉林市第一职业中等专业学校已经形成了一种现实：以校长为中心的领导核心，一切为了学校的改革发展，即使工资薪酬再低也无所谓，首先要把事情做好，把成绩做出来，敢做善成。

（2）形成了一种稳定的做事风格：常规工作常规做，重点工作重点抓，每年要有新亮点。

（3）引入企业能工巧匠，弥补校内师资数量的不足和结构的不合理。

（4）在员工激励方面，玉林市第一职业中等专业学校长期采取的是正激励而非负激励。即鼓励教职工做贡献、搞创新、出成绩，在政策和资金方面予以倾斜，而不是传统的以惩罚或处分为主，而且校领导在各种公开场合毫不吝啬地赞扬教职工，维护其职业尊严和做事热情。

七、结论和建议

（一）结论

（1）重大招标课题的研究，要摒弃个案，从全区的层面分析；不是要你提出方案，然后去实践论证，而是在充分的文献和实地调研基础上，结合相关政策，提炼好的做法，分析不足的原因，并提出保障机制、政策建议及其他保障措施；在开题报会后，结合专家意见，考虑课题研究的需要，子课题的题目是可以变动的。

（2）学生管理，重在学生，要了解学生，引导学生树立正确的"三观"，保护学生的自信和自尊，鼓励学生尝试并允许其失败；班主任的管理可以适当采取负面清单方式，从资金支持转向政策曝光。

（3）在专业设置和建设上，要勇于创新，围绕市场的新需求和热点，大胆拓展新专业。

（4）招生与就业方面，通过拓展新专业持续保持招生的吸引力，而就业则需要开拓更多的校企合作优质企业资源。

（5）师资队伍建设方面，最重要的是要形成领导核心及治校理念上的共识；打造敢做善成、勇于担当责任的干部队伍作风；要注意鼓励和保护教职工的师道尊严。

（二）建议

1. 重大招标课题方面

首先，重新对课题进行梳理，在专家沟通会的基础上，明确课题研究思路，确定主课题与子课题之间、子课题与子课题之间的关系；其次，对研究目标、内容、思路、研究步骤及成果形式进行了梳理和修改，使目标—内容—思路—步骤—成果，能够较紧密对应，确保结构严谨，内容和思路科学可行，成果符合预期；再次，利用假期设置调查问卷，展开具体调研，形成前期调研报告，并结合文献研究，初步形成并发表1~2篇研究论文；最后，科学规划课题接下来的研究进度，并严格把控执行。

2. 学生管理方面

组织学生管理部门进行座谈，必要情况下可以组织相关人员进行外出调研，之后对我校学生管理工作进行反思，在现有管理模式基础上，与其他业务相关部门进行交叉碰撞交流，形成修改方案，最后利用假期进行修订完善，争取秋季学期能够有所进步。

3. 专业设置和建设方面

我校现有的专业结构确实存在诸多问题，比如新老专业结构失衡，老专业竞争激烈，占比过大，风险高，而新兴专业少，原因是开设新专业的程序烦琐、效率低下、体制风险大、综合成本高，这点最好能有所突破。此外，近年来随着国家深入改革，市场业态和人才需求日新月异，建议学校设置一个专业设置二级小组，时刻关注外界变动及市场需求，保持资讯的时时更新，并积极推动专业升级或开设新专业，保持平均每2~3年推出一个新专业。这应该是中等职业学校未来竞争的一项重要考核要素。

4. 招生与就业方面

招生方面，一方面要继续拓宽招生渠道，开辟新方式，突破生源的地方保护限制；另一方面要通过开设新的有吸引力的专业来保持招生吸引力。

就业方面，一方面继续开拓市内外、区内外合作企业资源，注重质量上的提升；另一方面结合双方优势资源，创新校企合作方式，深化合作内容，从专业教育、课程见习到专业授课、专业实训和顶岗实习，开展深入合作。

5. 师资队伍建设方面

由于历史的多重原因，以及系部的结构设置等因素影响，我校的师资队伍内部关系复杂，缺乏强有力的领导核心，没有形成治校共识。这种状况非常不利于团队军心的稳定，严重影响了战斗力。

建议学校领导层统一认识，形成核心，由上而下推动干部队伍及教职员工调整，并提出明确的激励和保障措施，从根本上转变原有的歪风邪气；其次，学校的本质是教书育人，领导层需要均衡学术领导和政治领导，防止一边倒、一刀切的现象；最后，体制上要适当调整，要多鼓励、培养、任用和保护年轻的教职工到中层岗位，鼓励创新，摒弃保守，防止懒政不作为或少作为等现象。

以上即为本次调研的全部内容，调研取得了预期成果。然而，成果如何转化为我校切实的绩效，则需要领导及全体教职工高度重视，共同努力，自上而下、自下而上地进行大刀阔斧的改革与创新。唯有创新，方能赢得持续的竞争优势。

2017 年 6 月 23 日

"关爱留守儿童,召唤妈妈回家,共建幸福乡村"精准道德扶贫项目调研报告

为切实推进我校申报的广西重点招标课题《职业教育扶贫研究与实践》的职业教育扶贫研究工作,2017年1月1—3日,课题组部分成员根据课题研究进程,跟随广西中华传统道德文化促进会、明德基金会到天等县参加了"关爱留守儿童 妈妈回家 幸福乡村志愿行服务"活动。通过文艺晚会、表彰大会、座谈会、讲座、慰问孤寡老人、关爱留守儿童、走访贫困户等方式,了解了本次活动的相关信息,对本课题的精准扶贫工作有一定的参考价值。现将调研情况报告如下。

一、活动开展的背景

据统计,全国有6 100万留守儿童。对此,教育专家王东华教授痛心疾首地指出:"为什么有那么多的留守儿童,就是因为不知道母亲的重要性。在人生的头3年,母婴是一体的,都处在怀孕期,只不过是在子宫外而已,此时与母亲分离,就会导致孩子的情感流产,导致他对亲人与环境的冷漠,留守儿童的犯罪率也逐年增长,并成为危害家庭和危害社会的重要群体,一辈子痛苦不堪。我们即将见证的巨大的人道灾难——留守儿童问题的全面暴发,这才是比股灾、非典、甲流等严重千万倍的人类大劫难!母亲的重要性通过这样的劫难宣示出来,真的让我们痛心疾首!"

二、天等县的基本情况

天等县地处桂西南,属广西崇左市。天等县国民经济以农业为基础,全县总面积为323.88万亩,其中,山地面积276.16万亩,天等县辖6个镇、7个乡:天等镇、向都镇、龙茗镇、进结镇、东平镇、福新镇、把荷乡、都康乡、驮堪乡、进远乡、宁干乡、上映乡、小山乡。根据2010年第六次全国人口普查数据,全县常住总人口为330 814人,其中各乡镇人口如下:天等镇为67 426人、龙茗镇为16 664人、进结镇为27 318人、向都镇为37 096人、福新镇为25 040人、东平镇为20 639人、都康乡为24 197人、宁干乡为16 813人、驮堪乡为27 932人、进远乡为8 446人、上映乡为28 901人、把荷乡为19 178人、小山乡为11 164人。其中,壮族人口占96%,汉族和其他少数民族占4%,是广西壮族分布很集中的县份。天等县国民经济以农业为基础。

三、天等县精准道德扶贫项目的确定

根据天等县留守儿童集中较多的现状,经研究决定苏州固锝电子股份有限公司、明德基金会、广西中华传统道德文化促进会、新八德讲师团、德行天下基金会、天等县传统文化促进会联合设立天等县"关爱留守儿童,召唤妈妈回家,共建幸福乡村"精准道德扶贫项目。

四、天等县精准道德扶贫项目的意义

关爱留守儿童是全社会和每个公民的共同责任。爱心助力天等县关爱留守儿童的精准道德扶贫项目，以整合社会各界资源，配合政府扶贫攻坚，有针对性地给予留守儿童父母经济上的道德扶贫，给予正确的道德与法制教育培训。通过中华优秀传统文化的系统学习、道德讲师团和志愿者团队们的进驻和志愿服务，帮助每一位妈妈真正认识到教育和陪伴孩子的重要性，从根本上解决留守儿童的教育和幸福问题，从而为广西乃至中国的留守儿童问题提供解决办法和样板。

2015年12月31日，苏州固锝电子股份有限公司、明德基金会敬爱的吴念博董事长，为思考解决中国留守儿童问题，特意携同幸福伙伴从苏州一路行程颠簸，再一次来到了广西大新县、天等县，看望大新民族希望学校、定明新屯村、母村、民族高中、四维学校、特殊学校的孩子们，关爱留守儿童，用爱心陪伴孩子们度过了一个愉快和难忘的节日，孩子们亲切地称呼他：吴爷爷回来了。

吴董说："中国有6 000万名留守儿童，作为一个弘扬传统文化的企业应该做些事情，怎么做呢？当初成立明德公益基金会，只为做两件事情，帮助留守儿童与留守老人。传统文化需要带到孩子和老人身边，看到天等传统文化志愿者用心在做，虽然条件艰苦，但心是热的，把留守儿童视为自己的孩子，让孩子在幸福中成长，我们对此非常感动。我们将每年的12月31日定为'幸福宝宝关爱节'！"

2017年1月1日，苏州固锝电子股份有限公司吴念博董事长携同幸福伙伴爱心企业家一行15人莅临广西南宁、天等县。明德基金会携同全国幸福伙伴前往天等县母村、定明村慰问留守老人。举行"庆祝2017年元旦晚会暨'关爱留守儿童，妈妈回家'公益项目启动仪式"。

吴董在天等通过农村合作社的形式租了2 000亩地并改良了土壤。尊重自然规律，顺应自然，种花生、辣椒、芋头等当地的农作物，而不是急功近利，为了盈利而改变当地的自然生态环境。特别注重食品安全、生态保护、环境保护，同时，与全国多家企业联合，由企业提供技术、资金及农作物销售等帮助，增加当地村民的家庭收入，让母亲回家有所作为，能支撑家庭的开支；同时，接受家庭美德、教子有方、孝福之道等传统文化的学习，以便能孝敬公婆，教育好子女。

五、"关爱留守儿童 妈妈回家"具体行程安排

（一）志愿服务行程安排

（1）1月1日上午出发，1月2日晚（或3日早上）返程。

（2）志愿服务行内容包括对天等县母村、定民村留守儿童、老人进行人文关怀慰问，以及爱心物资捐赠、庆元旦文艺晚会、幸福工程交流座谈会等活动。

（二）诚邀弘扬传统文化学校校长、爱心企业家、志愿者代表们（限15人）参加志愿服务

（三）诚邀 6~7 名非常有爱心的司机志愿者共同陪伴前往天等县

（四）爱心物资《孝经》《弟子规》《儿童拼图》等书目，保暖衣物，儿童文具，糖果等（欢迎爱心人士随时参与）

六、关爱留守儿童 幸福乡村建设计划（2017—2022 年）

（一）美丽乡村计划——重点导入零污染村庄建设计划（2018—2019 年）

零污染村庄是一个系统的生活环境，秉持以人为本的理念，以礼运大同篇的远景为目标，是一个从净化、改善、美化生活环境开始，到实现幸福、和谐、美丽的村庄的过程。

零污染村庄建设参考指标。

(1) 垃圾分类（垃圾站治理）。
(2) 净塑。
(3) 净化河流、土壤。
(4) 制作使用环保酵素。
(5) 健康农业。
(6) 健康饮食习惯。
(7) 种树（绿化）。
(8) 环保全民参与（90%以上）。
(9) 环保市集（村庄集市活动）。

（二）生态农耕计划——导入生态健康农业系统

农村最重要的就是农业，农业不仅是农村环境的基础，也是农村经济的基础，更是一个地区文化的基础，所有的文明都是建立在农耕文明之上的，农业提供人类生存、世界发展中重要的一切。建设零污染乡村，健康的农业系统是基石，若没有健康的农业，一切都是空中楼阁。

生态农耕建设参考标准：

(1) 传统农耕运用二十四节气，依据当地气候实施播种计划。
(2) 对应现在农作物品种演化，适于当下农业发展的农法技术。
(3) 坚守生态农业的底线，坚决不使用农药、杀虫剂、除草剂、化肥（单一化肥、复合化肥）、人工合成的生长激素、膨大剂、甜蜜素等。
(4) 制作环保酵素修复土壤（将瓜果蔬菜循环制作酵素）。
(5) 建立种子保护中心。
(6) 建立生态农家肥中心。
(7) 恢复生态农耕基地的蚯蚓、鸟禽、蜻蜓等生物回归自然。

（三）精准扶贫计划——为村庄 50~100 名返乡妈妈提供创业指导和帮扶行动

提供中华女工纯手工传统服饰技术培训及创业帮扶：

第一阶段：为村庄返乡妈妈提供《中华女红学堂》培训 3 期；
第二阶段：返乡妈妈为自己及孩子、老人亲手缝制服装；
第三阶段：返乡妈妈女工团队将为全村学校的孩子亲手缝制 100~120 件校服、为 70 岁的老人亲手缝制外套 50~70 件；
第四阶段：全村的老人和孩子穿着返乡妈妈缝制的服装进行评比和表彰；
第五阶段：全村返乡妈妈正式设立女工生产中心（全面上线推广）；
设立传统服饰、盘扣、刺绣、竹编、手工鞋、布包等；
建立中华女工培训基地。

（四）文化建设计划

文化，是一个群体健康、和谐共生的基础，中国是一个具有优秀传统文化的国度，几千年的智慧为人类的可持续发展提供了坚实的基础。零污染村庄的建设，文化建设是一个前提，因为人心是一切的根源，环境的改善需要从人心开始。

文化有一些普世的，比如尊老爱幼、邻里和睦、互相帮助等，每个地区，甚至不同的村与社会也都会有不同的特色。所以我们也会因地制宜地在每个村庄进行文化建设。

可开展的主题有幸福人生讲座、孝道大餐、敦亲睦邻、文明家庭评比等。
（1）每月举办一期《幸福人生公益讲座》。
（2）每月组织举办一次孝道大餐活动。
（3）每周举办一期道德讲堂。
（4）开展文明家庭、好媳妇、好婆婆、最美妈妈等的评比。

（五）生态环保建筑计划

生态环保建筑是村庄生态环保及人的健康的重要保障，中国传统建筑，是尊重自然，以人为本的，也是生态环保的，用传统的方式建造生态环保房屋。
（1）为乡村建设传统文化学习基地《道德讲堂》《中华母亲学堂》《中华女红学堂》《生态自然农耕学堂》等。
（2）环保超市、健康养生美食坊。
（3）建立中华女工工作坊。
（4）中医养生。
（5）指导幸福客栈建设。

七、"关爱留守儿童 召唤妈妈回家 共建幸福乡村" 精准道德扶贫项目对我校重大课题立项的启示

关爱留守儿童的终极目标就是让其父母不再到他乡务工，而"关爱留守儿童 召唤妈妈回家 共建幸福乡村"精准道德扶贫项目旨在给留守儿童的妈妈教授各种技能，产品的销路问题与相关部门和企业初步达成协议，挣钱的同时照顾到家庭。这无疑是很不错的举措，达到了"鱼和熊掌兼得"的目的，这也是对我校重大课题立项的启示：

一是能构建以学校老师为主体的学校帮扶网络,学校动员和发动优秀的教师组成帮扶教师团队。参与每月一次的《幸福人生公益讲座》、每周举办的道德讲堂等活动。二是能发挥学校特色学科优势服务精准扶贫,即发挥学校的学科、科技和服务等多方面优势,为地方特色产业发展、人力资源培训等提供全方位支持,比如,我校电商师资团队率全区之先,与广西农小二农业科技有限公司进行深度合作开展服务社会活动,仅2016年一年,就先后在南宁、靖西、巴马、横县、柳城等地开展了30余场次的培训,超1 500人次直接受益,极大地推动了区域电商发展,其成果引起全国电商行指委的重视,被列为全国电商职教示范案例,获得商务部中国国际电子商务中心与广西商务厅广西国际电子商务中心的高度认可,并作为典型案例推广到职业院校。2017年6月,利用电商网络平台组织发动学校教职工91人团购天等县桂花梨150箱。三是采用定点招生的模式与扶贫地区学校进行定点帮扶,定点招生是帮扶贫困家庭阻断贫困代际传递的一项招生举措,学校开出定向招生指标,与大新民族中学、天等县中学、南宁扶壮学校等学校建立"幸福伙伴"联盟学校,对符合条件的开通绿色资助通道,在我校学习一门技能,并优先提供实习、就业的机会。四是开展精准教育扶贫不但能努力服务地方经济社会发展,而且还能扩大学校办学效益和社会影响力,提升社会美誉度等。

关爱留守儿童、召唤妈妈回家、共建幸福乡村活动见图1~图6。

图1 2017年1月幸福企业联盟部分企业与我校领导、部分教师代表合影

图 2　2016 年 12 月 31 日吴董事长一行参加仁爱家园志愿者感恩答谢会

图 3　2017 年 1 月"幸福伙伴"联盟部分企业代表参加项目启动仪式合影

图 4　部分回乡务农的妈妈及留守儿童

图 5 生态农业——环保酵素修复土壤

图 6 零污染村庄远景

调研小组成员：陈　静　郭海君
报告执笔人：郭海君　裴　蓓
2017 年 1 月 12 日

东兴市扶贫工作调研报告
——广西物资学校调研组

为推进教育扶贫工作，结合实际，广西物资学校调研组先后赴东兴市江平镇、东兴镇、马路镇开展扶贫工作座谈会，下基层座谈调研，深入村组开展民情调查，走访贫困户，积极调研探索教育扶贫工作办法，现将调研情况报告如下。

一、基本情况

东兴市位于广西南部，全市共辖3个镇、31个行政村、10个社区，区域面积为590平方千米；户籍人口为14.8万人，暂住及流动人口为15万人。东兴市原有4个贫困村，贫困人口为730户，共计2 780人，全市贫困发生率为1.92%。

自全区脱贫攻坚战打响以来，东兴市按照自治区、防城港市的决策部署，将精准扶贫当作重大民生工程来抓，围绕目标、多措并举、扎实推进脱贫攻坚工作。2016年东兴市的扶贫工作开启创新模式，实行扶贫工作优先保障、重点投入机制，及时整合各类资金6 400多万元，开发扶贫项目352个，扶贫工作亮点纷呈。截至2017年8月，全市共有4个贫困村的128户共计493人实现脱贫。

二、东兴市扶贫工作经验

1. 创新"边境贸易+"扶贫模式，实现互市贸易引领脱贫

边境贸易+互助合作社（组），东兴市按照"边民参股、集体经营、贸工结合、规范管理"的方式，仅2016年，就组建24个边民互助合作社（组）2 000多人参与互市贸易。边境贸易+落地加工，依托完整的口岸边贸体系，推动"边境贸易+跨境加工制造业+扶贫工作"的良性互动发展。生产加工企业提供就业岗位由2015年的1 560个增加到2016年的4 600个；边境贸易+金融服务，加大对边贸扶贫工作的金融支持，给予每个边民互助合作社（组）100万元的信用贷款。目前，有139户贫困户、退出户共500多人加入边民互助合作社（组）参与互市贸易，他们的月收入由原来的不足1 000元增至3 000元以上。

2. 创新"边境旅游+"扶贫模式，实现旅游产业带动脱贫

边境旅游+农业发展，东兴市紧紧依托区位优势和资源优势，打造了百果香等农家乐和一批精品乡村旅游线路，引导农村贫困户110户共计450多人与15家酒店、景区等企业合作。边境旅游+农民就业，引导、鼓励和支持农民通过土地流转向现代特色（核心）示范区、合作社等集中，确定东兴市东缙荷塘农业等14家合作社与企业合作，吸纳贫困户157户。创新"电子商务+"扶贫模式，实现互联网助推脱贫。电子商务+品牌创建，通过党员带头创立电商孵化中心，为需要创业开网店的贫困户、创业者提供线上线下一条龙服务。目前，已有哈哥哈妹等27家企业、20个品牌190余种产品入驻O2O展示区。电商商务+特色农业，依托百岸网、八找网等一批本土电商综合交易平台，发展O2O双线（线上线下）扶贫模式，打造"电商+特色农业"品牌；电商商务+党组织结对帮扶，东兴万诚农业通

过支部组织，安排竹山村贫困户发展养殖海鸭，通过电商企业将特色海鸭蛋在线上销售，实现人均收入为 2.4 万元/年的目标。

3. 积极推进产业扶贫项目，夯实脱贫基础

产业扶贫是脱贫攻坚的重点和难点所在，东兴市始终把实现稳定脱贫作为工作的核心，切实让产业发展成为农民脱贫致富的依托。一是发展特色富民产业。研究制订了《东兴市产业扶贫工作方案》《东兴市产业富民工作方案》和《东兴市 2017—2020 年贫困村集体经济发展方案》，明确大旺村、马路村、吊应村、长湖村、竹山村、那漏村、横隘村、交东村 8 个村是工作重点。并结合"产业富民""五个一"工作要求，对以上 8 个村进行编写村级经济发展计划，制作村级经济发展计划表、规划示意图、村"五个一"建设计划表，并制作成宣传牌；同时，抓好 4 个摘帽村的村级集体经济发展工作。二是发展农业新产业新业态。坚持第一、第二和第三产业融合的发展理念，积极发展休闲观光农业、农林电子商务等现代农业经济，促进农业产业结构转型升级，培育经济新增长点。全市农业产业经营主体发展迅速，推动了现代农业的发展。2014 年，农民专业合作社、家庭农场、种养大户扶持政策出台后，由 2013 年的全市仅有 21 家经营主体飙升到现在的 286 家经营主体，一村至少有一个农业经营主体；同时，东兴市休闲农业发展势头迅猛，据统计，全市共有 72 家农家乐和休闲山庄，群众参与经营的积极性非常高，然后，还结合乡村旅游和边境旅游业，提高了农家乐和休闲山庄的接待水平，大力发展了休闲农业与乡村旅游，使田园变公园，农区变景区，农房变客房，农产品变礼品。全市农产品冷库冷链数量达到 8 个。为加大农产品销售力度，农业经营主体还创建电子商务平台，通过网络销售农产品。三是推进现代特色农业示范区建设。坚持抓特色、增质量、创品牌，积极发展现代农业、精品农业、特色农业，成功打造 1 个自治区级现代特色农业示范区：东兴市京岛海洋渔业（核心）示范区，2 个县级现代特色农业示范区：东兴市七彩贝丘休闲产业示范区和东兴市鑫宇金花茶产业（核心）示范区，2 个乡级现代特色农业示范区：东兴市不老峰铁皮石斛产业示范区和"红姑娘"红薯产业示范区。

4. 发展壮大贫困村集体经济，加快扶贫开发

针对 4 个摘帽村集体经济现状及自身发展条件，重点探索、实施资产资源经营创收、入股分红创收、发展产业创收、项目经营管理创收 4 种模式提高村集体经济收入。引导村集体经济组织创办领办农民专业合作社，加快现代种养、乡村旅游等产业发展和"一村一品""一村多品"建设步伐，村委与村经营主体合作，提供优质服务，收取费用，增加集体经济收入。从村集体经济收入总量来看，4 个贫困村中，村级集体经济收入在 2 万元以下的村有 3 个；村级集体经济收入在 2 万元以上 5 万元以下的村有 1 个。

三、东兴市扶贫工作存在的问题和困难

东兴市在贯彻落实全区脱贫攻坚工作部署要求上取得一定成效，但也存在一些问题。

（1）当前部分产业发展尚未形成规模化，有待进一步提升。

（2）脱贫攻坚社会力量帮扶相对薄弱，社会帮扶机制不够健全，尚未形成长效合力。

（3）统筹协调不够有力，部门开展工作不平衡，帮扶人员存在疲惫懈怠心理。

（4）扶贫与扶智工作统筹不够平衡，"等、靠、要"思想依然存在，贫困户内生动力没能得到充分激发。

四、推进东兴市扶贫工作的对策建议

（一）精心做好精准识别，为扶贫工作提供依据

应做到精准帮扶，分类扶贫。对有生产资料和劳动力强的贫困户以项目帮扶扶贫为重点，精准选择扶贫项目帮助提高抗风险能力；对无生产资料的贫困户以解决生产资料，改善生存环境，提高生产技能为重点进行帮扶；对无劳动能力或劳动能力差的孤寡老人、孤儿等纳入民政供养，进行救济式扶贫。

（二）大力推进产业扶贫，增加农民收入

产业扶贫是贫困群众增收的基础和关键，是贫困群众最迫切的期盼。要在摸清家底的基础上，找准路子，突显特色，创新方式，积极促进农民转移就业，增加工资收入，如大力推进特色农业产业化建设，加快建立种养加产供销一体化的现代农业产业体系。围绕"特、优、精"下功夫，重点抓好特色种植业、水产畜牧养殖及加工、林下经济和休闲农业乡村旅游等产业发展。重点培育几个龙头企业，建立一批产业示范基地，依托龙头企业带动。在进一步扩大现有的"菜篮子"生产规模的基础上，着力抓好新增"菜篮子"项目，加快红衣花生、红香薯、马铃薯、玉米、文蛤、对虾、龟鳖等优势种养产业发展，以基地带动农户，促进农业产业化发展。发展一批农村专业合作组织，进一步加大对农民群众种植和养殖技术的培训力度，对科技致富能人给予政策扶持。

（三）积极发展旅游业，促进旅游扶贫

利用海岸线的村落及其周边的滨海资源，打造以"北部湾最具特色的渔村旅游休闲带"为品牌目标，以滨海湿地观光、渔业观光、渔村生产生活体验、康疗休闲等为主要功能，融合渔家乐民俗旅游的复合型滨海生态旅游目的地，逐步形成沿海一带具有滨海特色的休闲农业养生旅游线路。组织力量做好村屯的整体规划，按照社会主义新农村的标准，结合休闲旅游的特点，凭借高标准、新理念，在差异性上做好文章，搞好规划。江平镇处于这条旅游带的关键点上，要抓住这个发展的机遇，加大宣传工作力度，吸纳群众理解和参与政府的规划，把群众的思想统一起来，引导村民把目光看长远，积极协助配合政府做好旅游带项目的前期各项准备工作，不因眼前利益牺牲长远利益。

（四）继续加强基础设施建设，为扶贫工作奠定基础

基础设施落后是制约贫困村发展、群众脱贫致富的瓶颈。要加快构建外通内联的交通运输体系，在实现所有自然村都修通水泥路目标的基础上，要进一步加快贯穿群众生产生活息息相关的村屯道路建设，提高村屯道路硬化率，完善村道路建、管、养、运机制，从根本上解决群众行路难、运输难问题。继续加强农田水利建设，增加抗旱水源，解决缺乏生产用水问题。实施农村饮水安全巩固提升工程，全面解决偏远地区贫困人口饮水安全问题。实施农网改造升级工程，提升供电服务水平，切实解决贫困村屯、贫困户生产生活用电问题。加强信息网络基础设施建设，推动光缆入村、入屯、入户。全力做好贫困户危旧房改造，切实保

障贫困户基本住房。以农村污水、垃圾治理为重点，深入推进改水、改厕、改灶、改圈工程，搞好村组绿化美化，实现农村环境整治新提升。

（五）着力提升公共服务水平，为农民提供社会保障

扶贫必先扶智，加快实施教育扶贫工程，让贫困家庭子女都能接受公平有质量的教育，阻断贫困现象代际传递。进一步完善贫困家庭学生助学政策体系，落实教育结对帮扶责任制，确保贫困家庭学生不因贫困而失学、辍学。提高义务教育质量和巩固率。落实贫困家庭"两后生"职业学历教育资助政策，实现应补尽补。拓展贫困家庭大学生资助渠道，通过发放奖学金、助学金、助学贷款等方式实现助学全覆盖。大力开展科技扶贫和文化扶贫，提高贫困农户的科技、文化素质。实施健康扶贫工程，保障贫困人口享有基本医疗服务，切实解决因病致贫、因病返贫问题。健全农村最低生活保障制度，对丧失劳动能力、无法通过产业扶持和就业帮助脱贫的家庭，实行政策性保障兜底。扩大农村低保范围，适当提高低保标准，逐步实现低保线与贫困线"两线合一"，做到应保尽保。大力推进农村"三留守"人员关爱行动，建立关爱"三留守"人员服务机制，组建关爱互助队伍，使留守儿童健康成长、留守妇女安居乐业、留守老人安享晚年。

（六）加强农村基层党组织建设，为扶贫工作提供保障

村民富不富，关键看支部；村子强不强，要看领头羊。农村基层党组织，既要带领群众脱贫致富，又要预防群众返贫。基层党组织要牢记使命，勇做扶贫攻坚"带头兵"，善做密切联系群众的"贴心人"，增强本领，成为做群众工作的行家里手，用心真识贫，用情真扶贫，用力真扶贫，带领贫困群众闯出一条"脱贫致富奔小康"的新路子。努力吸收年富力强的致富能手加入党组织，增强基层党组织的战斗力，提升基层党组织带领群众致富的造血能力。加强村民自治组织建设，建立健全村务公开、财务公开机制，认真落实民主选举、民主决策、民主管理、民主监督的各项制度。深入开展农村法制宣传教育，引导农民牢固树立法制观念，增强农民依法维护自身权益的能力和自觉履行义务的责任感。推进社会治安打防控体系建设，建立完善村民规约，广泛开展创建平安乡村、和谐乡村活动，构建灵活多样的群防群治网络，创建良好的治安环境。

2017 年 8 月

《职业教育扶贫研究与实践》重点招标课题调研报告

2017年7—8月，广西重点招标课题《职业教育扶贫研究与实践》课题组成员根据课题研究进程，利用暑假时间开展实地调研。2017年8月3日（星期四），在钟芳晖副校长的带领下，一行4人来到南宁市武鸣区，分别到武鸣区扶贫办、武鸣区人力资源与社会保障局、武鸣区教育局以座谈交流、查询资料数据、人员访谈等方式，开展调研工作，现将调研情况报告如下。

一、武鸣区（县）贫困数据基本情况

南宁市武鸣区（2016年撤县设区）总面积为3 378平方千米，辖13个镇、218个行政村（社区），总人口为71万。截至2015年年底，武鸣区有贫困村40个，建档立卡贫困户6 096户、贫困人口19 006人，贫困发生率为3.8%。其中40个贫困村有贫困户2 742户、贫困人口9 271人，贫困发生率8.25%。根据自治区、南宁市安排，结合城区实际，计划到2018年实现脱贫摘帽目标，其中2016年完成脱贫摘帽17个贫困村（含自我加压2个村），减贫人口1 879户，6 500人；2017年计划完成脱贫摘帽23个贫困村，减贫人口5 500人；2018年计划完成减贫人口4 508人；其他无劳动能力的2 498人纳入低保，以实现脱贫。

二、政府及相关职能部门主要政策、措施及施行效果

（一）系列政策文件

除了认真贯彻落实自治区、南宁市相关职能部门下达的精准脱贫政策，武鸣区先后出台了《关于贯彻中央、自治区和南宁市扶贫开发工作重大决策坚决打赢脱贫攻坚战的决定》《南宁市武鸣区精准扶贫结对帮扶到村到户"三包"实施方案》《武鸣区财政专项扶贫资金管理办法》《武鸣区2016年产业脱贫大行动1+6工作方案》《南宁市武鸣区发展生产支持精准脱贫实施方案》《武鸣区从严从实管理"美丽广西"乡村建设（扶贫）工作队员（第一书记）暂行办法》《南宁市武鸣区脱贫摘帽激励办法》等系列文件，从目标任务、责任分解、队伍建设、组织保障、资金筹措等方面进行了明确，夯实脱贫攻坚工作的基础。

（二）主要做法

（1）抓责任落实，强化"五个到位"：领导组织到位、干部帮扶到位、挂图作战到位、政策制订到位、督查问责到位。

（2）抓精准帮扶，落实"五个到户"：产业带动精准到户、转移就业精准到户、教育资助精准到户、医疗救助精准到户、低保兜底精准到户。

（3）抓民生改善，推进"七大工程"：道路硬化工程、安全用水工程、安全用电工程、贫困户危房改造工程、"互联网+"扶贫工程、村庄环境建设工程、文化设施建设工程。

（4）抓改革创新，解决"七个难题"：一是创新贫困户危房改造补助办法，解决贫困户建房难题；二是创新村集体经济发展路径，解决村级集体经济收入难题；三是创新开发乡村公益性岗位，解决精准脱贫"七个一批"照顾不到的贫困户增收难题；四是创新贫困户医疗救助办法，解决因病致贫贫困户脱贫难返贫易难题；五是创新资源整合，解决资金筹措难题；六是创新扶贫工作队员（第一书记）管理办法，解决管理队员管理不够规范难题；七是创新奖励办法，激发脱贫摘帽内生动力不足难题。

（5）抓廉洁扶贫，筑牢"三道防线"：严格扶贫资金管理制度、加强扶贫领域专项巡察、严查扶贫领域违纪案件。

（三）脱贫指标完成情况（2016年12月）

（1）脱贫摘帽贫困村各项指标均完成或超过"十一有一低于"标准共17个贫困村，其中含自治区下达的15个、城区自我加压的2个。

（2）对照"八有一超"的标准，已经完成1 805户贫困户，6 511人贫困人口脱贫"双认定"工作。

三、贫困家庭劳动力人口接受职业教育的情况

在武鸣区，此项工作主要由城区人力资源与社会保障局实施。在该局调研时，通过听取汇报，我们主要获取了2015年、2016年和2017年上半年，武鸣区开展职业培训和就业创业支持精准扶贫的工作数据。

（一）政策施行情况

转发并扎实推进自治区、南宁市人民政府及区市人力资源和社会保障厅（局）相关精准扶贫政策的落实。目前，正在实施的与贫困劳动力参加职业教育有关的区市级政策文件有：①由广西壮族自治区扶贫开发办公室印发的《广西贫困地区劳动力短期技能培训以奖代补实施方案（桂开办发〔2015〕62号）》；②《南宁市人力资源和社会保障局、南宁市财政局关于建档立卡贫困劳动力参加职业培训期间食宿交通补助费发放有关事项的通知（南人社发〔2016〕31号）》；③由广西壮族自治区财政厅、广西壮族自治区人力资源和社会保障厅发的《关于印发广西壮族自治区就业补助资金管理暂行办法的通知（桂财社〔2016〕138号）》；④由南宁市人力资源和社会保障局、南宁市财政局根据其他文件精神制订的《南宁市职业培训补贴 职业技能鉴定补贴管理实施办法（南人社规〔2017〕2号）》等。

以上政策文件对中央、自治区、南宁市各级政府下拨扶贫资金的实施原则、补贴对象范围和标准、申请审批发放流程、资金保障措施及监管等均有严格规定。补贴对象为"就业技能培训五类人员"，其中贫困家庭子女（包括建档立卡贫困家庭、城乡低保家庭、城镇零就业家庭子女）为主要补贴对象。此项补贴实行个人"先垫后补"的办法，由培训机构代为申请，直接拨付给个人。贫困家庭子女参加培训的，可由培训机构垫支，并申请补贴直接拨付给垫支机构。在《南宁市职业培训补贴 职业技能鉴定补贴管理实施办法（南人社规

〔2017〕2号)》中，更是明确不同职业（工种）的职业资格、专项职业能力培训补贴的不同标准，各类职业（工种）随着考证等级的提高，培训补贴标准略有提高，每个等级之间大约有 200~300 元的差额。

（二）推进贫困劳动力职业培训和就业创业工作情况

（1）根据贫困劳动力需求，开展就业技能培训和创业培训，提高建档立卡贫困户劳动力的就业创业能力。2015 年，城区农民工转移就业培训 2 179 人，其中育婴员 11 期 480 人、家政服务员 10 期 385 人、保育员 6 期 300 人、维修电工 5 期 230 人、电焊工 5 期 197 人、汽车驾驶员 8 期 400 人、中式面点 4 期 187 人。2016 年，在几大乡镇举办了家政服务、育婴员、中式烹饪、中式面点、电工、汽车驾驶、电焊等技能培训班 36 个、创业培训 9 个班 266 人，共培训 1 713 人，其中，建档立卡贫困劳动力人数 341 人（培训合格 307 人）。2017 年，实施精准培训，提高劳动力转移就业技能，开展各种技能培训，实现技术脱贫。截至 7 月，共组织建档立卡贫困人员 126 人参加家政服务员、中式烹饪、育婴员等工种的培训，已经完成目标任务 200 人的 63%。

（2）开拓创新，积极探讨开发乡村公益性岗位，用于吸纳贫困村实施精准扶贫的"七个一批"中照顾不到的建档立卡贫困劳动力。如保洁员、公路养护工等可以就地就近安置的贫困劳动力力所能及的岗位，通过岗前培训和给予每人每月 500 元的岗位补贴，2016 年和 2017 年，分别由城区财政支出补贴资金 25.5 万元和 41.6 万元。

（3）组织贫困户劳动力转移就业，鼓励贫困户劳动力创业脱贫。两年间共对 2 000 多名建档立卡贫困劳动力进行职业技能培训，促进贫困劳动力通过就业提高收入。组织召开贫困村劳动力专场招聘会 7 场，提供就业岗位 1 500 个，达成就业意向 600 多人；深入开展"春风行动""民营企业招聘周"等公共就业服务专项活动，促进贫困劳动力转移就业。通过职业培训，全城区贫困劳动力转移就业 718 人。对符合条件且有意愿创办个人经济实体的贫困人员加大扶持力度，吸引有创业意愿的贫困劳动力贴息贷款，并给予创业指导、管理咨询、创业培训（SYB 培训）、法律援助等服务。2016 年，城区扶持创业 63 人，完成计划目标任务的 105%；截至 2017 年 7 月，扶持创业 48 人，完成目标任务的 80%。

（4）武鸣交通便利，农村人均可耕种田地多，加上信息化程度高，农民选择外出打工的意愿不强，即使进城务工，也多选择可以在农忙时节兼顾家里田地耕种的短时就近务工，因此，在职业培训项目的选择和安排上，政府部门重在安排可提高产业技能的项目。一是各种农民实用技术培训，在课程安排上以当地主要产业的管理为主，增强学习的针对性和实用性；二是通过创业培训（SYB 项目），鼓励贫困人口创业，不仅能解决脱贫问题，还能增加就业机会，是今后农村经济新的增长点，是输血型扶贫向造血型扶贫转变的重要方法；三是围绕本土企业用工需求，更多采取"订单培训""定岗培训"和"定向培训"等形式。

（5）武鸣区不属于贫困地区，所以人社局在职业培训时一般不会完全分出贫困家庭人口进行。利用专项资金开展贫困家庭劳动力人口培训时，要求开班地点设在贫困村里，且班级成员中，贫困人口要占 50% 以上。针对贫困家庭人口的培训班，全年培训总人数为 200 人，造成这种状况的原因有专项资金较少和实际贫困人口数量较少等。

四、贫困家庭适龄子女接受职业教育的情况

武鸣区教育负担重，抗风险能力低，因学因病返贫问题还比较突出。在对武鸣区贫困户致贫原因的调查统计中，因学是贫困户致贫返贫的首要原因，占比达到25.61%，因此，区政府强调教育资助精准到户，对建档立卡贫困家庭学生逐一调查并登记造册，建立完善建档立卡贫困家庭学生档案，并适时核查、更新数据，确保贫困家庭学生教育资助能够实现一个不漏、应助尽助，让教育资助政策惠及每一个贫困家庭的学生。

（1）政府（教育局）层面：落实对建档立卡贫困户子女从学前教育到高中阶段教育15年免费教育的资助政策。在全面实施中等职业教育免学费政策的基础上，对建档立卡贫困户子女逐步推进实施免除杂费政策；同时，确保建档立卡贫困户子女全部享受国家助学金和"雨露计划"培训补助资助，做到应补尽补。2015—2017年，结合"雨露计划"的实施，每年均投入约200万元对贫困生给予补助。以2017年上半年为例，申报"雨露计划"续培生补助的学生共335人（其中中职学历学生167人，高职学历学生168人）。

（2）学校层面：武鸣职业技术学校是武鸣区政府办学的唯一职业教育机构，目前由学校掌握的贫困学生资助项目共七项（包括免学费、国家助学金、区市政府奖学金、学校奖学金以及企业、民间组织助学资金等），学校在如何精准识别品学兼优的贫困生、做好助学款项的分配上下了相当大的功夫，于2016年代表广西壮族自治区参加了全国中等职业学校贫困生资助工作会议并作了经验介绍。

（3）教育局和学校对就读于武鸣职业技术学校的建档立卡贫困学生毕业后做好就业跟踪指导，专门组织毕业就业工作小组前往广东省等地进行毕业就业工作调研。

五、经验与反思

（1）职业教育扶贫需要各级政府高度重视，要不断强化帮扶干部的纪律教育和纪律约束，做好扶贫资金的管理和配套，加强脱贫攻坚督查，严防扶贫工程中的腐败。

（2）职业教育扶贫一定要以"精准"二字为工作重点。注意完善并严格执行"一户一册一卡"，通过科学合理分析致贫原因，甄别实质性贫困和临时性贫困；做好扶贫档案管理工作，确保扶贫档案资料的管理科学有序、全面完整、安全妥当。

（3）要充分考虑所在地区的地域环境、经济发展、人口条件等因素，有针对性地选择职业培训项目，达到有效开展职业教育扶贫的目的。

（4）扶贫先扶志和扶智。要加大脱贫政策宣传，加大扶贫成果宣传，深入挖掘和培育脱贫工作亮点和工作典型，提高贫困群众的获得感，营造良好的舆论氛围，强化对贫困群众的教育引导，激发贫困群众的内生动力和主观能动性，变"要我脱贫"为"我要脱贫"，切实提高脱贫攻坚成效和贫困群众满意度。

（5）输血型扶贫向造血型扶贫转变是职业教育扶贫的趋势。

（6）职业教育扶贫还应关注受助对象的贫困程度和致贫原因。

调研小组成员：钟芳晖　方艳丹
梁　杰　党宇波
报告执笔人：方艳丹

职业教育扶贫机制调研报告

一、调研背景

实施职业教育攻坚扶贫富民工程是扶贫开发攻坚的重要任务。近年来，我国职业教育扶贫事业虽然取得了一定成绩，但仍面临着投入不足、体制不顺、供求脱节等问题。基于这样的社会背景，本课题对国家、地区对职业教育扶贫机制政策进行深入的研究，对前期的扶贫政策和文献学习进行系统归纳总结，借鉴其他省份有利于构建职业教育扶贫新机制的相应政策，从识别、帮扶、管理、考核等方面探索解决问题的方法，提出具有实践性的建立健全精准扶贫体制、机制的对策和建议。

二、调研情况

课题组成员通过多渠道文献搜索，到目前为止，国家、地方与学校出台与实施过的职业教育扶贫政策中，与教育扶贫机制相关的论文有：潘帅学位论文《新常态下我国精准扶贫工作机制研究》（2016年发表于《河北师范大学》）；刘军豪、许锋华《教育扶贫：从"扶教育之贫"到"依靠教育扶贫"》（2016年发表于《中国人民大学教育学刊》）；宋才发、李锐亨、刘廷兰的《民族地区贫困人口整体脱贫的法治保障探讨》（2016年发表于《贵州民族研究》）；余金梅《试论精准扶贫如何才能"识真贫，扶真贫，真扶贫"——以广西壮族自治区浦北县为例》（2016年发表于《兰州教育学院学报》）；胡秀锦《职业教育发展经费保障机制研究》（2010年发表于《职业技术教育》）；豆小文、叶秀芬《职业教育扶贫的几点思考》（2014年发表于《成人教育》）；《职业教育专项扶贫机制的政策效果评估——基于四省雨露计划的调查》（2016年发表于《教育与经济》）等。这52篇论文对扶贫教育机制进行了阐述。不难看出，通过加快发展职业教育，我国职业教育扶贫机制设计的框架体系已基本形成，目前，还处于不断发展的过程中。

三、调研分析

从有关教育扶贫机制的论文当中可以看出，虽然职业教育扶贫机制仍然处于发展阶段，但也取得了一定的理论成果。

（1）以发展职业教育推动精准脱贫，把发展职业教育与脱贫攻坚结合起来，通过大力推进职业教育提升贫困人口的文化素质和职业技能，增强脱贫致富的能力。朱爱国、李宁在《职业教育精准扶贫策略探究（2016）》中提出职业教育的主要功能是培养技术技能人才，是最有效的"造血式"扶贫，要瞄准扶贫对象，聚焦重点人群，支持农村贫困家庭子女接受职业教育，增强脱贫致富的能力。文章建议推进招生制度改革，实现"精准招生"；完善资助政策，实现"精准资助"；推进教学改革，实现"精准培养"；加强技能培训，实现

"精准培训"；重视创新创业教育，实现"精准就业"。

（2）将职业教育扶贫机制作为职业教育扶贫的一项重要内容来研究。我国对职业教育扶贫开发机制的设计处于起步发展阶段，针对机制设计存在的问题，游明伦、侯长林在《职业教育扶贫机制设计框架与发展思考（2013）》中依据机制设计理论，从完善职业教育扶贫机制顶层设计、优化调整区域职业教育发展布局、创新职业教育扶贫联动机制三个方面，对职业教育扶贫机制的未来发展进行了理性思考。通过加快发展职业教育，我国职业教育扶贫机制设计的框架体系已基本形成，但职业教育扶贫机制尚不健全，有待深化管理体制改革，建立健全职业教育扶贫运行机制《职业教育扶贫的几点思考（豆小文、叶秀芬，2014）》，在职业教育扶贫有效发展的情况下，建立职业教育扶贫的考核评价机制，建立健全评估机制，以确保职业教育扶贫工作能够精准、有效、持续地进行。

（3）立足于精准扶贫，根据地域特点制订有针对性的扶贫制度。《精准扶贫体制机制创新研究（林忠伟，2016）》提出，2016年是精准扶贫新机制全面落地的关键年，在这样重要的时间点上，准确识别扶贫对象，深入分析致贫原因，找出现行的扶贫制度设计存在的缺陷与问题，对于研究广西壮族自治区精准扶贫新机制具有重要的现实意义。精准扶贫离不开教育扶贫，早在2014年，广西壮族自治区也针对本地区的特有情况制订了《广西壮族自治区人民政府关于开展教育精准扶贫扶持贫困家庭子女上学就业的实施意见（桂政发〔2014〕32号）》，对于开展教育精准扶贫扶持广西壮族自治区贫困家庭学生上学和就业提供了制度保障。

四、分析典型案例

以上的专家学者从不同层面对职业教育扶贫机制进行了丰富的研究，为了借鉴其他省份有利于构建职业教育扶贫新机制的相应政策，课题组成员分别对云南省昆明市和广西壮族自治区马山县的扶贫教育机制进行了深入研究。

昆明市在职业教育扶贫方面所做的主要工作有以下两方面。

1. 2015年，发布了《昆明市人民政府办公厅关于印发昆明市推进两区两县教育扶贫工作实施方案的通知（2015年）》

从2016年起，对"两区两县"制订建档立卡贫困户家庭子女的资助办法，在市级年度预算中新增资助资金，专项用于对"两区两县"建档立卡贫困户家庭在中等职业学校就读的学生实行"两补"，即补助教科书费为500元/生·年、补助住宿费400元/生·年。"两补"资金由市本级财政全额承担，市级采取当年预拨、当年结算的方式拨付。经测算，2016年共需安排市级"两补"资金130.5万元。

2. 通过加大投入，改善办学条件，多措并举，推进职教全覆盖

支持省市优质职业院校通过兼并、托管、领办、合作办学、提供学位和"1+1+1模式"等形式，提升"两区两县"职教办学水平和质量，实现职业教育全覆盖，实现教育精准扶贫。与此同时，增设主城区普通高中学校面向"两区两县"定向招生专项计划，扩大学生接受优质普高教育的机会。落实教师企业实践制度，努力提高"双师型"教师的比例。积极引导和鼓励"两区两县"在职业学校就读的学生进入昆明开放学院学习。大力开展各

种形式的职业培训,实现学历文凭和职业资格证书并重,毕业学生"双证"率达到85%,确保推荐就业率不低于全市平均水平。

马山县在职业教育扶贫方面所做的主要工作是:2016年制订了《马山县公共服务专项扶贫工作实施方案》精准帮扶县职业技术学校,充分发挥职业教育在扶贫中的中坚作用。

1. 加强基础设施建设

不断完善职业技术学校远程多功能多媒体教室、氧焊电焊实训室、学前教育专业多功能室、网络教室、氧焊电焊实训室等装备建设。

2. 改革专业设置

根据县域经济社会发展需求和学校实际,办好电子电器应用与维修和学前教育专业。

3. 创新办学体制机制,努力扩大学校办学规模

探索职业教育"2+3"模式,与区内高职院校中高职贯通办学;开展以城市职校为办学招生主体,县职业学校挂城市职业学校分校区校牌的城乡联动办学;开展中等职业学校与县域普通高中融通办学,推进初中学生职业教育渗透,提前接受中等职业教育;深化产教融合、校企合作。

4. 落实教育精准扶贫计划

依托"南宁市学生资助信息管理平台",建立"贫困学生资助管理信息"数据库,实现贫困学生资助管理工作的信息化。

5. 整合县域内职业教育培训资源

坚持学校教育与职业培训并举,协调县职能部门和有关行业企业,整合县域职业教育培训资源,统筹管理培训经费,统筹县域培训项目。

五、结论和建议

(一)结论

综上所述,以上两个典型案例均在识别机制和帮扶机制方面取得较好的成效,两地值得借鉴的先进做法有以下6个。

(1)加大教育资助力度,推进教育扶智脱贫。

(2)实施"雨露计划",给予贫困家庭学生补助。

(3)建立健全控辍保学工作机制。

(4)落实就业创业帮扶政策,促进充分就业助脱贫。

(5)支持省市优质职业院校通过兼并、托管、领办、合作办学、提供学位和"1+1+1模式"等形式,实现职业教育全覆盖和教育的精准扶贫。

(6)开展送教上门工作。建立重度残疾儿童少年教育保障制度,2016年,县特殊学校教师安排专任教师为全县93名智力障碍、患重大疾病或重度残疾儿童少年提供送教上门服务。

但因贫困问题复杂多变,我们对职业教育扶贫机制的研究应与时俱进,根据本地人文地理、特点,以灵活多变的手段和方法进行适应性地调整,提出行之有效的扶贫教育方法。

（二）建议

1. 完善职业教育扶贫机制顶层设计

（1）针对当前我国反贫困过程中法律缺失的问题，研究制订和出台专门的统一的扶贫法律规范，确立职业教育扶贫的法律地位。

（2）建立和完善统一的职业教育扶贫管理机构，整合职业教育扶贫资源。

（3）针对职业教育扶贫对象的特点，建立职业院校及职业培训机构设置标准，完善中高职衔接的职业院校发展体系，优化和整合职业教育培训机构。

2. 优化调整区域职业教育发展布局

（1）按照集团化发展思路，依托区域示范性职业院校，与行业企业合作组建职业教育集团学校，整合区域职业教育资源，提升职业教育及其培训机构的服务能力，推动职业教育集群化发展。

（2）围绕区域产业发展需求，按照扶贫对象就近接受教育或培训的原则，将地市级中心城市职业院校及其培训机构向县乡镇村延伸，让需要扶贫救助的农民朋友能够在产业发展基地就近接受职业教育及其培训服务。

（3）依据园区产业链发展需要，建立园区职业教育培训基地，让需要扶贫救助的企业员工能够在园区就近接受职业教育及其技能培训。

3. 创新职业教育扶贫联动机制

（1）创新纵向传递机制，组建新型扶贫机构——全国性的职业教育扶贫工作委员会。

（2）深化职业教育教学改革，建立职业院校与行业企业的合作对话机制，完善"政府主导、行业支持、企业参与、学校主体"的政校企合作办学体制机制，提升职业院校办学能力。

（3）建立"政府主导、院校主体、社会参与、自主选择、开放高效、运作透明"的创新型职业教育发展模式，让扶贫对象直接参与包括教育和卫生保健等方面在内的社会服务计划的设计、实施、监测与评估的整个过程。

广西壮族自治区职业教育扶贫实施方案(代拟稿)
——广西壮族自治区教育厅

为贯彻落实《国务院关于印发国家职业教育改革实施方案的通知（国发〔2019〕4号）》和《广西壮族自治区人民政府办公厅关于激发贫困群众内生动力促进脱贫摘帽工作的指导意见（桂政办发〔2019〕36号）》等文件要求，进一步加强职业教育精准扶贫工作，结合我区实际，特制定本方案。

一、指导思想

全面贯彻落实中央和自治区有关扶贫工作的精神，按照中央脱贫攻坚决策部署，坚持精准扶贫精准脱贫基本方略，坚持脱贫攻坚目标与现行扶贫标准相结合，落实"教育扶智帮助一批"要求，把"扶智、扶志、扶德、扶勤"教育贯穿脱贫攻坚全过程，充分发挥职业教育在技术人才培养上的优势，切实增强贫困群众自我发展能力，实现"一户一策"中有意愿的人口职业教育及技能培训全覆盖，以稳定就业带动稳定脱贫。

二、基本原则

——全面覆盖，精准培养。紧盯"一户一策"中有技能需求的劳动力，推进省、市（州）、县（区）、乡（镇）、职业学校、企业六级联动，构建职业教育助推脱贫攻坚工作机制，因地制宜、因户施策、精准到人。

——技能为本，突出特色。增强职业教育助推精准脱贫的针对性和实效性，紧贴贫困家庭，紧贴区域产业，紧贴市场需求，实行长、中、短期培养与培训相结合，深化校企合作、产教融合、工学结合，通过职业教育及技能培训，实现促进就业、创业和增收的目标。

——就业导向，帮扶结合。增强职业教育扶贫的"造血"功能，使职业教育和培训成为建档立卡户贫困人口和劳动力上学、技术技能培训的主阵地，实现"培养培训一人、就业创业一人、脱贫致富一户"。

三、总体目标

2020年，把推进精准扶贫作为全区职业教育发展的重要工作，确保全区建档立卡贫困户中有职业教育需求的学生能够接受中、高等职业教育，确保全区建档立卡户中有培训意愿的劳动力能够接受职业技能培训，实现稳定就业，带动贫困家庭脱贫。

四、主要任务

（一）完善各项扶贫制度，精准保障贫困学子接受教育

完善"奖、助、贷、勤、补、免"六位一体的职业教育学生资助政策体系，加大对贫

困地区学生的资助，在享受现有资助政策的基础上，予以最大限度的拓展，缓解贫困学生就学难度与压力。有序开展"一户一册一卡"工作，实时对贫困家庭数据进行统计，摸清贫困家庭适龄子女入学情况，职业学校通过建档立卡数据建立学生的学习就业档案，制订符合需求导向的培训。校企共同制订和实施招生招工方案，实现招生招工一体化，鼓励社会力量捐资、出资兴办职业教育，拓宽办学筹资渠道，让贫苦家庭的孩子上得了学，学得到技能，就得了业。

（二）加强励志教育，转变思想观念

协调资源，引导适龄子女合理选择职业学校，达到控辍保学目的，提高下一代劳动者素质与就业技能，实现顺利就业，增强脱贫致富能力。扶贫扶志，思想帮扶，积极开展校内思政教育，加强思想、文化、道德、法律、感恩教育，大力弘扬艰苦奋斗、自力更生精神，树立主体意识。把"扶智、扶志、扶德、扶勤"结合起来，学校做好行为养成教育，带动学生和家长共同转变观念，鼓励中职学生提升学历。加强学生的创新创业教育，搞好创新创业课程课堂教学，增加学生创业实践机会，提高学生创业兴趣，营造良好的创新创业校园文化环境，充分激发其创业意识。引导学生发展家乡特色产业，把贫困户纳入扶贫产业链。落实就业创业措施，寻找增收门路，带动脱贫致富。

（三）建好扶贫职业技能培训平台

重点建设农村职业教育与成人教育示范县，示范带动精准扶贫职业技能培训工作，充分利用职业院校资源，建立由专业课教师、工程师、土专家、能工巧匠、农村致富带头人组成的职业技能培训师资库，实现资源共享。各市建好1个市级精准扶贫职业技能培训平台，统筹县域内各类资金项目，多部门联动，培训任务重点向县级职业教育中心安排，将县级职业教育中心打造成综合型精准脱贫职业技能培训阵地。强化实用技术培训，要广泛运用新媒体、新手段，通过微信、短视频等群众喜闻乐见的方式，确保受训学员真正掌握1~2门实用技能，实现技能脱贫。

（四）统筹整合职业教育资源，畅通贫困学子升学渠道

治贫先治愚，扶贫先扶智，教育部门要推动职业教育协同合作，推进中、高、本一贯制人才培养的有效衔接。中职学校加大专业建设，在专业建设、课程建设等方面与高职学校进行精准衔接，确保学生升学有"路"可走。高等职业院校要面向贫困家庭中职学生进行招生倾斜，加大与中等职业学校在专业、课程等方面的沟通交流，扩大升学比例，让升学通道更畅通，进一步培养高素质技能型人才，阻断贫困代际传递。充分利用生产性实习实训基地、技能大师工作室、工程技术研究中心、协同创新中心等，发挥校企双方的场所、设备、人员优势，及时吸纳新技术、新工艺、新规范和典型生产案例，形成共建共享的教学资源体系，提升学生的职业道德、职业技能和就业创业能力。

（五）深化产教融合，提高贫困学生技能水平与就业能力

依托区位，根据学生生源地及未来工作意向城市、各个地区的区位优势和未来就业导

向，在尊重学生专业的前提下，依据以上条件为学生开设相对应的特色教学，推动学校招生与企业招工相衔接，校企育人"双重主体"，学生学徒"双重身份"，学校、企业和学生三方权利义务关系明晰。实践性强的专业全面推行现代学徒制和企业新型学徒制。按照专业设置与产业需求对接、课程内容与职业标准对接、教学过程与生产过程对接的要求，校企共同研制高水平的现代学徒制专业教学标准、课程标准、实训条件建设标准等相关标准，做好落地实施工作。在开展现代学徒制的专业率先实施"1+X"证书制度试点，提高学生技能水平，增强就业能力。

（六）加强校企合作，加大企业帮扶力度

一是拓宽企业参与途径。引导技术性强、实践性强、工业积累程度较高的企业深度参与职业院校，促进企业需求融入人才培养环节。推广学校教师和企业师傅共同承担教育教学任务的双导师制度，校企分别设立兼职教师岗位和学徒指导岗位，完善双导师选拔、培养、考核、激励等办法，加大学校与企业之间人员互聘共用、双向挂职锻炼、横向联合技术研发和专业建设的力度。推行面向企业真实生产环境的任务式培养模式。职业院校新设专业原则上应有相关行业企业参与。鼓励企业依托或联合职业院校、本科高校设立产业学院和企业工作室、实验室、创新基地、实践基地。大力发展校企双制、工学一体的技工教育。鼓励企业以独资、合资、合作等方式依法参与举办职业教育、高等教育。二是鼓励企业帮扶，实现订单培养。同步规划产教融合与广西经济社会发展，把产教融合作为促进经济社会协调发展的重要举措，落实到我区经济社会发展、区域发展、产业发展、城市建设和重大生产力布局等重大规划中，推进职业院校和企业联盟、与行业联合、同园区联结。结合我区发展战略，把教育优先、人才先行融入各项政策，将产教融合融入经济转型升级的各个环节，统筹优化教育和产业结构，同步规划产教融合发展政策措施、支持方式、实现途径和重大项目。通过职业教育"智"拔穷根，订单培养、产教融合、协作扶贫，使贫困对象学到一技之长后精准就业、精准脱贫。

（七）做好就业指导服务，助推乡村振兴

一是加强就业指导。职业院校加强对建档立卡学生的就业指导，实现就业指导方式和内容的突破与创新，专门安排就业指导教师对建档立卡学生实行个性化指导，帮助其进行职业角色定位，正确把握用人单位的人才需求方向，把对学生的法律和职业道德教育、就业指导落到实处。二是实施职业教育助推乡村振兴行动。鼓励、支持职业院校发挥自身优势，在对口帮扶县建立科技试验站或试验点，结合农牧技术推广应用和品种改良，打造脱贫致富重点项目，鼓励、支持职业院校发挥技术科研优势，在深度贫困县建立校企合作基地，参与县域特色产业开发；鼓励、支持职业院校灵活设置专业，创新人才培养模式，为乡村振兴培养一批农业职业经理人、经纪人、乡村工匠、文化能人、农业科技明白人、非遗传承人，造就更多乡土人才；鼓励、支持职业院校提供人才和技术支持，帮助深度贫困县开展名优土特产品加工、电商服务和开发乡村旅游项目。

五、保障措施

（一）加强组织领导

区教育厅和区扶贫工作办公室统筹负责全区职业教育精准扶贫的组织、管理、督导和考核工作。各市县教育（教科）局、扶贫工作办公室、各职业院校要高度重视职业教育精准扶贫工作，精准采集建档立卡贫困家庭子女就读、劳动力就业及培训需求等信息，并做好实名登记，建立信息台账，实行动态管理。同时加强与相关职能部门的沟通协调与配合，积极落实职业教育精准扶贫支持政策，确保职业教育扶贫工作扎实精准开展。

（二）完善职业教育帮扶机制

健全与现代学徒制相适应的教学管理与运行机制。校企协同制订现代学徒制专业人才培养方案，校企共同分担人才培养成本，完善教学运行与质量监控体系，规范人才培养全过程。坚持德技并修、工学结合、知行合一，按照企业生产和学徒工作生活实际，育训结合、工学交替、在岗培养，着力培养学生的专业精神、职业精神和工匠精神，提高学生的职业道德、职业技能和就业创业能力。

（三）深化产教融合

以促进就业为导向，将产业发展与职业教育发展相统一，推动专业设置与实际生产要求相结合，逐步提高行业企业参与办学程度，健全多元化办学体制，全面推行校企协同育人，努力打造教育和产业统筹融合、良性互动的发展格局总体形成，需求导向的人才培养模式健全完善，人才教育供给与产业需求重大结构性矛盾基本解决，职业教育、高等教育对经济发展和产业升级的贡献显著增强。

（四）加大职业教育帮扶经费投入

鼓励扩大社会投入，支持社会力量兴办职业教育，逐步提高教育经费总投入中社会投入所占比重。建立健全政府补贴、政府购买服务、基金奖励、捐资激励、土地划拨等政策制度，依法落实税费减免政策，引导社会力量加大职业教育投入，依法落实民办职业教育学校收费自主权。

（五）构建终身职业技能培训体系

完善培训政策和组织实施体系。面向城乡全体劳动者，完善从劳动预备开始，到劳动者实现就业创业并贯穿学习和职业生涯全过程的终身职业技能培训政策。以政府补贴培训、企业自主培训、市场化培训为主要供给，以公共实训机构、职业院校（含技工院校，下同）、职业培训机构和行业企业为主要载体，以就业技能培训、岗位技能提升培训和创业创新培训为主要形式，构建培训组织实施体系。适时调整就业补助资金使用结构，扩大职业技能培训补贴对象和培训职业（工种）范围，实现政府补贴的职业技能培训项目全部向具备资质的高等院校、职业院校、职业培训机构、行业协会、大型企业内部培训机构开放。建立自治区、设区市两级急需紧缺职业（工种）发布制度，提高急需紧缺职业（工种）培训补贴标准，引导和加强相关技能人才的培养。

（六）为职业教育的推广营造良好舆论环境

各级教育行政部门、扶贫工作办公室和职业院校要加大职业教育精准扶贫的宣传力度，广泛宣传职业教育精准扶贫的各项政策措施。不断提升技术技能型人才的社会形象，大力弘扬和培育工匠精神，加深劳动者对职业理念、职业责任和职业使命的认识与理解，提高劳动者践行工匠精神的自觉性和主动性。广泛开展"大国工匠进校园"和"技能大师传帮带"活动，持续开展"世界青年技能日"宣传活动和技能竞赛优秀选手先进事迹巡回报告活动，大力弘扬劳模精神和工匠精神，将职业道德、质量意识、法律意识、安全环保和健康卫生等要求融入职业教育、技能培训全过程，不断加强职业素养的培育。

论文篇

发展职业教育，助力精准扶贫

——黄春荣

2013年11月，习近平总书记在湖南湘西考察时首次提出"精准扶贫"，并作出了"实事求是、因地制宜、分类指导、精准扶贫"的重要指示。习总书记指出，扶贫开发工作已进入啃硬骨头、攻坚拔寨的冲刺期。扶贫先扶志、扶贫必扶智。国务院下发了《中共中央国务院关于打赢脱贫攻坚战的决定》，采取多种措施加强贫困地区的学前教育、基础教育和师资培养，教育扶贫成为阻断贫困代际传递的重要途径。

一、职业教育助推精准扶贫的现实意义

精准扶贫是指针对贫困区域、贫困户的状况，采取科学有效的程序对帮扶对象实施精确识别、精确建档立卡、精确管理的治贫方式。特别是习近平总书记在2015年减贫与发展高层论坛上强调："中国扶贫攻坚工作实施精准扶贫方略，坚持分类施策，因人因地施策，因贫困原因施策，因贫困类型施策，通过扶持生产和就业发展一批，通过易地搬迁安置一批，通过生态保护脱贫一批，通过教育扶贫脱贫一批，通过低保政策兜底一批，广泛动员全社会力量参与扶贫。"由此可见，发展职业教育助力精准扶贫，提高贫困人口劳动素质和职业素养，阻断贫困代际传递，防止贫困户脱贫又返贫等是当前重要的研究课题。

1. 教育扶贫是精准扶贫的治本之策

《中共中央国务院关于打赢脱贫攻坚战的决定》强调，在加快实施教育扶贫工程的同时，结合职业教育的特点帮助贫困家庭子女接受技能型的职业教育，阻断贫困代际传递。在进行职业教育精准扶贫的同时，应率先从建档立卡的家庭经济困难学生中选择实施中等职业教育免除学杂费，让进入中职学校的初中毕业生接受中等职业教育；同时，加强专业特色并适应当前市场需求的中等职业学校建设，提高中等职业教育国家助学金资助标准。由此可见，中共中央不仅着眼于基础教育的夯实，还开始发掘职业教育的潜力。而对于中国广大的贫困人口，基础教育的建设往往需要近十年的时间才能取得显著的成效。相反，职业教育可以在较短的时间内，快速提高贫困劳动力的劳动素质，使其掌握一技之长，提高在劳动市场上的竞争力，进而提高就业率及生活水平。

2. 精准扶贫是贫困地区发展的现实需要

目前，我国的精准扶贫对象约五千多万人，主要分布在西南地区的偏远山区，且该地区贫困人员呈现普遍性倾向。首先，贫困人口文化水平较低。贫困地区基础设施差，设备不完善，求学成本往往超出家庭承受能力，因此，许多家庭放弃孩子的教育之路，转而让孩子外出打工，因而形成了"贫困—无力承担学费—低文化水平—就业率低—贫困"的恶性循环。其次，思维方式古板，生产技能匮乏。贫困地区由于闭塞的环境和封闭的状态，人们往往缺乏创新精神和自主创业的想法和劲头，不能跟上外界小康社会的脚步；保持着对职业教育的

偏见，不愿去掌握一技之长以增加就业筹码，只能务农或外出打工做苦力。最后，精神麻木，心态消极。贫困人口往往几代贫穷，已经对贫穷感到麻木，缺少对致富的激情，听天由命，不愿努力上进。

3. 职业教育增加贫困人口的就业机会

受全国高职高专校长联席会议委托，上海市教育科学研究院和麦可思研究院共同编制的《2015中国高等职业教育质量年度报告》显示，91%的2014届高职毕业生为家庭第一代大学生，52%的高职毕业生家庭背景为"农民与农民工"，这反映出职业教育在促进教育公平方面显著的影响力，在发挥职业教育助力脱贫、防止贫困户脱贫又返贫措施方面成绩明显。报告同时关注到高职学生持续上升的助学需求，建议公共财政要更多更好地帮助家庭经济困难的高职学生完成学业。此外，若高等职业学校毕业生在初入职时，就能拿到比较可观的收入，是缓解家庭经济紧迫的重要途径，也是最符合贫困人口就业问题的解决方案。在我国14个连片特困地区中，分布着300多所高等职业院校，约占全国高等职业院校总数的1/5。高等职业院校毕业生留在当地就业的比例高达53%，平均每所高等职业院校为当地提供的横向技术服务到款额超过150万元，非学历培训到款额超过250万元，公益性培训服务超过1万人。

二、职业教育助推精准扶贫的措施

习近平总书记强调："没有贫困地区的小康，没有贫困人口的脱贫，就没有全面建成小康社会。"2020年全面建成小康社会，最突出的短板在贫困地区，由于没有文化，没有技术，劳动者普遍存在着"打工没技术，创业没思路，务农没出路"的状况。要摘掉贫困地区贫穷的帽子，让贫困地区的孩子接受良好的职业教育，掌握一门技能，拔掉穷根、阻断贫困，实现一人就业，全家脱贫。

1. 扩大职业学校招生规模，满足贫困学生的助学需求

加大中等职业学校招收应往届初高中毕业生、大龄社会青年力度，保持中等职业学校和普通高中的招生规模大体相当。实行因材施教，深入调查贫困学生的家庭状况，兴趣爱好，可以提供更适合每个学生的专业选择建议，方便贫困学生日后的学习和就业，能更到位地改善贫困学生的家庭状况。尝试给贫困地区学生单独划线，降低他们的入学难度，提供更多的入学机会。随着贫困学生更多地选择职业学校，职业学校学生的助学需求也相应增加，需要学校更好地与公共财政协商，给学生提供更多的助学金申请机会，解决贫困学生的入学困难。支持贫困学生到大中型城市进行职业教育，提高他们的创新能力和创业意识，进而使贫困地区的适龄劳动力掌握一项技能，提高生活水平。

2. 实施产教融合，优化职业教育专业发展

《2015中国高等职业教育质量年度报告》显示，由于受到市场经济的冲击，部分职业院校出现主动停招或撤销了与地方产业相关度低、重复设置率高和就业率低的专业，多于新增专业主要集中在物联网应用技术等新兴产业，以及新能源应用技术、业务外包服务、地方主导产业关联度高的特色专业领域，在适应互联网经济新业态及服务民生领域等方面日益发挥作用。在新兴产业与热门产业方向设置专业点，能够更好地与快速发展的社会接轨，提高贫

困毕业生在就业市场上的竞争优势与工资水平，进而真正改善其家庭的生活状态。在产教融合方面，高等职业院校应该创新"政行企校"合作机制，提升校企合作的有效性。并且服务企业"走出去"战略，积极培养企业发展所需的属地化员工，提升国际影响力，为贫困毕业生创造更多就业机会。

3. 改革教学模式，提升职业学校的办学水平

据调查，近年来职业教育学校生师比、双师素质专任教师数量、专任教师企业实践数量、生均教学科研仪器设备值、生均校内外实习实训基地使用时间等教学资源指标均呈现向好趋势，但"双师型"教师数量不足、专任教师生产实践经验欠缺，仍然是制约高等职业院校人才培养质量提升的瓶颈之一；因此，应引进更多高素质、经验丰富的教师，通过教学模式的改革、注重成果转化推广等具有职业教育特色的教学模式为重点，提高对人才和高素质教师的吸引力，提升整体的教学水平，打造良好的学校品牌，使贫困生走出校园都能掌握一技之长，以补贴家庭。

4. 合理利用中央财政奖补资金，提高校外实习基地的使用效能

2014年，财政部、教育部出台了《关于建立和完善以改革和绩效为导向的生均拨款制度加快发展现代高等职业教育的意见》，规定2017年，各地高等职业院校年生均拨款水平应不低于12 000元。高等职业院校生均公共财政预算教育经费支出增长明显，但与本科院校相比，各地政府对高等职业教育的财政保障力度仍然偏弱；因此，应正确使用中央及各地政府下拨的公共财政补贴，加强学校的基础设施建设，努力完善不同教学模式和对贫困生补助制度，以提高对贫困生的吸引程度。提高校外实习基地使用效能，加速培养贫困生对技能的掌握，保证贫困学生毕业入职就能拿到中等水平工资。

三、整合职业教育资源为助推精准扶贫提供保障

21世纪初，联合国教科文组织和国际劳工组织的联合声明明确指出："教育和培训有助于人的个性发展，有助于提高劳动生产力。教育和培训还能够传授增加收益及创收的技能和知识，帮助人们摆脱贫困。"2005年，《国务院关于大力发展职业教育的决定》提出："在新形势下，各级人民政府要以邓小平理论和'三个代表'重要思想为指导，落实科学发展观，把加快职业教育，特别是加快中等职业教育发展与繁荣经济、促进就业、消除贫困、维护稳定、建设先进文化紧密结合起来，增强紧迫感和使命感，采取强有力措施，大力推动职业教育快速健康发展。"由此可见，想要实现职业教育与精准扶贫、防止脱贫人口再次返贫有着密切联系，需要从各个方面入手，为职业教育发展提供更好的保障。

1. 加大政策宣传，引导社会正确认识职业教育

贫困家庭往往受"文凭不如技能"的传统思想影响，不愿意孩子从事生产建设一线工作，导致职业教育两大矛盾突出：一是国家需求强烈和社会对职业教育的认可度偏低的矛盾，即国家重视、社会不认可；二是职业教育出口畅和入口难的矛盾，即就业旺与招生难。要解决这两大矛盾，首先，要提高全社会对职业教育的认可度，通过宣传职业教育实现贫困家庭在接受职业教育后脱贫致富的重要性，引导贫困家庭正确认识职业教育，树立正确的就业择业观念；其次，还应改变贫困家庭代代流传的麻木消极心态，努力为其树立"三百六

十行，行行出状元"的思想，拓宽贫困家庭积极寻找致富脱贫的路径；最后，还要加大力度宣传职业教育，表彰在职业教育技能大赛中取得成绩的优秀技能人才先进事迹等各种与职业教育相关的活动来提高全社会对职业教育的认识，重视职业教育，形成良好的支持职业教育的氛围。

2. 多渠道增加经费投入，建立职业教育学生资助制度

对贫困家庭而言，首要的入学难题就是学费问题，因此，需要建立职业教育贫困家庭学生助学制度，为贫困学生的入学提供资金保障。通过中央和地方财政安排经费，中等职业学校根据国家政策对贫困学生提供奖、助学金和学费减免、助学贷款等方式；通过学生会、校团委组织贫困学生参加学校勤工俭学和半工半读等多渠道解决贫困家庭和城镇低收入家庭子女读书困难的实际问题。结合国家和地方安排的扶贫和移民安置资金，加大对贫困地区劳动力培训的投入力度，合理确定职业学校的收费标准，加强对职业教育经费的使用监管，提高教育资金的使用效率。

3. 大力推行工学结合、校企合作的培养模式

职业教育精准扶贫的关键在于提高贫困适龄劳动力的就业竞争力和就业机会，因此，学校需要与企业紧密合作，加强学生的实训实习和社会实践，让学生毕业之前到用人单位顶岗实习，保障实习实训时间不少于半年。实习期间，校企双方共同组织学生的相关专业理论教学和技能实训工作，确保学生在实习中的劳动保护、安全等工作顺利开展，逐步建立和完善工学交替、产教融合等机制，使学生能够真正掌握自己独特的学习技能并积累工作经验，促使职业教育学校更好地与用人单位接轨。

精准扶贫视阈下的贫困人口职业教育脱贫探析

—— 王显燕　陈　刚

摘要： 开展贫困人口职业教育是完成贫困人口脱贫的重要措施之一，也是脱贫奔小康的目标任务。本文首先阐述贫困人口接受职业教育的必要性，贫困地区现代职业教育现状，树立职业教育扶贫脱贫的意识，增加扶贫对象的自信心；精准扶贫对象和任务，因人因地而异制订培训内容和培训模式；整合各类培训资源，提高职业教育培训基地建设，实现人人参与扶贫脱贫；发展职业教育技术技能培训，创新职业教育扶贫发展模式，增强职业教育脱贫能力。

关键词： 精准扶贫　职业教育　贫困人口脱贫

作者简介：

王显燕（1969—），女，广西玉林人，广西物资学校职教中心主任，副研究馆员；研究方向：中等职业教育研究、信息资源服务；陈刚（1981—），男，西安人，广西物资学校副校长，高级讲师；研究方向：职业教育研究、高等教育学。

地址： 广西南宁市大岭路75号　广西物资学校　邮编：530007

基金项目： 2016年度广西职业教育教学改革研究重大招标课题立项课题《职业教育扶贫研究与实践（编号：GXXJ2016ZD31）》研究成果之一。

[中图分类号] G710　　　[文献标识码] A

国家要把实施改变贫困地区落后面貌与推动脱贫攻坚结合起来，在贫困地区建立健全精准扶贫、精准脱贫体制机制，立足"产业扶贫"，大胆创新发展"电商扶贫""职业教育扶贫"等扶贫模式，落地实施相关利民惠民的举措，让贫困地区的贫困人员脱贫摘帽子，实现农村产业链兴旺、人们生活富裕等。笔者经过网上调查发现，近5年来，为了降低贫困人口的数量，中央财政共投入扶贫专项资金2 800多亿元，有约6 800万人摘掉了贫困帽子，但还有很大一部分人在等待脱贫，因此，在贫困地区开展职业教育宣传，让贫困人员树立脱贫的信心和勇气，有针对性地组织贫困人员系统学习和培训，在技能和德体美等各方面得到提高，并赋予贫困人员工作能力，增加其个人收入，才能从根本上通过扶贫政策和行动改变他们的思想观念，增强"造血"功能，提高贫困人员的知识水平和劳动技能，最终实现精准脱贫。

一、贫困人口接受职业教育的必要性

"授人以鱼，不如授人以渔。"在贫困地区开展职业教育技能培训，是实现精准扶贫、脱贫的重要手段之一。由于贫困地区的人员思想陈旧，思维落后且甘于贫困，因此，在帮扶过程中，要转换方式，实现从"输血"到"造血"的蜕变。对不同区域的贫困人口开展有针对性的个性化、本地化的职业技能授课方式，将他们打造成为能够适应本地经济发展的具有担当的新型的职业农民,为他们创造机会参加岗位竞争,增强他们适应社会发展的能力;同时,为贫困地区的经济发展做出贡献。

1. 贫困人口摆脱生活困难的途径和方式

职业教育能够促进贫困群体积累技术资本、能力资本和心理资本,且能通过指导生活困难的贫困家庭的劳动力参加技能培训与职业学校注册的学历教育,帮助他们获得生存技能和专业技术知识,确保精准定位扶贫对象和扶贫内容,改变生存和发展能力,阻断贫困的代际传递。

在扶持贫困地区经济发展和改善人民生活水平方面最有效的途径是开展职业技术教育指导。由于大部分贫困地区坐落在边远山区,经济基础薄弱、信息受限、交通闭塞、贫困家庭子女受教育程度普遍偏低,绝大多数只有初中或者小学文化水平,为了缓解家里经济压力选择辍学打工。由于知识贫乏没有系统学习掌握专业的劳动技能,只能从事低收入的劳动密集型的工作,因此,针对这类人群开展职业教育宣传,让他们了解职业教育相关的政策,鼓励他们接受职业技术教育,掌握一门能够生存的技能,从事一份适合自己专长的工作,缓解家庭经济困难的压力。目前,国家精准扶贫工作已经进入攻坚阶段,让贫困家庭尽快脱贫,不仅是政府部门要面对的重大问题,也是摆在贫困家庭面前的难题。为此,我们深入贫困家庭并充分了解情况后,采取短期快捷的技能培训项目,鼓励、扶持他们利用社会力量的帮助,掌握技能,早日脱贫;依据政府建档立卡公布的名单,针对性地走访当地居住区域的自然环境和贫困人口个人信息,实施符合当地实际需求的职业培训项目并动员辍学的贫困学生进入职业学校学习,最终达到永久脱贫的目的。

2. 贫困欠发达地区经济发展要求

贫困欠发达地区的大部分人口居住在经济落后且交通闭塞的边远山区,普遍未曾接受过职业技能培训与职业学历教育,缺乏技能操作与专业知识,文化水平偏低,因此,无法满足用人单位的要求而被无情拒绝;同时,也阻碍了当地的经济发展。基于这些问题,在适应当地市场需要与经济发展的同时,应针对贫困人口开展职业教育宣传,动员他们参加职业教育系统学习或者技能培训,提高他们对职业教育的认识,逐步把他们培养成为符合企业要求的劳动者;同时,利用当地各类资源提高社会劳动生产效率,改变贫困欠发达地区经济落后的面貌。

3. 贫困地区脱贫奔小康生活目标需求

实现贫困地区脱贫奔小康生活的目标,应首要解决的最大问题就是动员贫困人口主动参加技能培训和学习,熟练一门技能,找到生存能力,改善生活环境和生活水平,达到脱贫奔小康。在精准扶贫的背景下,针对贫困人口开展职业教育的宣传和组织现场观摩技能操作,在学习工作中提高认知能力、劳动能力、融入社会的紧迫感,主动参与社会劳动和创新创业活动,逐步摆脱困境,步入小康生活。

二、贫困地区现代职业教育现状

1. 贫困地区人员在接受现代职业教育技能培训与系统学习时缺乏主动参与的积极性

他们当中有大部分人员是初中毕业回乡青年,也有少部分人员是小学毕业就辍学在家的未成年人,由于所处地域是边远的山区,与外界的信息流通受阻,他们过着日出而作日落而息的传统生活,对生活质量没有追求,普遍存在着懒散现象,不愿意接受新生事物来改变落后面貌;同时,在扶贫进驻时他们始终保持观望态度,认为参加职业教育培训是件麻烦的事情,觉得浪费他们的时间,误了农时。因此,提起他们的兴趣必须从宣传入手,引起他们的注意力,积极主动地参与培训学习。

2. 贫困地区人口职业素养有待提升

随着"互联网+"时代的到来,贫困地区也随着媒体的介入迅速活跃起来,一部分人加入打工的行列,在他们的带动下,其他人逐渐认识职业教育,开始接受技能培训和注册入学职业学校学习;但是,这类群体毕竟还是少数,而且还缺乏技能型人才,绝大多数贫困人员由于松散惯了,对生活得过且过,缺乏引导,再加上周围环境没有竞争,职业教育发展缓慢,相关从业资格证书的培训机构因地域贫困没有落实到位。此外,由于贫困受教育水平普遍偏低,人员的文化水平也相对薄弱,就业和再就业意识淡薄,获取信息和反馈能力较差,无法捕捉市场需要机遇,不能对市场经济发展趋势做出准确的判断,因此,有必要提升他们的职业素养以适应职场需求。

3. 贫困地区人员的培训模式、内容和方法欠合理

贫困地区人员职业教育培训没有形成统一的模式,内容偏离实际,重理论轻实践,理论与实践脱节,讲授的内容老一套,照本宣科、过时陈旧,根本不适应当地的经济发展,在培训过程中对讲授的内容死板偏离了现实产生厌烦,从而削弱了他们的参与主动性和积极性。专家在授课培训时没有根据贫困地区的实际情况开展实用性的讲授,而是照本宣科粗犷带过,没有实现有针对性的分类别、分层次、分阶段、分对象进行指导,使培训时运用方法出现凌乱,没有重点,以致无法实现预期目标与效果。

三、贫困地区人员接受职业教育脱贫对策探析

1. 精准培训对象和内容

随着中央和各级政府对扶贫工作的高度重视,目前,已经进入攻坚阶段,根据国家经济战略发展新趋势及实际开展精准扶贫工作的情况,做到精准培训内容和精准培训对象。①加强普及新生代劳动力的职业技能培训学习,对经济困难家庭的适龄子女在完成六年义务教育、九年义务教育及完成高中阶段教育后,引导和鼓励他们继续接受中(高)等职业学历教育或者短期职业技能培训。对参加中(高)等职业教育或两年及以上职业技能培训的建档立卡贫困学生,除享受中(高)职免收学杂费、国家助学金外,还要享受"雨露计划"的生活补助,精准确保贫困学生就读中(高)职业学校增加家庭经济负担,保证完成学业,确保有专业特长、有创业就业本领,整体上提升综合素质和从业能力,从而实现脱贫。②组织集中留守贫困人员培训实用技能和构建特色的本地产业发展基地。③做好贫困劳动力转移就业培训。多渠道、多层次、多形式的技能培训,使一大批贫困劳动力掌握现代农业产业知识和技能,提高科学种植、养殖水平,降低农业风险,从而促进农村经济社会健康稳定发展,培养农业产业链急需的人才(如特色产业链管理精英、专业合作的组织者等),鼓励贫困人员转岗就业。④精准帮扶贫困残疾人脱贫。根据国家针对残疾人的政策和自身特点制订

和完善残疾人脱贫措施，为残疾人提供特殊行业培训保障和就业指导。精准做到有计划、有目标的帮扶指导，鼓励他们树立自信心，采取多种经营形式从事服务业、养殖业、手工制造业等增加收入、改善生活、摆脱贫困。

2. 树立职教扶贫意识，增强脱贫信心

发展贫困地区的经济、加快贫困人口精准脱贫的重要途径是加快贫困地区职业教育发展，充分认识到职业教育在扶贫实施精准脱贫工作中的重要地位，树立贫困对象的职教扶贫意识，增加他们的脱贫信心，提高自我脱贫能力。在实施精准扶贫工作中，要把实施职业教育培训作为精准脱贫的一项重要工作来抓，通过国家扶贫政策进一步完善精准扶贫机制和社会团体及爱心人士等扶贫资金的投入与捐赠，动员贫困群体树立职教扶贫意识；通过长期的职业技术教育和短期的技能培训，拥有能养活自己和家人的一技之长，鼓励他们增强脱贫信心逐步实现终身脱贫；同时，要做好向贫困人员普及职业教育的思想，去掉陈旧的听天由命得过且过的观念，邀请行业专家、专业技能骨干作讲座，引导他们学习技能，通过学习改变生存能力，增强脱贫的信心，提升自我发展的能力，鼓起勇气战胜困难，摆脱贫困，增加收入。

3. 因材施教的培训模式和培训内容

在贫困地区开展职业教育培训要立足本地区经济发展和区域特点，以市场需求为导向，围绕本地区紧缺岗位需求，根据贫困人员的特性因材施教，开展各类技能培训和注册入校学习。

（1）按照具备的文化水平、接受知识的能力、自身需求进行分类，根据分类后的匹配对象选择适合自身能力的学习内容，因此，将贫困人员分为三大类别。第一类是辍学未成年人，第二类是在家务农的劳动力，第三类是外出的农民工。针对第一类贫困家庭辍学未成年人，他们普遍年龄小，文化程度较低，甚至小部分还是小学毕业，他们由于家庭经济困难，兄弟姐妹多，父母没文化而辍学回家，针对这些未成年人，我们要与他们的监护人沟通，细致地对他们讲解职业教育扶贫政策，做好职业教育的宣传教育，最终鼓励辍学的未成年人注册入学中等职业学校，并根据自身的爱好和接受能力选择涉农专业、机电专业、学前教育专业等完成学业，掌握一门技能对口升学或者选择就业。针对第二类在家务农的劳动力群体要根据其所属区域经济发展状况、家庭的经济基础及个人特长，在农、林、畜牧、渔业等方面给予他们专业技术培训和专业指导。此外，瞄准农村市场鼓励贫困劳动力开发乡村旅游业，邀请资深的旅游专家给他们开设各种讲座，全方位给他们综合素质的培训。比如，提高从业贫困人员的综合素养，解读乡村开展旅游业的相关政策和法律法规、农村生态保护等理念；提高乡村农家乐负责人的实际操作技能，开展旅游管理培训、导游基础知识与技能的培训、接待礼仪培训、沟通口才技巧培训、应急安全救助等基础技能培训；组织人员开发系列的适合培养乡村导游的培训教材，鼓励贫困人员再次就业最终脱贫。针对第三类外出务工的农民工，他们为了改善家庭生活环境绝大多数选择外出务工，到建筑工地做泥水匠；到工厂做流水线工人；到超市做收银员、导购员；社区家政等。由于没有经过系统培训，综合素质相对比较低，导致在工作中出现这样那样的问题，针对这些存在的问题必须要根据其从事的行业性质及工作岗位的要求和就业状况，有针对性地开展有区别性的相关专业的基础知识培训和操作技能指导。随着大数据时代的到来,特别是在"互联网+"的推动下,具有初、高中文化水平的进城务工人员也逐渐由传统的建筑工、制造工等转型到农村电商、仓储物流、运输快递等新行业,对转型后的人员,职业要求相对较高,不仅要有专业技能,而且还要有良好的职业素养,因此,要根据他们掌握的知识水平和层次的差异性,有针对性地加强职业教育培训与指导。

(2) 由于贫困人口综合素质较低,所属地理位置边远偏僻,信息流通闭塞,家庭收入极不稳定。此外,贫困人口的心理素质存在很大的个体差异,在实施技能培训和基础知识授课时,首先,要对他们进行心理疏导,根据他们需要的条件及接受知识的能力实现因材施教的教学方法。

目前,正是扶贫脱贫攻坚阶段,为了摘掉贫困帽子,根据国家扶贫政策全面鼓励留乡或返乡务工人员至少掌握一门生存技能,培养他们掌握农、林、畜牧、渔业等专业技能,拥有一定的生产经营规模和管理能力,满足就业岗位需求,把他们培养成为一支新型的职业农民,用集约化、专业化、组织化、社会化相结合的新型农业经营体系达到脱贫。

在进行知识技能传授时,应更多地采取现场讲解、学员动手能力为主的理论与实践相结合的多种教学手段。比如,在田间地头实行课堂教学、在生产一线让他们亲身体验并接受现场指导和亲自操作,有效地实现学中做、做中学,遇到疑问能在现场得到解答,这样不仅锻炼了他们的动手能力,又能提高生产技能;同时,采取集中管理统一培训的方法,"走出去"与"请进来"相结合,实现职业技能实效性。

(3) 创新培训模式、注重实效培训。职业技能培训是实现贫困人口脱贫的重要举措之一。争取国家财政扶贫专项经费的投入、创新培训模式、注重实效培训,采取基础理论与"一线教学课堂"实践相结合的方式,以开放为主、灵活多样侧重培训贫困人口的动手能力和操作技能,重点突出技能培训。比如,①生态农业产业园观摩培训。通过观摩学习经济发达地区的绿色(有机)生态蔬果种植、中药材种植基地的农业产业园区的管理模式,在园区现场跟岗学习,逐步掌握园区引进的现代农业管理技术和种、养植技术。如挑选种子、土壤施肥、园区科学灌溉、育苗护理、病虫害治理等。专业技术员现场引导和鼓励学员现场学习、观摩、操作,采用理论+实践理实一体化教学模式现场学习,要求他们在现场看得懂、学得会,有问题直接解决,技术人员跟踪指导,通过这样的现场学习方式来调动他们的职业培训积极性。②利用新媒体技术进行网络平台学习培训。随着"互联网+"时代的发展,海量信息通过新媒体技术手段让人们足不出户就能知晓外界、学到新知识、看到新生物且运用到日常生活中。比如在边远贫困山区培训时,利用新媒体网络远程线上授课培训、现场线下实操方式进行,这种打破了时空局限的远程培训模式,依据自身的特长和需求不受时间空间的限制相互交流学习,不仅弥补了贫困地区职业教育资源的短缺,而且还解决了贫困人员因路途远交通闭塞无法学习等困难,也实现了职业教育资源共享。由于这种创新培训模式需要资金投入和网络技术来建立网站基地,我们通过扶贫专项和社会爱心人士的捐款解决机器设备,让更多的贫困人员学习到更多的知识和领会更多的专业技能,最终学会技能、增加收入、达到脱贫。

4. 整合各类培训资源、提高职业教育培训基地建设、实现人人参与扶贫脱贫

在扶贫攻坚阶段我们要加强建设职业教育的培训基地,加强职业教育培训基地的管理,

鼓励更多的贫困人员积极参与职业教育基地的培训，取消通过参加培训给予补助的办法，逐步实现精准补助到户到人。把有资质的职业教育培训机构和培训教材向经济落后的贫困地区推荐使用。整合各类培训资源，比如，涉农的本科院校、职业院校、劳务公司、社会团体成立的扶贫培训机构等，把他们的教学培训教材有机归类整合，采取"场景模拟式"和"互动式"结合"一村一品牌"的教学模式，集中贫困人口到培训基地系统跟踪学习，重点讲授基础知识、营销技巧与口才、生产管理知识等技能。把社会力量动员起来，人人参与精准扶贫工作的每一个环节，根据贫困人员的贫困程序选择相应的专业和培训机构完成学习，在扶贫脱贫的过程中要明确扶贫目标、完成各类扶贫任务。通过培训获得应有的职业荣誉、提升综合素质、加快新型职业农民培育，提倡多层次、多形式、多元化的培训目标，最终实现全民富裕奔小康的生活水平。

四、结束语

帮助贫困地区人员摆脱贫困是大力发展职业教育技术技能培训，提高贫困地区劳动力的综合素质、实用型技能操作水平和就业再就业能力的重要手段，对振兴贫困地区经济，摘掉贫困帽子的代际传递具有十分重要的意义；同时，职业教育是脱贫攻坚精准扶贫阶段最重要的手段和方式，是实现推动贫困地区人口脱贫奔小康社会目标的有效方法。

广西职业教育精准扶贫探析

—— 王显燕　周薇　谭坚俊

精准扶贫是中共十八大以来，党中央和国务院对我国扶贫工作的总体要求。习近平总书记强调，扶贫攻坚"贵在精准，重在精准，成败之举在于精准"；国务院政府工作报告中指出，要实行精准扶贫，必须从贫困村贫困户抓起，通过国家扶贫政策传递扶贫新举措，实现广西范围内全面建成小康家庭、消灭贫穷、实现共同富裕的宏伟蓝图。精准扶贫是指针对不同区域贫困山区的环境、农村贫困户贫困程度，依据有关文件要求运用科学有效扶贫程序，对贫困区域、贫困对象实施精准识别、精确帮扶、精确管理等治贫脱贫方式。

广西位于西南边陲，南濒北部湾，与越南接壤，有着全国最多的少数民族，属于老少边山穷地区，农村地域比较宽，贫困人口比较多，不仅经济发展比较缓慢，文化也相对滞后。在这样的经济文化背景下，虽然近年来教育事业得到了长足进步，但与其他经济发达地区相较而言，庞大的贫困人口基数使得教育前进的步伐不得不一再被拖慢，特别是在贫困地区农村的初高中毕业生因家庭经济条件无法支持其继续完成学业，毕业后处境堪忧：一部分流落社会，成为社会闲散人员；另一部分加入打工大军，成为低年龄低学历的体力劳动者，因此，职业教育精准扶贫攻坚战吹响了号角，打赢这场"战争"，既是党中央、国务院的重大战略部署，也是广西实现城乡一体化发展、逐步走向共同富裕的内在要求。

一、职业教育与精准扶贫的辩证关系的重要途径

发展农村经济、加快精准脱贫的重要途径是加快贫困地区职业教育发展，提高贫困对象的自我脱贫能力。职业教育作为智力扶贫、技能扶贫的"直通车"，其能够精准发力，最大限度地发挥作用，是实现贫困地区农民能力的自我发展，最终精准脱贫的关键一环。

1. 职业教育与精准扶贫目标一致

中国地大物博，由于历史、地理、政治等因素，地区与地区之间的发展很不平衡。通过对我国扶贫政策的分析，研究人员发现发达地区的扶贫政策和扶贫手段并不能完全适用于贫困地区的具体环境，先进地区的扶贫方法在贫困地区出现水土不服的现象，并不能落地执行。究其原因，一是由于贫困地区的人口整体性受教育程度偏低，对于扶贫政策的领悟不深；二是由于贫困地区普遍经济落后，群众对于脱贫的主观能动性不强。

针对贫困地区人口的特点，党中央、国务院针对这种发展状况及时调整了方向，并部署了精准扶贫的战略，推出了扶贫必扶智这一理念。与以往的物质扶贫不同，精准扶贫是"靶向扶贫"，通过针对性的扶贫政策手段，改变人们落后的观念，提高贫困地区人口的文化素养。

职业教育作为一种人才培养的机制，可以充分满足这种精准扶贫的需求，而且也可以通过扶贫目标的构建，提高受教育者的行为、技能及态度，使其在职业行为能力提升的过程

中,强化自身的职业潜力,并提高自己的社会生存能力,满足精准扶贫的核心需求,因此,可以发现,这两种理念目标具有较强的一致性。

2. 职业教育与精准扶贫相互兼容

精准扶贫的目的是使贫困地区人口脱贫致富,而以往"输血式"的扶贫方式不能适应每个地区的具体情况,只有采用"造血式"的精准扶贫手段,才能给予贫困地区人口"授之以渔"。大多数贫困家庭都有一个共同的特点:家庭成员大多受教育程度比较低,文化水平基本止于初中毕业及小学毕业;而这类家庭闲置的适龄劳动力较多。精准扶贫目标锁定贫困家庭具有劳动能力的适龄人口,安排贫困家庭适龄人员接受职业教育,这样既可以提高扶贫"靶向"的精准度,也实现了职业教育与精准扶贫的相互兼容。

3. 职业教育与精准扶贫不相矛盾

为了全面保证2020年完成脱贫任务,党中央、国务院在《"十三五"脱贫攻坚规划》中细化了精准扶贫路径,其中,较为重要的是转移就业扶贫及产业发展扶贫,对于转移就业扶贫而言,主要是对贫困人口进行培训,并让这些群体掌握专业的技能性,从而实现就业转移;产业发展扶贫主要是通过对地方产业运行状况的分析,提升贫困群体的自身发展能力,并有效促进贫困地区人口的脱贫。通过对这两种路径的分析发现,主要是将教育培训作为核心,旨在提升人力资源的储备能力,并逐渐满足产业的发展需求。而职业教育中的本质内容就是通过人才的培养,强化对人才的技能性;同时,这种人才培养模式也作为一种面向劳动市场的教育模式,可以按照生产过程进行组织,因此,可以发现,职业教育与精准扶贫两者并不矛盾,存在一定的适应性。

二、广西职业教育精准扶贫的任务

职业教育是国家实现精准扶贫的重要途径,广西在国家开展精准扶贫、教育扶智的大环境下,2014年开始向老、少、边、山、穷等地区推行职业教育精准扶贫项目,各级政府、企事业单位、学校也纷纷开展各种形式的扶贫课题研究。

1. 精准——建档立卡

广西在扶贫攻坚的过程中,根据中央文件精神做好精准扶贫对象,明确贫困户识别标准,按照乡镇(村)公所申请审核通过的名单公示评议后根据识别标准进行信息逐一遴选录入,抽样核查、实地调研等步骤了解贫困的原因,掌握贫困状况,锁定识别贫困对象,做好建档立卡等工作。通过各级扶贫信息平台建立互联互通合作机制,根据地域特征对贫困家庭及子女提供技能培训和资助上学,确保贫困家庭及子女优先接受职业教育的权利义务,提高建档立卡的价值性,满足精准扶贫的任务需求。

2. 精准——学生来源

广西属"老、少、边、山、穷"为一体的少数民族地区,经济落后,山多,以农村人口居多,且欠发达。开展职业教育精准扶贫是广西扶持贫困地区脱贫致富的核心,也是精准扶贫的落脚点。受地域的限制,贫困地区大部分初高中毕业生和往届生由于信息闭塞,失去升学的机会,成了无业游民。针对这种情况,广西各级政府响应党中央国务院打赢扶贫攻坚战号召,通过宣传在全区加大职业教育招生范围和比例,中等职业学校放开初中毕业生和往届生的限制，采取各种措施对他们开放注册招生入学。高等职业学校则通过自主招生、对口专业中高职贯通等方式，并对山区贫困家庭学生实行特殊招生，让贫困学生享受专科职业教育和共享教育资源；同时，也在全区县市开展农村剩余劳动力接受职业教育培训，并让他们重新就业，成为新型职业农民。

3. 精准——结对帮扶

广西要打赢脱贫攻坚战必须大力发展职业教育，中高等职业学校联动起来建立结对帮扶机制，为贫困地区学校的师生提供"一对一"的个性化指导和教学提升的诊断帮扶计划。

首先，在区示范校和区直属的中高等职业学校组建圆梦班，对已经建档立卡的贫困学生以学校或者班级为单位虚拟编班，指派专业能力强的带头人实行课堂学习、跟岗实训、走访家庭全过程跟踪，分配统一管理，确保每位贫困学生得到优质的职业教育和扎实的专业技能操作。

其次，加强校企合作，推进广西职业教育集团化教学，促进产业链与职业教育有效融合，建立扶贫脱贫的实训基地。目前广西职业院校在珠三角、长三角等中外优质企业建立各类实习基地上百个，覆盖学前教育、新能源、水利电力、机械制造、物流营销、电器电子类等行业。

最后，加强与区域外的职业院校和县一级的职业学校合作，制订人才培养计划，定期定向为合作学校培养"双师型"教师，建设一支德技双馨的教学技能团队，为广西的职业教育打造扶贫脱贫的骨干力量。

4. 精准——创业就业服务

建立健全的职业院校贫困毕业生创业就业服务机制，实现人才和市场需求的整合，提高职业院校毕业的创业就业率。学校通过与贫困毕业生、校企合作单位进行面对面的沟通，深入了解贫困毕业生的家庭状况、所居住区域的经济发展状况、学生从业就业倾向、企业工位的需求等，建立精准帮扶的校企合作机制。在职业引领创业的教育中确定培养目标和培训内容，指派专职教师给贫困毕业生做毕业就业指导和岗前培训，并优先安排贫困毕业生就业；同时，鼓励综合素质好、专业技能强的有创业意向的贫困生利用国家扶持大学生创业贷款政策自谋职业，学校前期跟踪指导，真正实现"一人创业就业，全家脱贫致富"，改变贫困地区落后的面貌，为更多的贫困家庭创造就业机会和就业岗位，从而实现人才精准定位任务的有效执行，满足职业教育中精准扶贫的最终目标。

5. 精准——扶贫保障

在市场人才需求竞争中，职业院校毕业生往往处于弱势。很多用人单位对职业学校学生存在偏见，认为职业学校学生只会基本的技能操作而文化水平偏低，学习能力不强，导致职业院校毕业生的就业关卡重重，这也给精准扶贫政策的开展形成了不少阻碍；因此，我们应该将目光瞄准精准扶贫的保障。

一是加强"老、少、边、山、穷"少数民族地区的职业院校基础教学设施的建设。即，抓好专业实训基地的建设，为学生营造优质的实训环境，确保实训教学工作有效执行；同时，要加强学校数字化校园建设，提高信息化管理水平，实现功能齐全、高效安全稳定、教学资源共享的大数据平台。

二是针对"老、少、边、山、穷"少数民族地区要加大经费的投入。各级政府根据国家政策完善三级（国家、地区、市）投入体制。各级政府从公共财政项目合理划拨一定比例的经费投入贫困地区职业教育的建设。通过国家级（区级）示范校重点专业和重点实训基地项目的建设，主动争取国家级、区级发改委的建设项目经费支持发展职业教育；同时，联合人社厅、教育厅、各级扶贫办等主管部门加大职业教育的投入，重点扶持边远山区剩余劳动力再就业的专业技能培训经费的力度，最终把剩余劳动力培养成为新型的职业农民。

三是加强职业教育师资队伍建设。根据"双师型"教师队伍建设标准和要求，重点建设贫困地区职业院校的教师团队，鼓励职业技术学院毕业的学生到一线任教，同时，聘请企业一线技术工人、师傅和有特殊工种操作技能的技术人员担任专职教师，提高边远山区的职业教育水平。

三、广西职业教育实现精准扶贫的路径

广西职业教育实现精准扶贫的主要路径为：提出构建创新性的职业教育及扶贫政策联动体系、创设职业化的教育扶贫经费投入整合机制、通过产业革新促进产教联合扶贫体系和技能型教育，实现人才的精准培养为主要内容的四重路径，实现由见效周期较长的基础教育扶贫向教学周期短、时效性更强的职业教育精准扶贫转变。

1. 专门化——扶贫机制

纵观广西整个扶贫工作过程，中等职业学校虽有参与其中，但职业教育精准扶贫的力度却大打折扣，具体表现在扶贫资源利用率低、扶贫工作难以开展等方面。因此，在现阶段广西职业教育相关人员应该深刻了解精准扶贫的政策内容，并在整个过程中做到以下几点。

首先，建立专门化的职业教育精准扶贫机制。这一机制通过与政府的统筹，进行组织项目的协调、优化，提升精准扶贫的价值性；而且，对于统筹机构而言，也应该通过对财务部门、教育主管部门等工作的整合，进行保障制度的确定，从而实现对组织领导及工作领导的融合，满足教育资源中精准扶贫的政策需求。

其次，对于区域中的政府部门而言，应该针对精准扶贫内容，将职业院校作为主体，实现行业与人才的自主化选择，实现职业教育中精准扶贫内容的稳定创新。

最后，政府部门需要牵头管理，并调动职业院校中的科研资源、技术资源，针对职业院校中贫困学生的状况，构建激励整合机制，并引导扶贫对象监理职业发展方向的规划，实现多层次、系统化、精准扶贫政策的构建，最终实现贫困人口脱贫致富的目的。

2. 职业化——整合机制

广西职业教育扶贫政策作为一项系统性的工程，需要得到政府和社会各界的支持，整合各种力量，实现对职业教育扶贫政策的合理投入，满足扶贫政策的核心需求。在经费方面，为职业教育精准扶贫提供经济支持；在机制方面，提供政策支持。所以，在职业教育精准扶贫工作过程中，为了实现教育工作的精准性和稳定性，有以下几点建议。

首先，广西贫困地区的政府部门应对本地区经济发展状况进行比对分析，调查贫困家庭适龄青少年的状况，再考查职业院校的技术资源，综合三方面的具体情况综合考虑，并在此基础上建立完善性的职业院校精准扶贫保障机制，将政府的投入作为核心，满足职业院校精

准扶贫的发展需求。

其次，地方政府也应该积极推进职业教育扶贫理念，发挥职业院校与企业单位工作中的优势性，充分满足资源优势互补的目的，增加职业院校科研成果的转化力度，并实现职业教育与地方经济发展的结合，减轻职业教育中外部经费的投入压力，并实现精准扶贫的最终目的。

最后，针对广西贫困地区而言，地方政府应该通过对贫困区域发展状况的分析，构建专项基金、专项用款，进行教育扶贫工作的合理化规划，充分满足扶贫政策的指导需求。比如，在广西贫困地区的职业教育当中，有关政府部门应当加快发展区域基础经济，优化职业院校办学条件和办学水平，改善职业院校教育扶贫的政策，加强精准扶贫政策的力度和监管水平，提高精准扶贫政策在职业教育中的价值性。

3. 革新化——扶贫体系

对于广西贫困地区而言，重中之重是推动该地区的产业结构经济价值，若贫困地区的产业无法得到有效发展，则会降低产业的运行效率，使精准扶贫失去原有价值；因此，在现阶段职业教育体系革新中，应该针对精准扶贫内容，进行区域产业化的资源整合。通常状况下，在产业教育实践中，应该做到以下几点：首先，推动广西贫困地区职业院校技术人才的培养，帮助村集体进行农业生态经济环境的建设，并充分满足产业与自然环境的结合创新，从而形成绿色产业与自然生态促进的发展环境，实现农村产业与居民生产的稳定融合。比如，在电子商务、汽修类的技能化职业教育中，可以实施技能扶贫，提高人才对技能的认识和使用，并将相关的技术进行普及，充分满足贫困地区经济发展的需求，实现农业产业的持续性发展。其次，地方政府应该积极鼓励贫困地区的职业院校与区域农业企业的深入性融合，积极促进农村经济与现代农业的发展，深化产业的改革基础，并配套基础化的发展模式，转变以往的农村经济增长方式，实现对区域经济结构的调整，为扶贫政策体系的完善以及教育体系的整合提供支持。

4. 技能化——精准培养

"扶持对象精准、措施到户精准"是习近平总书记提出的理念，因此，为了顺应这种理念内容，在职业院校发展中，应该在人才培养中实施定向的技能型教育扶贫，也就是在整个教育背景下，通过技能型人才的培养，提高贫困人群的脱贫致富能力，这种教学策略与其他职业教育方法相比，存在着较为明显的优势性。

一般情况下，在精准性人才培养中，为了提高人才的通用性，应该做到：首先，实现教育对象的精准定位，也就是通过对专业技能的培训，强化他们的致富意识，并提高对技术的掌握能力，在真正意义上实现精准脱贫的密度。其次，强化人才的技能性，也就是在尊重贫困劳动者的基础上，充分发挥出人才的自我发展能力，使他们在掌握专业技能之后，通过对具体环境、客观条件的分析及职业发展的规划，进行职业的选择，最大限度地发挥出自身的职业性，全面提高精准扶贫的成效性。

四、结束语

综上所述，广西职业院校在对现阶段精准扶贫政策内容的整合中，为了稳定地执行政策，应当精准建档立卡、精准学生来源、精准扶贫项目、精准创业服务、精准扶贫机制，实现精准扶贫政策与职业教育的有效融合，而有关政府部门应该加大力度对贫困地区发展状况进行精准分析，弥补职业教育在执行精准扶贫中的不足，确定职业教育与精准扶贫联动机制、投入经费资源、投入产业经济及精准人才的培养，进行扶贫政策的整合及确定，充分满足现代社会发展中扶贫政策的整合需求，提高人才培养的价值，为社会经济发展提供有效的支持。

职业教育精准扶贫内涵的探究

——刘春霞

一、职业教育精准扶贫背景

中共十八届五中全会明确提出，到 2020 年实现全国贫困人口全部脱贫，贫困县全部脱帽，解决区域性贫困问题。中共十八大召开不久，习近平总书记在河北省阜平县考察扶贫工作时指出："帮助困难乡亲脱贫致富要有针对性，要一家一户摸情况，做到心中有数"，在 2015 年的中央扶贫开发工作会议上，习近平总书记指出："精准扶贫，要解决好'谁来扶''扶持谁'和'怎么扶'的问题。"同时，提出实施"五个一批"工程，其中包含了"发展教育脱贫一批"，就是通过发展教育提高贫困家庭人口的文化素质和劳动技能，从而实现脱贫致富。习近平总书记提出，全面建成小康社会，最艰巨的任务在贫困地区。

习近平总书记的讲话为新时期的教育扶贫开发工作指明了方向。党的号召既是职业教育发展的努力方向，又是发展职业教育的根本动力。治贫先治愚，扶贫必扶智。提高贫困地区教育发展水平和人力资源开发水平，是扶贫攻坚的一个"老难题"，不仅是关系未来 5 年 7 000 多万贫困人口能否脱贫的问题，更是让贫困人口摆脱贫困代际传递的治本之策。职业教育不仅要挺起中国的脊梁，作为一项重大民生工程，更要发挥为贫困地区"造血"脱贫的重要作用。在从粗放式扶贫向精准扶贫转变的过程中，教育（尤其是职业教育）应发挥重要作用。

二、职业教育精准扶贫存在的问题

由于我国国情复杂、各区域经济发挥不平衡、职业教育精准扶贫发展的现状及精准扶贫机制不完善，存在众多需要面对的问题。

（1）我国幅员辽阔、贫困家庭分布散乱、人员流动性大，由于信息资源的不对称和不及时，造成精准扶贫家庭现状调研的真实性和有效性有待提高，因此，教育扶贫对象精准识别困难重重。

（2）职业教育本身就存在两个突出矛盾：一是国家需求和社会对职业教育的认可度偏低的矛盾，二是职业教育出口好与入口差的矛盾。虽然职业教育就业率高，但是报名者却不够踊跃；虽然目前职业教育的地位和社会效应比以前已经有很大提高，但是受读书无用论及快速发展的市场经济影响，还有很多家庭和社会人士不了解职业教育的功能及职业教育扶贫的巨大作用和意义，对职业教育的职业教育作用的精准宣传，还需不少时日才能达到较理想状态。

（3）国家扶贫投入有限、职业教育扶贫投入不足，教育扶贫资金更缺乏科学性和针对性。职业教育扶贫整体办学设施落后，教学和实训设备与学生增长的矛盾仍然十分突出，尤其是县级职业学校图书资料缺口较大且陈旧，教学实验设备缺少，许多实验课无法开设，实习、实训基地建设严重滞后，设施无法满足教学需要，不能实现技能培养目标和要求，致使教学质量差、专业设置落后于市场需求，直接影响到学生的就业能力和职业选择能力。

（4）农村职业教育发展面临重重困境，农村职业学校基础薄弱，对农村职业学校的西部职业学校教育倾斜性支持力度有待加强。由于地区经济发展不平衡，农村地区的职业学校基础薄弱现象普遍存在，尤其是西部地区的中等职业学校。地区办学条件不足，办公和教学硬件设施不够；师资水平低，优秀骨干教师少，"双师型"教师少；实习实训场地条件差，车间、仪器设备少；校园文化不浓，信息化、网络化程度低等。西部一些职业学校由于教学、生活条件不足，在第二学年就安排本该加强专业学习的学生外出实习。农村职业技能培训力量弱。农村地区低技能、无技能人口多，职业技能培训需求大，但2005年以来，适合农村地区成人培训的学校和机构规模在下降。农村地区培训机构逐步减少，农村劳动力技能培训需求不能有效满足。农村劳动力由于缺少技能、市场竞争力弱，只能在劳动力次级市场无技能或低技能就业。

（5）缺乏健全的职业教育扶贫机制，缺乏长效动态机制及符合精准扶贫需求的脱贫致富规划，政府部门管理机制运行不统一，导致扶贫开发效率不高。由于职业教育扶贫方面的监督和责任追究机制不健全，政策规定的职业教育扶贫投入目标和增长要求没有完全落实到位。近年来，我国职业教育扶贫机制在不断地完善，但仍然存在着一定的问题。目前的状态基本是职业教育归教育行政部门来管理，教育扶贫资金归地方扶贫办公室管理的分立状态。另外中等职业学校范畴内的普通中等职业专业学校、职业高中、成人中等职业专业学校由教育部门管理，技工学校则由劳动部门管理。由于管理部门不同，造成很多政策不同，尤其是学校发展规划和资金投入的矛盾仍然存在。目前，职业教育扶贫体系不够健全，从中央到地方没有形成一个统一的管理运行机制，在一定程度上制约了职业教育扶贫工作的进展。

（6）职业教育扶贫发展与劳动力市场需求脱节，与行业对接不紧密。职业教育扶贫的培养目标是提高学生素质，使其顺利就业，从而能够创业致富，摆脱贫困。从某种程度上讲，职业教育是直接面对劳动力市场的教育类型，与劳动力市场的连接最为紧密；但是，由于政府部门在职业教育市场上占据主导地位，对职业教育发展缺乏科学规划和动态管理，没有在劳动力市场和职业教育发展上建立科学的供求信息反馈关系。不少职业学校或培训机构开展职业教育培训时，未与就业服务机构和企业充分沟通合作，只管发展职业教育而不管市场就业形势，与产业需求对接不紧密，脱离职业教育产教融合、校企合作的办学特点，存在闭门办学、黑板上实践的实习实训，如此，必然造成两者之间的相互脱节，最终影响学生的就业。

（7）国家发展不平衡，东部地区发展好、发展快，而且国家大中小企业，包括民营企业也大多集中在东部地区和中部地区。西部教育办学条件的改善跟不上规模扩张及经济发展的需要，与东部和中部的差距在拉大，西部职业教育存在包括职业教育观念落后，职业教育经费总体投入不足，办学条件差，办学水平低，教师队伍整体素质较为落后，基础教育发展的均等化程度不高等问题。对于职业教育扶贫的需求需要考虑不同的发展地区，一些在发达地区有效的教育扶贫措施在经济欠发达的地区推行的效果有待考究。

(8) 由于对职业教育精准扶贫内涵的不清晰，我们在实践职业教育扶贫的路上走过一些弯路，一些职业教育扶贫的政策、措施及做法并不是那么有针对性和有效性。例如，存在教育扶贫的政策针对性不强、实施效能差、考评制度存在较大漏洞、扶贫培训不符合脱贫需求、不贴合市场运行的实际情况开展、职教扶贫机制缺乏全局性和长效性考虑等众多问题。

从以上众多因素中，我们可以看出，对职业教育精准扶贫内涵的把握是职业教育精准扶贫研究与实践的关键，是职业教育扶贫能不能从各环节精准把控，能不能从各层面精准实施的关键，职业教育扶贫的精准性直接关系到政策的导向和实施效果。

三、职业教育精准扶贫内涵探究的重要性

推进精准扶贫是党中央、国务院的重大战略决策，是当前各级党委政府一项紧迫的政治任务。明确职业教育精准扶贫的内涵是实现职业教育实施精准扶贫的前提和基础，推进职业教育扶贫是职业教育职能特征的重要体现。职业教育作为经济社会发展联系最为密切、服务最贴近、贡献最直接的一种教育类型，对贫困地区群众脱贫致富帮助最为直接、最为快捷、最为有效。在推进教育精准扶贫的实践中，应充分认识和发挥职业教育的独特优势及作用，努力实现"人人受教育，个个有技能，家家能致富"的目标。

职业教育的主要功能是培养技术技能人才，是最有效的"造血式"扶贫，要瞄准扶贫对象，聚焦重点人群，支持农村贫困家庭学生接受职业教育，增强脱贫致富的能力。教育扶贫的功能得到了学术界的认同，但是针对我国贫困地区职业教育精准扶贫问题和现象的实证研究模式才刚刚开始。现代社会绝大部分的贫困问题都是知识与能力贫困的表征和结果，发挥职业教育的扶贫功能不仅能增强贫困人口脱贫致富的能力，还可以带来巨大的社会效益。针对职业教育精准扶贫的内涵研究对更为有效地开展职业教育精准扶贫实践提供更加具体准确的思路和方向，是坚决打赢脱贫攻坚战，让7 000多万贫困人口全部脱贫必须要面对的重要课题。职业教育精准扶贫既是教育改革的机制创新，也是扶贫开发的机制创新。它针对受助学生家庭经济困难界定和帮扶过程中存在瞄不准、过程烦琐复杂、工作量大、效能差等难题，为农村贫困户子女获得持续有效资助提供了政策保障，促进了教育公平。

四、职业教育精准扶贫内涵细化的具体措施

针对职业教育精准扶贫的现状和众多问题，职业教育扶贫的精准性内涵细化应包括以下8点具体措施。

（1）精准识别与分类。通过建档立卡及各级部门信息化对接对贫困人口接受职业教育进行精准识别、精准分类、制订符合需求导向的培训。利用信息技术，做好摸底调查工作，全方位了解困难家庭的主要经济收入情况及主要经济负担，家庭适龄劳动力情况，家庭居住条件，处于困难状况的主要原因等具体情况，形成一户一档的档案资料。在建档立卡的基础上，对贫困人口以年龄、文化程度、性别、健康状况等分层次、分类别，制订一户一策或一人一策的职业教育帮扶措施，进行有针对性的职业教育培训，制订个性化、菜单式、可操作的脱贫方案，对症下药，并跟踪到脱贫为止。

（2）精准规划与精准定制。针对不同人群的脱贫制订动态有效的职业教育规划及相关

扶持，定制出符合精准扶贫需求的脱贫致富规划。要改革办学模式，推进中高等职业教育人才培养一体化，建立和完善以初中为起点的五年制高等职业教育人才培养制度，探索在示范性高等职业院校开展以高中为起点的"3+2""3+3""3+4"等应用型本科人才培养试点，在应用技术类型高校开展专业学位研究生培养试点，逐步打通职业教育从中职、专科、本科到研究生的上升通道，为广大青年学生提供更加公平的多次选择、多条路径的发展机会。

针对区域经济发展及片区经济出现的技术及人才等问题，制订出当地现状及经济发展需要的长短期培训，以职业教育提升技术培养人才的特点服务地方经济，把扶"志"、扶"智"与扶"技"结合起来，把贫困人口所需的服务和有利于扶贫的技术和理念带到农村去。

（3）精准宣传与精准招生。对于认为"打工没技术，创业没思路，务农没出路"的贫困家庭，提升贫困人口对职业教育的认识很关键。在贫困人口集中居住地，政府协调宣传资源，实行精准宣传，要加深贫困人口对职业教育的认识，使他们认识到职业教育的好处，看到职业教育的前景，从而愿意接受职业教育，选择职业教育。精神脱贫理念是精准扶贫思想的战略重点。扶贫先扶志，不论造成贫困的直接原因是什么，都必须树立脱贫信心、营造脱贫环境，帮助贫困群体充分认识到自身优势及主观能动性的重要性。只有拿出敢想敢干的毅力和决心，精准扶贫的政策措施才能落实执行，才能收到良好持久的效果。

与此同时，还需推进招生制度改革，扩大贫困家庭孩子进入职业学校学习的机会，实现"精准招生"，加大学校招收应往届初中毕业生、大龄社会青年的力度。职业学校应深入村里屯里、深入贫困家庭，对初中毕业生、大龄社会青年进行调查摸底，弄清他们的学习基础、家庭经济状况、个人兴趣爱好，推荐他们接受职业教育或者职教培训。逐步打通高职、本科有机衔接的上升通道，对贫困家庭子女单独划线、单独录取。创造条件，支持贫困地区学生到发达地区接受职业教育，支持贫困县初中毕业生到大中城市示范性中等职业学校就读。这些举措可以使贫困地区每个适龄青少年都能学会一项实用技能，每个劳动者都有机会接受职业培训。

（4）精准资助与精准培养。实现"精准资助"。目前，我国建立的"奖、助、贷、勤、补、免"六位一体的职业教育学生资助体系，覆盖了90%的中职学生和20%的高职学生；然而贫困家庭学生求学的实际支出对贫困家庭仍是重负。必须进一步完善贫困地区学生接受职业教育的资助政策，在全面享受现有资助政策的基础上，予以最大限度的拓展。切实落实国家关于中等职业学校免学费补助资金管理等具体办法，大力实施"雨露计划"。完善资助政策体系，让贫困家庭的学生"真正学得起技能"；同时，职教学校可利用校方与企业间的紧密联系为贫困学生争取更多种形式的企业助学金。"职教资助一小步，人生前进一大步"，通过资助体系的完善，有效缓解家庭经济困难学生就学压力，帮助更多寒门学子完成学业。

通过实现针对精准的人群，制订精准的课程、配备精准的师资进行技能培养及理念培育，促进贫困家庭孩子多样化成才，提高贫困人员的素质提高。推进校企合作、工学结合、顶岗实习、订单培养、现代学徒制等人才培养模式改革，进一步完善校企共建的各项制度，推动校企双方形成利益共同体，实现可持续发展。推行项目教学、案例教学、工作过程导向教学等教学模式，通过毕业能力与技能课程改革模式及对课堂、基地、农户、实体、农校与高校连为一体的教育模式探究，以"教育扶贫示范田"基地的建设形式，使职业教育发展与经济发展有机结合。这样，既改变职业教育是"断头教育"的倾向，让有升学意向和能力的学生进入高层次学校深造，又改变了单纯"升学教育"的倾向，让掌握技术的学生带着技术进入市场，实现顺利就业并产生良好的教育、经济和社会效益。

（5）精准培训与精准帮扶。加强实用技术培训，让贫困家庭主要劳动力拥有一技之长，实现"精准培训"。"治贫先治愚，扶贫先扶智"。职业教育是实现精准扶贫的重要途径。让精准扶贫的贫困人口脱贫的最好办法是让他们掌握现代农业技术及其他手艺，成为有文化的、拥有一技之长的现代农民、种养殖业专业户、现代手艺人及其他经营者，成为新型职业农民或者是城市的建设者。以县级职教中心为主阵地，结合片区经济规划与发展，发挥涉农高校的优势和作用，采取送训下乡、集中办班、现场实训等多种方法，分别对在家务农、外出务工、回乡创业人员开展菜单式培训，向社会公开所有职业学校的基础培养培训能力和培养方向，建立优先面向扶贫村全体村民的职业教育"培训包"。通过广泛的社会动员，全社会激发起关心贫困地区、关爱贫困地区和支持贫困地区的积极性；通过好的机制把他们动员起来，点对点到贫困乡村帮扶及培训。组织和引导未继续升学的初高中毕业生等新成长劳动力进入职业院校参加学历教育或技能培训，让这些学生掌握专业技能，提高脱贫致富能力。针对教育扶贫的两后生贫困家庭劳动力实施职业教育，提素质、学技能、稳就业、增收入，就能从源头上提高新生劳动力创业就业能力，阻断贫困的世代传递。

（6）精准就业与精准脱贫。重视创新创业教育，培养学生良好的职业精神和职业技能，实现"精准就业"，让贫困家庭孩子稳定就业及学会创业，融入工业化、城镇化进程，是切断贫困代际传递链条的有效办法。职业院校要完善实践教学体系，加强顶岗实习管理，探索集约化顶岗实习；将职业技能鉴定和实训教学有机结合，切实加强校企合作和订单培养，增强学生的就业竞争力，增加学生的就业机会；重视对学生的创业教育。积极推进大众创业、万众创新，建设一批实践育人创新创业基地，培养有机会的贫困家庭人口或者毕业生参与就业、脱贫致富。建立贫困家庭大学生实名制信息库，摸清核准学生家庭背景、学业情况和就业创业意向，建立"一对一""多对一"的帮扶机制；充分利用"互联网+"技术，建立精准推送就业服务机制，开展有针对性的职业规划指导、创业教育培训，举办专门招聘会，挖掘适合性就业岗位，优先推荐和帮助贫困家庭毕业生就业创业。对回乡自主创业的贫困家庭毕业生，按规定享受小额担保贴息政策；对家庭特别困难、就业特别困难的毕业生实行救济性安置，安排其进入社区公益性就业组织，从事由政府出资的公益性工作。通过以上措施，确保所有贫困家庭大学毕业生能够顺利就业或创业，达到"一人长期就业、全家稳定脱贫"的目的。

（7）精准市场需求提升职教扶贫。职业教育扶贫的技术和知识支持源自各职业学校及行业的能工巧匠及学校的设备等教学资源。职业教育精准扶贫须对市场需求精准把握，开展培训和帮扶才能最大程度发挥它的作用。职业学校办学应贴近市场需求，紧扣职教扶贫的人才培养需求，依托有条件、有实力的企业，建立职业院校"双师型"教师队伍，与政府合作，引进及鼓励企业参与工业扶贫开发及职教培训，甚至企业办职业教育是很有必要及保持职业教育长效的重要手段。大力宣传国家、广西的扶贫政策，让参与精准扶贫的企业有政策获得感,并开展形式多样的交流活动,搭建合作共赢平台,共享推介扶贫项目,让更多的企业家积极参与进来,把扶贫开发工作所需与企业所能结合,积极争取扶贫优惠政策等实现企业与贫困地区、贫困村优势互补,互惠共赢,为加快改变贫困地区落后面貌,加快脱贫致富步伐做出积极贡献,实现社会扶贫效果最大化。

(8) 精准机制保障与协调统一。建立精准职教扶贫机制。从需求导向机制出发,分市县乡村各层级制订个性化、菜单式、可操作的职业教育脱贫方案,做到有增收致富项目、有人参加培训、有对口帮扶责任人员等有针对性具体保障措施。以精准帮扶机制为基础,扶贫责任、权力、资金、任务四项落实到校到人,精准确定扶贫对象,落实建档立卡,实施动态管理,保证统一有数、进退有据、应扶尽扶,推进责任机制的落实。落实各级党政主要负责人的责任,按照"一事一主体、一主体一责任人"的原则,做到"问事必问人、问人必问责",规划到村、落实到人,做好时间表、路线图、任务书。协调各部门政策的执行与推进,统一一个层面职教扶贫的具体做法,推动帮扶措施精准执行,能量化的严格量化,能细化的坚决细化;推动职业教育扶贫项目的进展,实行项目化管理,引导群众自力更生、勤劳致富。

综上所述,基于我国教育扶贫及精准扶贫的现状,职业教育扶贫应着力于扶贫对象的精准识别与分类;对扶贫需求的精准规划与精准定制;对职教扶贫的精准宣传及招生;完善资助政策,实现精准培养与就业;贴近市场提升职教扶贫效能,多渠道多层面地协调统一工作,致力于让贫困家庭学生"真正学得起技能",贫困家庭有致富项目,形成一套动态的长效机制,到2020年,实现全国贫困家庭真正脱贫并保障其后续可以良性发展。

浅析新常态下应如何推进职业教育"精准"扶贫

——黎琼花

摘要： 现阶段的政府政治工作中，精准扶贫工作已经是诸多工作中的重中之重。以职业教育为例，当前的职业教育越发注重社会性、公益性和普惠性，只有在实际的发展中掌握好发展模式，并将"造血式"的理念融入其中，才能打造高效益的扶贫模式；而笔者则从职业驾驭的精准扶贫政策观点出发，提出了精准自培养、精准招生及精准资助的建议，希望笔者的分析，可以给相关贫困家庭带来福利，使其走上致富道路。

关键词： 新常态 推动职业教育 精准扶贫

世界共同面临的发展问题之一就是"贫困"，因此，各个国家都在找寻科学的、高效的方法，力求改变这一重要的民生问题，不断地在实践中改善并逐渐解决贫困问题，而这一问题也是我国政府和党共同坚持的目标，在此过程中，要想更好地实现脱贫发展，就要积极地总结改善贫困的经验，先治愚，再治贫。以职业教育的精准扶贫政策为例，职业教育是教育体系当中的重要内容，它具有诸多的优势，比如社会性、公益性及普惠性等，因此，在实际的发展中，一定要努力找寻适合学生发展的教育方式，努力适应产业升级和社会发展的目标；而精准扶贫政策就是其中的重要组成部分，要想使职业教育的发展更上一层楼，就要将精准扶贫教育落实到实践中，为其发展提供源源不断的动力。

一、探讨职业教育的发展现状

现阶段，在职业教育的落实过程中，要想使其发展方向更具精准化，就要对其中各个层次的学生予以统筹，学生的发展呈现着多层次的发展形态，而要想更好地促进当前职业教育的发展，就要掌握现阶段职业教育的发展现状并予以分析。以湘西自治州的职业教育发展情况为例，可以发现湘西自治州职业教育的落实和学生的发展层次呈现着不均匀的态势，从2015年的统计中可以发现，初中毕业生可占学生整体的35%，而高中毕业生人数可占学生整体的50%。从贫困人口的统计中可以发现，其中一半以上的学生为文盲或是仅有小学文化水平。经过调查研究发现，这些仅有小学文化水平或属于文盲的人，大多数是由于贫困所致，因此，湘西自治州的发展水平，将会受到诸多因素的限制，而贫困问题就是其中的重点因素，如果未能将这些问题予以妥善的解决，则会使职业教育和贫困等问题进入恶性循环，也会极大降低职业教育的意义。

二、对于职业教育落实的意义分析

强化精准扶贫，可以逐渐改善区域性的贫困问题。诸多地区职业教育的落实，都将受到贫困问题的限制。究其根本，无外乎经济落实及思维模式落后，而职业教育若想更好地发挥自身的作用，就要积极地转变教育理念，然后再逐步解决经济落后问题，特别是对于广西等地区，由于文化水平整体偏低，更多地崇尚武术文化，导致他们的市场经济发展能力较为薄弱，要想更好地将职业教育的落实意义体现出来，各个阶层的部门就要将自身的优势体现出来，不仅要强化基础设施建设，政府等有关部门还要充分地做好引导作用，通过积极的鼓励政策，促进职业教育的发展和进步。不仅如此，政府部门还要强化自身的建设职能，积极落实基层设施建设，制订针对性的扶贫计划。比如，可以通过学校助学金及减免学费等方式，使职业教育的发展更为稳健。

在此过程中，职业教育的有关院校还要切实实施职业教育的培养策略，使学生充分体会到职业教育的真实意义，尽可能使职业教育的精准扶贫策略落到实处，最终还会为区域内的经济发展提供不竭的动力。同样，以湘西地区的职业教育为例，2011—2015 年，中职毕业生和高职毕业生在毕业之后都从事了不同行业的工作，其中，农村背景的学生人数可达 80%~90%，此外，接受职业教育后，这些农村背景的学生就业率达到了 87% 以上，同时他们的月工资收入也可以达到 3 000 元以上，基本达到了脱贫的目标，也将脱贫的思维从这一代开始切实的融入。

从上述分析和探究来看，实施职业教育，最后受益的不仅是职业教育学校的学生，更多的是整体地区的经济发展，甚至也会给国家的未来发展带来一定影响，会使国家无死角发展，呈现健康和高效的发展趋势；同时，在贫困地域积极实施职业教育的脱贫发展，也将会真正实现"一人读书，全家脱贫"的教育目标，因此，在贫困地区实施中等职业教育的精准扶贫，对于区域性整体性发展也是极为有力的。

三、对于中等职业教育的精准扶贫策略探析

1. 构建系统化对接制度

要想通过中等职业教育的方式，实现区域性的脱贫目标，就要将精准扶贫策略落实到实践中，实施针对性的解决策略，可以通过与高等职业院校对接的方式，促使生源更为稳定。在实践发展过程中，也要对自身内部的制度内容予以消化，不仅要招收高职生，还要接收中职生，应用单招的方式。一方面，不仅会确保中等职业学校的生源得到相应的保障；另一方面，也会满足中职生对于文化知识的学习需求。

此外，还可以通过构建联合机制的方式，确保地域内的中等职业学校的学生或是普通高中的毕业生的成长和发展满足中等职业学校的发展需要。

不仅如此，中等职业学校还可以通过"直通车"的方式，积极对学校的生源渠道予以拓宽，努力实现普通本科院校的联合机制，比如，学生可以通过自行考试的途径，接受更高文化水平的教学内容，使中等职业学校的学生综合素质得到切实的提高。

2. 将精准扶贫措施落到实处，构建完善资助制度

中等职业教育落实的过程中，仍旧有诸多的贫困家庭学生无法有足够的资金交纳学费，致使他们读不起书，而这一因素也主要是由于中等职业学校所需要的学费较高造成的，因此，国家一定要正视中等职业学校中的家庭贫困学生的发展现状，而后将自身的引导性作用体现出来，可通过构建国家助学金体系的方式，实现温暖工程，有关的教师在此过程中，还

要积极地做好调查工作。对于一些真正有困难的中职学生家庭，应通过建设档案卡的方式，对其进行学费减免等，这样可以给他们的学习提供相应动力，使他们顺利完成学业，切实提升自身的综合素养，为后期从业奠定良好的基础。

3. 拓展资助渠道，转变教学模式

在中等职业学校的教学中，对于一些真正具有困难的家庭，还可以对资助渠道予以拓宽，转变教学模式。比如，实施"院校＋企业"的发展模式、"院校和组织或社团的发展模式"抑或是"个人资助模式"等，可以拓宽资助渠道，积极提高院校的教育水平，也为中职院校贫困生的学习和发展奠定良好的基础。

四、结束语

在现阶段中等职业学校的发展中，面临着诸多阻碍，而贫困家庭学生无法具备切实的资金支撑则是其中的一个典型阻碍。在实际发展过程中，中等职业学校贫困家庭学生很可能由于本身的贫困而选择辍学，这样将会无法体现中等职业教育的实际意义，也无法切实促进学生的成长和发展，因此，在当前新常态的发展趋势下，有关的教学工作者要积极做好精准扶贫工作，保证贫困生可以顺利地完成学业，进而达到区域性脱贫目标。

作者简介：

黎琼花，女，广西大学会计学研究生班毕业、管理学学士，2014—2015年，曾任玉林市博白县英桥镇绿柏村贫困村党组织第一书记。现工作单位：广西物资学校，财务处副主任。

新型职业农民培训工作中遇到的挑战及应对策略探究

——何耀文

自中华人民共和国成立以来，我国的经济状况发展迅速。本文所指的经济状况是对城市经济建设和对社会主义新农村经济建设的总称，而对于社会主义新农村的建设是需要新型农民培训工作的支持与维护的。为了从根本上提高农业的生产水平，促进我国经济持续和稳定发展，必须加大对新型职业农民的培训力度。事实上，我国新型职业农民培训工作在早年间就已经开始实施，随着经济计划的发展，职业农民培训工作取得了一定的成就和进步，但在工作实施过程中，仍然出现了许多问题与挑战，这就给新型职业农民培训工作带来了新的需求，本文就新型职业农民培训工作中遇到的问题进行分析并提出了应对策略，希望可以在新型职业农民培训工作的实施过程中提供些参考意见，为我国农业生产水平的提高奠定理论基础。

一、新型职业农民的概念

我国是农业大国，农民是社会的主体，大部分农民在社会主义农村建设中做出了贡献；然而这都是靠劳动人民的智慧创造和生产万物得到的，又由于农民受教育的水平普遍低下，仅仅靠智慧是解决不了问题的。新型职业农民是一个基于农民的笼统概念，简单地说，新型职业农民是以农民为受体，以从事农业生产为主要工作，通过教育培训，培养出一些高素质、懂得经营和管理的农业从事者。由于新型职业农民受教育程度高，因此，他们能够在一定区域内创新和创造新的生产链，并且可以经营得很好，在一定范围内可以带动大多数劳动者发家致富，为社会主义新农村建设奠定基础。总的来说，只有科教兴农战略的实施，才能够早日实现农业现代化，提高农业生产竞争力。

二、职业农民培训教育工作的现状分析

对以往职业农民培训教育工作资料分析以及事实的调查，可以得到以下两种结论，即新型职业农民培训教育工作的现状。

1. 大多数农民有潜在的意识，但是实际参训率却不高

大部分农民能够正确认识到自己农业知识的匮乏，因为他们大多沿袭老一辈的习俗，投入农业生产，他们渴望学习新技术，为发家致富谋取新的渠道，但是，大多都以农户为单位的经营模式，若只身学习新技术，则无疑会增加成本。由于农民的经济基础不扎实，增加成本会让多数农民承受不起，就会抱有即使很愿意去学习新技术，但因为条件的限制，不得不放弃参训的态度，这样就使新型职业农民培训教育工作难以正常运行，影响社会主义新农村

的建设。

2. 新型职业农民培育工作培训主体单一化

目前，新型职业农民培训工作由政府提供资金支持，主要是由政府部门认定的培训机构来担任，先不说政府认定的部门机构能不能胜任，而其他主体由于会考虑经济效益和对社会影响等问题，一般会主动避免参与，这样农民就无法在竞争中选择优秀的培训机构，以培养自己的能力。想要接受培训教育，就要到指定的培训机构去，没有可以选择的余地，因此，这也造成了农民的积极性和主动性不高，无法从根本上提升自己的农业知识和创造能力，就更不用提后续的发家致富的问题，农民是社会的主体，若农民做不到积极主动接受教育，则将造成社会主义新农村建设的滞后。

三、现阶段新型职业农民培训工作遇到的问题与挑战

1. 培训机制不完善

新型职业农民培训教育工作不是靠单一的培训机制就可以顺利开展的，需要多个机构部门共同协作，共同推进，共同进步。当前在培训教育工作的开展中，还没有完全实现多个部门的紧密联系和配合，因此，对新型职业农民的培育缺乏科学高效的管理机制，在培训教育工作的后续跟踪服务工作需要配套机制跟进的问题中，就更不能够妥善处理了。由于培训机制不完善，许多农业问题相互交错到一起，分工不明确，因此，这是培训教育工作中很重要的问题，同时也是一种挑战，应该引起政府部门的重视，尽快完善培训机制，加强与其他部门的联系和合作，为新型职业农民培训教育工作的顺利开展作铺垫。

2. 培训内容难以满足需求

我国的新型职业农民培训工作已经开展了多年，有着相当丰富的经验，但是，这种经验知识与理论基础，随着我国经济的发展，农业生产也有了新的指导思想和需求，这种培训内容如果不及时变更，就很难满足农民生产生活的现实需求，给人一种纸上谈兵的感觉。当前，针对新型职业农民的培训工作多以生产技术为主，而高科技、高生产的内容相对较少，只是一味地教给农民生产技术，而不重视高科技带给人的思维能力和创新能力的提高，这样会挫伤农民参与培训的积极性，盲目接受生产技术，而不加以理解和利用，这样是起不到好作用的，因此，只有培训的内容能够及时跟进现实农民生产生活的需要，才能使农民发挥自身潜能，通过创新和创造发家致富，进而带动社会主义新农村建设的步伐。

3. 培训经费不足

新型职业农民培训教育工作是一项需要大量资金支持的技术培训工作。农民需要长期、专业的培训，因此，在培训中就会产生大量费用，尤其是如果农民要学习生产技术，教育机制就需要有机器作示范，而大型机器成本过高，由于农民参加培训规模的不断扩大，不可能众多农民只是围绕一台机器学习。此外，农民还需要动手实践，产生的费用比预计的多很多，而这种工作又不是一天两天就可以完成的，因此，就会产生源源不断的费用。当前实际的情况是经费的投入严重不足，市县配备的资金很少，有的偏远地区或许根本没有配备资金，因此，培训教育工作难以顺利进行。

4. 农民素质参差不齐

新型职业农民培训工作对培训对象的文化程度、年龄等要求相对较高，在培训教育工作

实施之前应该进行系统的调查，要根据农民的实际情况及农民所从事的产业来分类，然而，在当前的培训教育工作的开展中，现实情况是农民的素质参差不齐，老龄化、文化水平低是普遍存在的现象。有些农民的农业生产能力有着老一辈的思想，并且根深蒂固，若想让其接受新的农业生产技术和理念十分困难，有的人还会表示不理解，这就给新型农民的培训工作带来了新的挑战。

四、有效实施新型职业农民培训工作的策略

1. 建立健全培训机制

以中央农村工作会议提出的"全面建立职业农民制度"为目标，建立新型职业农民培训教育体系，建立健全以政府为主导的部门工作机制，并通过政府部门与其他机构相联合，尽快建立健全教育工作开展所需要的器材、教师、基地等制度，器材要保证能够适应新时期社会发展的需要，对于教师也需要具备相当的高素质、高水平。另外，培训基地也需要有专门部门的负责，多种制度相互配合相互制约，政府部门和其他机构也要相互配合、相互支持，这样才能提高新型职业农民的教育培训质量。有了完善的教育机制作基础，农民就可以发挥出自己的积极性和主动性，主动接受教育并学习新型农业生产技术，从而达到脱贫的目的。

2. 培训内容多元化

对于新型职业农民的培训教育工作的内容要适应社会发展的潮流，教育工作的内容开展前要进行市场调查和分析，并且结合当地农业产业布局和资源的实际情况，通过一系列的调研，制订真正符合农民需要的培训计划，从多方面调动农民的积极性。由于培训内容与事实的发展相符，因此，势必提高农民的学习兴趣，促使其主动接受和学习新型生产技术，在农业生产链中摸索和创新出新的生产模式，促进农业生产现代化。伴随农民的素质、能力及物质生活水平的提高，渐渐地，整个社会的物质生活水平就会相应提高，社会主义新农村的建设就有希望。

3. 加大培训经费投入力度

为了能够保证新型职业农民培训教育工作的顺利开展，政府部门就应该加大对培训工作的经费投入力度，积极引导金融机构加大对新型职业农民创办项目的信贷资金的投入和支持力度。农民在参与培训教育中会产生大量费用，包括机器设备、技术学习实践、种子培育过程需要施肥或者更多的新科技等都需要大量流动资金的不断注入，简而言之，政府部门应该调整资金的流动方向。新型职业农民培训教育工作影响着中国新农村的建设，这必须要引起政府足够的重视，应加大培训教育经费的投入力度，使农民更主动地学习新技术，为自己、为国家创造财富。

4. 构建新型职业农民教育培训的新模式，调动农民积极性

针对农业生产和农民科技文化需求，在新时代，可以充分利用现代多元化传媒手段。首先，普及先进农业实用技术，从多方面调动农民的积极性，不断提高农民的素质水平，积极构建新型职业农民教育培训的新模式，不再局限于课堂中的理论知识，利用模式的多元化。例如，利用新媒体向农民多方面、多角度的介绍新科技和农业生产技术，还可以理论与实践

相结合，在介绍理论知识的同时，让农民在培训基地中真正触摸、感受，这样既满足了农民学员实时学习培训的需要，又提高了农民学员的素质和创造能力，从而使农业综合生产能力得以提升，为社会主义新农村建设奠定了基础；但是，要想彻底实现这一目标，就必须有经过系统培训的新鲜血液进入农业生产领域，因此，新模式的变更必须适应社会发展的潮流。

五、实施新型职业农民培训工作的作用和意义

农村的主体就是农民。在一定程度上，极大地实施新型农民培训工作力度，是实施科教兴农战略，发展农村经济，增加农民收入的理论基础；而新兴职业农民是市场的主体，他们通过市场物流流通，从事农业生产，也在一定程度上为货币的流通付出了努力。新型职业农民通过加工、销售、物流流通等产业链参与农业生产全过程。提高农民的素质，可以减小农村与城市的差距，有利于早日实现城乡一体化，还可以拓宽农民发家致富的渠道，早日实现农村现代化；而社会主义新农村建设就会越变越好，因此，实施新型职业农民培训工作有深刻的作用和意义。

六、结束语

综上所述，农民受教育的程度和从事农业生产的能力，成为农业现代化成功实现的主要因素。实施新型农民培训工作，可充分调动农民的积极性并发挥其创造力。应加大力度，本着培养高素质农民的原则，为社会主义新农村建设奠定基础。政府部门应当加大对新型职业农民培训教育的投入力度，无论是在经费、培训机制，还是在培训内容上，都应该给予扶持，共同努力培养新一代职业农民并全面提高农民素质，带动农村经济的发展，加强新农村的建设，早日实现农村现代化。

职业教育扶贫考评制度的研究

——潘玉艳　　陈静

党的十八大报告明确指出，要"加快发展现代职业教育"和"职业教育要面向民众、服务社会，是助民、惠民、富民的重要基石"，为现代职业教育赋予了新的内涵。现代职业教育的重要任务就是要实施职业教育扶贫，职业教育扶贫是扶贫工作的重要组成部分，是扶贫除困的治本之策。民进中央副主席、中国教育学会副会长朱永新表示："职业教育在农村的脱贫攻坚中起到了十分关键的作用，甚至某种程度上职业教育能阻断贫穷的代际传递。"由此可见职业教育扶贫在国家扶贫工作的重要地位。近几年来，虽然我国职业教育扶贫工作取得了一定的成绩，但由于职业教育扶贫考评制度的不完善，使得职业教育扶贫往往流于形式，帮扶不顺，管理脱节，扶贫效果不理想。建立健全职业教育扶贫考评制度，促使职业教育扶贫更高效更精准，是当前职业教育扶贫工作过程中亟待解决的一项重要课题。

一、职业教育扶贫工作考评背景

1. 政策背景

2016年2月，中办、国办印发了《省级党委和政府扶贫开发工作成效考核办法》，要求2016—2020年，每年开展一次对中西部22个省份党委和政府扶贫工作成效的考核。《省级党委和政府扶贫开发工作成效考核办法》（以下简称《考核办法》）的出台，使扶贫工作的考评有法可依；而且《考核办法》中明确要求，考核指标的数据来源除了来自政府部门的数据外，要引入政府部门以外的第三方评估数据，这就使考评更加公正合理。《考核办法》的出台，使职业教育扶贫开展工作成效有了统一考核标尺，但是，切合职业教育扶贫的考评机制亟待建立完善。

2. 职业教育扶贫现状和存在问题

职业教育在教育扶贫攻坚中起到了十分重要的作用，朱永新说过："一技在手才能走遍天下，要过体面的生活，应该让农村青年接受比较好的职业教育"，因此，充分发挥职业教育在扶贫中的重要作用，提升贫困对象的工作能力是职业教育扶贫关键所在。近年的实际扶贫结果显示，职业教育扶贫尚且存在诸多问题，并没有如预期那样开展起来。比如，职业教育在贫困地区并没有发展壮大起来，甚至在一些经济发达地区还出现了萎缩的状况；农村脱贫需求和职业教育资源的供给之间不能合理匹配，优质的职业教育资源主要集中分布在经济发达地区和城市，而贫困人口和职业教育的生源主要来自经济落后地区；就是在资源匹配的地区也出现帮扶不顺和管理脱节的问题。职业教育扶贫出现的这些问题，主要是由于现有的相关机制不完善造成的。

二、职业教育扶贫引入考评机制的现实意义

职业教育扶贫考评机制是指对照职业教育扶贫工作目标或工作标准，采用一定的考评方

法，评定职业教育扶贫工作任务完成情况、职业教育扶贫工作职责履行程度和职业教育扶贫发展情况，并将评定结果反馈给相关人员的一种制度。职业教育扶贫的考评机制是确保职业教育扶贫能够顺利进行的关键因素，是确保职业教育扶贫工作可以有效有序地进行的必需条件。职业教育扶贫考评既是职业教育扶贫工作的风向标，也是职业教育扶贫工作的指挥棒。为了客观公正、实事求是地考评职业教育扶贫工作情况，就应该制订相关的考评制度，合理设置考评指标和考评办法，规范考评程序和考评方式，构建尽可能的客观、可行的职业教育扶贫项目考评体系，实现对职业教育扶贫的科学、客观、综合评价，并充分利用考评制度，监督和评价职业教育扶贫成效，促进职业教育扶贫工作更高效、更精准的开展。

三、开展职业教育扶贫考评的内容及指标

职业教育扶贫的考评内容具有多样性、复杂性和持续性，考评的业绩目标既涉及经济形态又涉及社会意识形态，即进行职业教育扶贫考评时，要从职业教育扶贫项目的实施对象的经济发展情况、社会发展情况、生态环境情况等多方面考虑。根据职业教育扶贫考评的内容和职业教育扶贫考评过程所采用方式的不同，职业教育扶贫考评方法可分为定性考评和定量考评，定性考评主要是针对难以用数量关系进行衡量和描述的项目；定量考评方法则是通过数据的分析和对比，评判项目的绩效的优劣，从而得到考评结论的方法。在考评工作中，可以采用定性考评和定量考评相结合的方法来对考评对象进行评估。

1. 定性考评

定性考评是指主要用于职业教育扶贫中对政策的宣传和落实情况的考评，主要包括对宣传职业教育扶贫政策和提高扶贫对象对职业教育扶贫的认识；职业教育扶贫的相关政策措施是否得到执行并落实到位；与国家职业教育扶贫政策相关的扶贫实施方法制度是否建立健全；职业教育扶贫扶贫对象对职业教育扶贫项目实施过程中的满意程度等的考评。

具体指标内容如下。

(1) 职业教育扶贫政策的宣讲情况考评。舒尔茨认为："要改变贫困落后的状况，就必须向农民进行教育及文化投资，而促进农民掌握科技知识和技能的根本途径是教育，尤其是职业教育培训。"贫困地区产生贫困的重要原因是劳动者的观念比较落后，劳动素质比较低导致的劳动能力低下，所以，进行扶贫工作时，应重视强调解决人的观念和素质问题，因此，贫困地区应大力发展职业教育，提高劳动者的职业，改变他们的观念，这是帮助贫困劳动者摆脱贫困的重要途径，而作为职业教育扶贫工作人员，提高受助人员的认识是至关重要的首要问题，因此，应该对该指标进行考评，促进职业教育扶贫工作的开展。

(2) 职业教育扶贫的相关政策措施落实情况考评。检查职业教育扶贫的相关政策措施是否得到执行并落实到位及每一个扶贫项目是否得到落实，应杜绝走过场，造声势和敷衍了事。对职业教育扶贫的相关政策措施落实情况考评可以确保职业教育扶贫政策高效实施，促进职业教育扶贫的开展。

(3) 与国家职业教育扶贫政策相关的扶贫实施方法制度是否建立健全。检查是否建立健全职业教育扶贫运行机制，保证职业教育扶贫政策的有效实施。

(4) 职业教育扶贫对象对职业教育扶贫项目实施过程中的满意程度。定期调查扶贫对

象对扶贫情况的满意程度，包括职业教育扶贫对象对扶贫政策执行情况的满意程度和职业教育扶贫对象对实施扶贫过程中帮扶干部的满意程度。

2. 定量考评

定量考评方法主要是通过数据的分析和对比，评判职业教育扶贫项目的绩效的优劣，从而得到考评结论的方法。这种方法以数据为实证，最能客观地反映扶贫绩效。定量考评方法主要是通过比率来反映。比如，职业教育扶贫项目完成率、职业教育扶贫资金到位率、职业教育扶贫资金利用率和职业教育扶贫脱贫率等。

（1）职业教育扶贫资金到位率。在一些扶贫项目中常常存在一些挪用资金，拆东墙补西墙的违法行为；也存在引起故意延长扶贫项目资金到位的时间，缩短了扶贫资金实际使用的时间的行为等，严重影响了扶贫资金的到位率和扶贫项目的实施，因此，通过运用职业教育扶贫资金到位率，考核职业教育扶贫资金用于扶贫对象的比例及具体使用方向，可以保证扶贫资金用途合理及时，满足职业教育扶贫对象的需求。

（2）职业教育扶贫项目完成率。职业教育扶贫项目完成率主要是指从扶贫项目的进展情况进行考评，以及考评项目是否能够在计划范围内按照规定的时间和规定的质量完成。

（3）职业教育扶贫资金利用率。职业教育扶贫资金利用率是指实际用于扶贫的资金占全部扶贫资金的比率。职业教育扶贫资金利用率是指主要考察职业教育扶贫资金实际投入使用金额占职业教育扶贫资金总资金的比率。

（4）职业教育扶贫脱贫率。职业教育扶贫脱贫率是指扶贫项目的实施所带来的贫困人口脱贫的数量与原贫困数量的比率，从该比率可以计算出项目实施以来的贫困人口减少数量，评价扶贫的效率。

（5）职业教育扶贫效果指标。职业教育扶贫在很大程度上推进了扶贫区域的经济和社会意识的全面发展，有效增加了农民的收入。在这方面的考评指标主要包括技能培训数量、转移农村劳动力人数、文化活动场建设情况及数量、扶贫对象人均纯收入增长情况等。

职业教育扶贫的考评机制不但是确保职业教育扶贫能够顺利进行的关键因素，而且也是确保职业教育扶贫工作可以有效有序地进行的必须条件。构建职业教育扶贫考评制度，实现对职业教育扶贫的科学、客观、综合评价；充分利用考评制度，监督和评价职业教育扶贫成效，可以促使职业教育扶贫工作更高效更精准的开展。

关于职业教育扶贫的几点思考
——林艳　　陈静

在许多偏远山区，扶贫工作进展得并不顺利，甚至有些地方出现扶贫、脱贫再返贫的怪圈。这都是因为扶贫举措不得当，只关注眼前利益，不注重长远发展造成的。"治贫先治愚，扶贫先扶智。"脱贫攻坚的实践充分证明，职业教育扶贫是见效最快、成效最显著的扶贫方式。教育扶贫符合扶贫措施的长久发展，考虑到边远山区的受教育的实际情况，因此，中等职业教育是最好的选择。中等职业教育可以帮助人们掌握一些基本的技术和本领，不需要过多的专业知识就可以完成，可以使自己的家人过上好一点的生活，达到脱贫的目的，因此，中职教育是一项可持续发展的扶贫政策。

一、职业教育扶贫的现状

以广西壮族自治区为例。广西壮族自治区是我国少数几个贫困省份之一，据资料显示，其常住人口为4 800多万人，贫困人口达到538万人。由于地理条件，各个贫困家庭分散居住，给扶贫工作带来很大困难。教育扶贫是广西壮族自治区扶贫的一个重要举措。广西壮族自治区党委自治区政府制定了许多政策和措施，通过中等职业教育，帮助贫困地区脱贫。

1. "9+3"计划的实施

广西出台了"9+3"计划，提出在巩固实行九年义务教育的基础之上，大力发展3年制中等职业教育，并且免除中等职业教育在校生的学费，让贫困家庭学生能够不因为学费问题而影响到继续学习，让他们在掌握一定基础知识的基础上，掌握一些技能。一些中职学生能够享受到国家助学金，免去学生的生活之忧，让他们能够专心学习。与此同时，政府加大投入力度，建设学校基础设施特别是实习基地，学习到的技能一定要进行实际训练，这样才能真正掌握本领。在师资力量方面也加大了力度，在企业、民间、工厂中聘请"双师型"兼职教师，让他们将自己的实际经验传授给学生，让学生们学到在实际工作中有用的技能。

2. 构建完善的职业教育体系

职业学校由于规模小，人数少，不能覆盖到需要的全部产业，许多企业都依托大学建设，享受大学的便利条件。许多企业也需要职业教育的人才，因此，职业教育体系必须完善，否则学生接受职业教育后，却无用武之地，同样无法达到扶贫脱贫的目的，因此，应该鼓励中等职业学校和企业建立良好的合作关系。2014年广东广西两省（自治区）签订协议，实施对口帮扶职业教育合作试点。2015年，广西壮族自治区资助2 000名贫困家庭学生到广东省的企业顶岗实习，毕业后，根据学生意愿，优先安排他们在广东省就业。

3. 加强职业教育技能培训

我区人社、教育两大部门分批次深入边境地区对农民工的职业技能进行培训，帮助他们实现就业，脱贫致富；同时，对农村劳动力、乡村旅游从业人员、零就业家庭等开展了专项职业技能培训，让居民在家就可以学到脱贫的技术和本领，以他们的特长为起点，帮助他们寻找致富之路。这一培训并不是一蹴而就的，而是长期进行的；同时，广西在国家助学金的基础之上实行"春晖助学计划""蒲公英计划"等，帮助更多孩子能够进入到职业学校学习，为更多的贫困学生提供学习的保障。广西壮族自治区还设立了"十大扶贫产业"，对贫困居民进行针对性培训，让其所学能够真正为自己和家庭的脱贫提供帮助。

尽管广西壮族自治区政府采取了以上积极措施保证职业教育扶贫工作的实施，但由于刚刚起步，在执行过程中还面临着许多困难和挑战，因此，尽管制定了好的政策，与全国许多贫困地区一样，达到预期的目标仍需要一段时间的努力。

二、对建立职业教育扶贫机制的建议

1. 扶贫工作取得进一步成效，必须建立和完善相关机制

扶贫机制是指扶贫体系内各构成要素之间相互作用、相互关联及相互制衡的动态关系及其功能。职业教育扶贫机制是指在职业教育扶贫过程之中引导、调配、促动扶贫行动持续有序发展的组合样式、管理制度及调控措施的总称，即职业教育扶贫机制是以实现脱贫解困和对扶贫对象实施有效精准帮扶为目的，进而实现自我发展为内容；是职业教育扶贫过程中各种机制要素，即识别机制、帮扶机制（合作办学，人才培养，职业技术培训服务）、管理机制及考核机制的相互依赖与相互作用。

2. 机制建设是一个长期的过程

广西壮族自治区在职业教育扶贫机制的建设方面做出了很大的努力，在法律法规政策方面提供了多方位的保障；同时，根据自身特点，建立一对一精准职业教育扶贫识别机制、职业教育人才培养机制帮扶、管理等，这些机制要继续完善下去。笔者针对以上中等职业教育扶贫所面临的问题，提出几点建议，希望这些建议能够为完善广西职业教育的扶贫机制提供帮助。

三、加大职业教育的宣传力度

上文提到，整个社会对职业教育的偏见使职业教育扶贫工作很难展开。教育部门应该加大职业教育的宣传力度，改变社会对职业教育的偏见。职业教育所培养的学生也能够为社会作出应有的贡献，但目前，中等职业学校已经陷入一个恶性循环当中，要想破除大众固有的观念并不容易，因此需要多方面的努力合作，使中等职业教育成为培养职业技术人才的摇篮，让贫困家庭有尊严有自信地在职业学校学习技能，而不是觉得自己低人一等。国家已经加大职业学校的投入力度，职业教育的作用在当今社会日益突显，希望政府能够积极宣传职业教育，纠正大众对职业教育的固有认识。职业教育会越来越受到社会的重视。

1. 完善职业教育扶贫管理机制

职业教育扶贫必须科学管理，配套设施完全，严格要求。扶贫对象的选定必须符合贫困人口要求，不能成为某些人牟利的工具。国家的扶贫政策是针对贫困人口而不是企图贪利的那些人。前些时候，我区马山县发生的违规认定3 119名扶贫对象的惨痛教训让我们不得不警醒，尽管在许多方面制订了很好的政策，但是由于帮扶对象选择错误，导致扶贫工作无法

实现其真正的目的，因此，在中等职业教育扶贫对象的选择上，有关部门要建立起完善的管理体系，严格层层把关，让真正有需要的人获得帮助；同时，要建立起相应的考核制度，对被帮扶对象的学习情况及时进行考核，不合格的帮扶对象要进行适当采取惩罚措施，例如，减少补助金的金额等，多次考核不合格的应予以淘汰。这种淘汰机制可以帮助学生积极努力学习知识，而不是仅仅享受着国家的助学金却不思进取。

2. 建立职业再教育机制

职业教育不仅仅要面向未受教育的人，也要面向已经受过职业教育的人，他们需要更新自己的技术，才能在相关行业中继续生存发展。终身学习的观念已经深入人心，特别是在科学技术高速发展的时代，技术更新日新月异，掌握陈旧的技术而不去学习新的技术终究会被淘汰，因此，让学生树立终身学习的信念，掌握一门技术不代表全部，走出校门不代表不能再继续接受教育。开展职业技术培训服务，既是职业教育自身发展的需要，也是职业教育扶贫开发的重要渠道。需要各级政府，行业主管部门、行业协会和职业学校的共同参与。各级政府出台政策，统筹规划，行业主管部门根据本行业需求制订行业教育培训规划，职业学校负责职业技能培训工作。职业学校应做到教学活动与生产实践、社会服务、技术推广及技术开发紧密结合起来，根据科学技术的发展及时引进新技术和新方法，为学生的再教育和再培训做好准备。在教学过程中，职业学校也要逐渐淘汰已经落后的技术手段，渗透新的技术，参培人员所学即为社会所需，能为社会所用。

3. 鼓励职业学校学生自主创业

目前，国家提出"大众创新，万众创业"的倡议，从国家到大学都建立起鼓励创业的机制，让每个人将自己的所学与自己活跃的想象力和创造力结合到一起，为社会贡献出新的力量。这不仅是大学生的专利，而是使全体学生受惠，因此，职业学生也不应该被排除在外。中职学生确实在创新上面临诸多困难，例如，自身的知识水平、贫困家庭的资金问题、缺少创业教育等。这些都需要完善，但是，若想实现职业教育扶贫，中职学生自主创业必须包含在这一机制之内，不能有偏见。只要能够帮助贫困家庭学生在完成职业教育之后成功进行自主创业，其发展空间将不断扩大，而且眼界不断开阔，真正实现脱贫致富的目标；因此，从国家到社会再到学校，应该全力支持职业学校学生的创业，特别是贫困家庭学生的创业。

职业教育扶贫机制优化研究

——陈 静

"治贫先治愚，扶贫先扶智"是我国长期扶贫工作得出的宝贵经验。教育是实现农村反贫困战略的根本之策，通过培训提高贫困劳动力素质，改变其生活观念，是帮助贫困群众增加收入、摆脱贫困的重要途径，因此，职业院校要利用扶贫机制，坚持认清职业教育扶贫的状况，为职业教育扶贫机制的相关构想和发展考虑，重视对于职业教育扶贫的建议和对策的思考。

一、职业教育扶贫的状况

贫困地区人民贫困的根本原因是思想上的贫困，传统的扶贫策略和扶贫方式落实了很多年都没能脱贫，其中的关键就在于在扶贫策略上的平均，和扶贫方式的一刀切，只是做到了授人以鱼，并没有授人以渔，更应该把教育扶贫重视起来，既进行扶贫方式的理论创新，也能更好地将扶贫落实。

如今，我国的目标是在建党一百周年全面建成小康，2015—2020年做到精准扶贫与脱贫。2016年9月，习近平总书记在北京市八一学校同教师学生代表座谈时指出："要推进教育精准扶贫，重点帮助贫困人口子女接受教育，阻断贫困代际传递，让每一个孩子都对自己有信心、对未来有希望"。虽然我国的职业教育扶贫有了很多的措施，但是还存在着问题。我国对于职业教育扶贫投入的不够，监督和责任追究的相关机制也不够完善，并没有完全落实一些相关的扶贫制度，教育资源存在有些匮乏的情况，一些基础设备的建设无法跟上贫困地区的教学需要，而且，学习的硬件设备也略显落后，实验设备不足导致实验课程变得滞后。职业教育的扶贫机制不够完善，体系不够健全，并没有形成一个有效的管理运行模式，因此，带来了扶贫开发效率低下的状况，在一定程度对职业教育扶贫产生制约影响。职业教育扶贫的发展和劳动力市场之间有一定的脱轨，从某种意义上来说，职业教育是直接面对市场劳动力的教育，与劳动力市场有着极其紧密的联系。教育扶贫的重点是要对传统的扶贫策略、扶贫模式和扶贫思路进行调整，需要将贫困地区人口素质提高作为重点实施对象，而现在的情况是职业教育缺少较为科学的管理方式，劳动力市场与职业教育之间还未建立起合适的关系，有些职业学校或者职业教学培训没有与企业和市场之间有充分的考察或者合作，因此，对职业教育扶贫机制进行优化就变得很重要，而且很有必要。

二、职业教育扶贫机制优化的意义

习近平总书记在中共十九大上强调："让贫困人口和贫困地区同全国一道进入全面小康社会是我们党的庄严承诺。要动员全党全国全社会力量，坚持精准扶贫、精准脱贫，坚持中央统筹省负总责市县抓落实的工作机制，强化党政一把手负总责的责任制，坚持大扶贫格局，注重扶贫同扶志、扶智相结合，深入实施东西部扶贫协作，重点攻克深度贫困地区脱贫任务，确保到2020年，我国现行标准下农村贫困人口实现脱贫，贫困县全部摘帽，解决区域性整体贫困，做到脱真贫、真脱贫。"

职业教育扶贫是以提升扶贫对象能力素质为重点的开放式教育扶贫形式，教育扶贫特别是职业教育扶贫纳入精准扶贫的安排中，这是对传统扶贫的一种创新，也是对传统扶贫结构的重建，能够为贫困地区培养更多的实用人才。对职业教育扶贫机制进行优化，能够帮助更多的贫困家庭学生得到更多可以改变自己、家庭及家乡现状的思想、理论和技术能力。职业教育利用培训的开展，让更多的贫困人们学到立足社会所需要具备的技术能力，这样不仅优化改革了劳动力的结构，而且也为经济的发展提供了人才资源和人才基础。当贫困地区的人力资源和思想价值有了提升后，就能够形成很好的经济资源，促成不断推进发展的良性循环，有利于我国经济发展的趋势走向。

职业教育扶贫机制的优化，能够强化职业教育的教育方向及服务方向，能够让原本没有条件或者没有机会进行学习和接受教育的贫困学生能够接受到职业教育的学习，学习、了解、掌握到更多的文化理论知识，拥有安身的技能和能力，对贫困人民的劳动力整体的知识水平进行提高，对整体劳动力的组成结构进行提拔，对贫困学生发展自己的能力进行培养和不断提升，让他们有摆脱贫困现状的信心和理念，也防止脱贫的人口再次返贫。

三、对于职业教育扶贫机制的相关构想及发展的考虑

职业教育是教育扶贫重要的组成部分。我国职业教育扶贫机制的大体构造大概包括职业教育相关的扶贫政策扶贫方法、职业教育运行管理的机制、职业教育进行过程当中的合作教学、职业教育对于人才培养的方式、职业教育进行扶贫对象的选择及对职业教育的物质投入、职业教育的相关培训、职业教育的未来发展八项内容，根据相关理念，对这些进行深入化完善。我国的职业教育扶贫机制已有了雏形，拥有自己的框架结构，处于正在发展的阶段。

但是，与发达国家进行比较，我国的职业教育扶贫机制还是存在着不到位之处，针对目前职业教育扶贫机制中存在的一些问题，存在这些考虑：对于教育扶贫机制的完善，确定和制定一些与扶贫相关的法律法规，提高职业教育扶贫的地位，彰显其重要性，创建完整统一的管理方案，对资源的配置进行合理的优化，对职业学校和职业培训的相关机构进行更加标准的管理和设置。对职业教育扶贫机构的分布进行区域化的布局，应由城市向周边进行延伸，方便大家都能够接受职业教育的培训，也增强服务的能力。将职业教育与各行各业进行沟通交流以及合作，与企业或其余用人单位进行合约的协定或商讨，优化职业教育的资源，落实职业教育的目的。对职业教育的扶贫联动的机制进行优化，对扶贫组织进行创新，深入贯彻并落实扶贫工作，对职业教育的改革进行更加进一步的深化，院校和行业或者企业之间应该有更多的交流和协调。让政府部门、学校方面、社会行业组织相互配合，促使职业教育的发展模式以及教育成果变得更加高效。

四、对于职业教育扶贫机制优化的几点建议及对策思考

1. 增加对于职业教育扶贫的投资，完善资源和配置

无论是政府，还是社会、学校，都要加大对于职业教育扶贫的投入力度。无论是政府、社会还是资金方面、物质方面、关注度方面及人力资源、教育资源，都需要进行加大投入，以确保职业教育扶贫的有效实施，也确保职业教育扶贫机制的检查管理、投入水平、资金经费的需求和使用、成本与效果的协调等都是足够的，不会因为必需品的不足而受到影响和制约。对投入的成本，也要有一定的标准，并不是大把大把进行投入，而是应该在投入成本和收入效益、得到的效果之间进行比较体系和评价的指标，科学的有根据的发放资金和投入、进行专项的拨款等。与此同时，对于职业学校的经费也要进行监督检查；对于经费的投入及使用情况，应进行不定时的监察；对经费的使用进行科学的审计，保证经费的投入和使用方向是合理、合适的，防止教育资金被随意挪动、挤兑或者损失、浪费，使资金的使用效率变得更高更好。

2. 对管理机制进行改革和深入，让职业教育扶贫运行机制变得更加完善和健全

在职业教育扶贫不断完善发展的同时，对职业教育扶贫的考核及评价的机制也要进行不断的健全，政府也应该健全与职业教育相关的协调制度，对事业教育能够统一统筹的推动促进，对职业教育扶贫的实际进度、质量、成果及效果等进行相应的考察及评价，应该更好的贯彻落实《中国农村扶贫开发纲要》及《国家中长期教育改革和发展规划纲要》等相关的法律法规，对经济困难地区的发展和扶贫攻坚采取相应的重点措施。对职业教育扶贫信息的体系也要进行建立健全及完善，对相关的教育扶贫措施和工作进行相应的追踪调查及监测监察。对评估体系进行完善，对第三方评价的相关机制进行建立、开展及不断更新优化，对职业教育扶贫工作的顺利进行起到保证和促进的作用，让这项工作能够更加持续高效地进行下去。

就如岑溪中等职业技术学校对于扶贫的具体做法是：办好职教圆梦班，使贫困学子将家庭带富；做好社会培训，努力让贫穷家庭走上致富路。与岑溪市人社局、农业局等单位联合开展农村实用技能培训，年均培训达 8 900 人次；培养电商人才，为农业供给侧改革。2017 年，为贫困家庭成员开展 3 期电商专题培训，为本地电商行业开展员工培训达 320 人次，培养学历教育电商专业技能型人才 105 人，助推农村电商新动能的发展。

3. 把市场作为向导，将职业教育和就业的联系关系进行不断强化

在进行职业教育的同时，一定要把市场当作向导，不断大力度促进学校和企业的合作，将工和学进行不断的结合，努力建成在校学生进行企业实习学习的教学模式制度，让接受职业教育的学生在校期间就有机会到企业进行训练，进行顶岗实习，以学到更多的知识。一步步地去要求学生在学校接受教育进行学习的时候对劳动力市场、社会形势的变化和人才需求、人才要求进行了解以及科学的掌握，教师对于这些实事情况也要进行掌握和了解，对教学的内容、教育的方法方式、教学模式手段都进行及时的更新和改变，对专业的计划及教材课本也要进行及时调整，让学生能够更好地学以致用，学到更多有用的、有利于自己将来的、有利于就业的知识。学校也要加强对学生们进行职业指导的相关工作，引导带领学生的

就业观念、思想理念，对创业教育进行合理合适的开展，鼓励毕业生到小企业、小城镇或者农村进行就业，或者努力进行自我创业，让他有更好的发展空间。

4. 将职业教育合作办学机制进行完善，对职业教育的发展形式进行设计

对于职业教育的发展，实施投资的主题不同，所收益的投资对象就有不同。从我国的目前形势来看，职业教育是面向大家、面向全体的，在坚持"以服务为宗旨，以就业为向导"的办学方略，因此，在这种形势下，职业教育的办学更应该做到多元化，聚集各行业、社会、政府等多方面力量，推进形成政府为主体，各行各业合作的办学机制。

职业教育的发展形式是对于发展路途的设定，不但关系着职业教育发展的力量，也关系着发展目标和具体发展路线。目前，我国的发展形势是构建中等职业教育和高等职业教育，职业教育和普通教育、成人教育之间衔接，帮助人才的成长，坚持学历教育和职业培训一同重视，将学历教育和职业培训进行结合、全日制和部分时间制进行结合、职前教育和职后教育进行结合。努力发展成面向全社会而且多功能的教育和培训地。

综上所述，在政府指引下的职业院校的扶贫管理时，要坚持完成以上几大方面工作，促进扶贫效益的提升，让贫困群体也能够接受良好的教育。

关于职业教育扶贫中识别机制的方法优化研究
——林艳

职业教育扶贫是精准扶贫的重要路径，也是全面建成小康社会的重大战略举措。根据我国关于扶贫识别机制及相关办法，依据致贫原因和经济发展需求，以2014年建档立卡的数据资料为依据，委派部门工作人员到地方乡村部落，依据事实，实事求是地展开数据审核情况确认，对原有建档立卡对象进行核查，科学确认"一般贫困户、低保户、五保户、低保贫困户、一般农户"五种类型，保证建档立卡对象的真实性，准确填写《贫困户登记表》并将其录入扶贫信息管理系统，保证数据的真实性和准确性。

一、职业教育识别机制的现状

1. 职业教育区域发展不平衡导致难识别

职业教育处于教育事业的发展劣势地位，尤其是农村地区、偏远地区和贫困地区，部分地区甚至处于职业教育起步水平阶段。由于它们的发展相对落后，这对识别贫穷的现状造成很大的困难，因此，我们要通过改善职业教育落后地区的发展现状来打破职业教育发展难识别的现状。

2. 贫困山区经济结构单一的不易识别

有些偏远地区的贫困户，现在依然靠着传统的生产方式生活，他们以土地为作业基础进行农业耕种，技术远远落后于当前的平均水平，产品生产方面局限于初加工，市场竞争力低下。职业教育需要一定基础的经济水平，其发展要适应当地产业结构特点、技术水平特点和就业方式特点。除此之外，职业教育的专业设置也要适应当地经济需求，因此，经济贫困也会对识别带来一定的困难。

3. 缺乏对职业教育的认可识别机制难展开

可能由于经济发展落后的原因导致只有少数人对教育产生重视，他们对职业教育的认识也是不到位的，认为职业教育处于二流，有的贫困地区比起职业教育，更倾向于让孩子接受普通教育，职业教育招生人数过低。地区性的家庭职业教育观念存在偏见，这样的社会大环境不利于职业教育的发展，也在一定程度上导致了贫困地区生源落后，对此，也可以借助这方面开展扶贫工作识别。

4. 教育经费投入情况对扶贫情况进行识别开展

对于一些贫困地区，我们可以通过政府资助资金的情况识别扶贫情况，通过对学生教育资金占有的比例来识别，扶贫机制的识别是要通过借助一些学校设备是否完善来进行侧面识别。例如，可以通过看图书馆书籍资源拥有情况，教学设备是否完善，是否建设了实习基地等因素来对扶贫情况进行识别。

5. 通过师资队伍建设情况对扶贫机制进行识别

职业教育一般也可以通过师资方面进行扶贫机制识别，通过师资数量的多少判断贫困情况好坏，根据教师队伍是否强大判断该地区的情况好坏。一般情况下，教师都不愿意去贫穷地区，因为贫困地区环境艰苦，待遇过低。有的职业学校缺乏具有经验和实践技能的专业教师，还有的学校招聘缺乏理论基础的临时教师担任技术课程，可以根据情况进行扶贫识别。对于职业教育来说，师资队伍是基础性的工程建设，高质量、高素质的师资队伍对于学校来说是有力的核心，是教学质量的保证；因此，可以通过师资力量对职业教育的扶贫进行识别。

二、实现职业教育扶贫中精准识别机制的方法

1. 招生方面

第一，在招生过程中，应特别留意贫困地区学生的家庭环境，已经建档立卡的，应给予一定的物质资源帮助。思想宣传工作要深入，尽量消除贫困地区对于职业教育的偏见，展现职业教育在当下社会大背景下的优势，让群众看到接受职业教育的美好前途，并愿意选择职业教育。第二，精准招生，委派专业人员深入贫困地区，实地走访贫困家庭，对适龄潜在学员进行实地调查，根据其具体学习经历、个人兴趣爱好和家庭状况进行招生宣传推荐。

2. 资助方面

如今，职业教育对于学生的"奖、助、贷、勤、补、免"六位一体的资助体系已经形成，各项资助政策相继出台并完善。首先，在对于贫困地区学子的资助上应进一步完善，在已有政策上，给予最大限度的拓展；其次，为贫困家庭建档立卡，查实贫困家庭真实现状，了解家庭基本生活情况，如收支来源、劳动力情况、居住情况等，依据真实情况建立不同地区的资助政策；同时，要监控受资助的学生家庭的动态信息，根据其当下贫困情况，以社会经济发展为背景，适时、适当地进行资助，而不是只认准部分家庭。

3. 就业方面

对于已建档立卡的贫困家庭，学业成绩优异的学生应优先扶助，引导其有出路可走，根据具体情况，如当地经济发展水平和教育水平确定扶贫方式。另外，对那些有创业想法但是家庭背景贫困，无法支持创业的学生，给予政策性补助，使其享受免息担保；对于家庭特别贫困的学生，实行"托底"安置，安排学生本人进入政府社区公益性组织进行工作。最后，根据当前市场发展状况和地区经济结构，联合企业共同建立学生就业创业基地，加强校企合作与交流，给予学生更广阔的实践空间与机会，提升创业技能、创业素质，以及社会适应力。

三、结束语

虽然当前已经有研究者对于职业教育的扶贫识别机制与方法作出研究分析。在精准识别扶贫对象方面也有了初步的探索，在职业教育开展精准识贫、扶贫，面对瓶颈和解决方法，达成了某种共识。不过，目前已有的扶贫识别办法仍然存在诸多不足，亟待完善。

1. 理论基础研究尚需深入

职业教育领域的扶贫识别机制是近几年才开始注意与跟进的，研究深度自然不够深入，仅处于初级阶段。研究结论只是最表面的理论策略，没有付诸过实践，也很少考虑实施上的

阻碍因素和实际情况，而且缺乏连续性和系统性的深入研究。

2. 研究内容有待进一步拓展

如今出现的研究内容具有一定束缚性。例如，已有研究对于扶贫识别机制的完善策略的探讨仅对于一般情况而言，并没有涉及相关具体实施策略的阐述。此外，扶贫对象在不同的地区有不同的界定，暂时无法制订统一的经济标准，因此，目前的研究还是太浅显，关于这方面的论文数量也极少，而这方面内容却恰恰是识别扶贫对象内容的重要组成部分。

科学的机制建设助力提升职业教育扶贫成效

——李文轩　　程丹宁

根据《中共中央国务院关于打赢脱贫攻坚战的决定》文件精神，到2020年，贫困地区实现全面建设小康社会目标，脱贫攻坚是全面建成小康社会首要的任务，是社会主义的本质要求。扶贫、减贫、脱贫需要对症下药，需要输血变造血，脱贫致富的最根本的动力是对人的思想观念进行更新和知识能力的提升，而最根本的措施就是"治贫先治愚，扶贫必扶智，扶智教为重"，即开发人力资本，积累社会资本，用好物质资本，增强自主发展能力。将传统的救济式扶贫转变为输血造血的改革式扶贫，教育在中间起到了根本性和支撑性作用，改革式扶贫功效愈发显著。践行"以人为本、教育为基、扶智为先"理念，完善精准扶贫机制，发挥学科、人才和智力、文化、信息等方面的优势，做到分工明确、责任清晰、任务落实、评价科学、特色鲜明、持续发展，走出一条教育扶贫带动全体扶贫的新道路。

"治贫先治愚，扶贫先扶智"是我国长期扶贫工作得出的宝贵经验。作为唯一能够达到最底层、最偏远、最落后地区的民生教育，我国职业教育每年接收数百万贫困家庭的学生，为他们提供职业技能的教育培训，帮助他们实现有效就业、体面就业。研究显示，在贫困人口中实施职业教育，可解决34.21%的致贫原因，使贫困人口获得就业能力和工作机遇。截至2018年，脱贫攻坚已经到了攻坚阶段，要以更大的决心、更明确的思路、更精准的举措、超常规的力度，实现脱贫攻坚目标，才能不落下一个贫困地区、一个薄弱学校、一个贫困学生。

一、以人为本，精准识别

在中共十九大会议上，习近平总书记强调："让贫困人口和贫困地区同全国一道进入全面小康社会，是我们党的庄严承诺。要动员全党全国全社会力量，坚持精准扶贫、精准脱贫，坚持中央统筹省负总责市县抓落实的工作机制，强化党政一把手负总责的责任制，坚持大扶贫格局，注重扶贫同扶志、扶智相结合，深入实施东西部扶贫协作，重点攻克深度贫困地区脱贫任务，确保到2020年，我国现行标准下农村贫困人口实现脱贫，贫困县全部摘帽，解决区域性整体贫困，做到脱真贫、真脱贫。"将脱贫攻坚作为决胜全面小康三大攻坚战之一，摆到治国理政的重要位置。扶贫开发贵在识别，重在精准，落在实处。精准识别出需要帮扶的对象，识别施策所对应的扶贫对象，精准落在实处见成效；因此，我们要努力识别和解决"扶持谁、怎么扶、谁来扶"三个问题。

1. 扶持谁——扶持精准扶贫对象

一是做好顶层设计。好的顶层设计好比建筑的地基，只有地基打稳了，才能顺着地基网上建筑高楼大厦。所有的政策和制度都需要在顶层设计的大背景和指导下有序进行。二是取消村民评议制度，改为自愿申报，专业机构核准制度。建立一个建档立卡贫困户申报平台，将申报条件及申报流程印成小册子分发至千家万户，申报人根据申报条件，按照申报流程自行在网络上填写本人家庭的人口信息、住房、收入、生产生活现状、就医、子女就学等情况，提交后不能自行更改，并在指定日期内到乡（镇）人民政府现场确认，并签订诚信承诺书。三是是彻底取消规模控制，要严格按照贫困户的标准，一个村有几户符合贫困户标准的，就建档立卡几户；一户都没有的，则一户都不能建档立卡。

2. 怎么扶——扶持精准扶贫项目

将扶贫工作从单方"输血"转变为互动"生血"，形成"帮助一个家庭、一个孩子，学得一门专长"的扶贫模式。一是实施建档立卡贫困家庭学生全覆盖，以建档立卡贫困家庭受教育子女为重点，实施三覆盖政策，确保贫困家庭子女受教育权利，确保不让一名建档立卡贫困家庭学生因家庭经济困难而辍学。二是实施建档立卡贫困家庭子女就学资助全覆盖。全面落实学生资助政策，继续完善家庭经济困难学生资助体系，把各项资助政策精准到人，保障建档立卡贫困家庭子女就学，从制度上消除因贫失学辍学现象。三是实施现代职业教育推进计划全覆盖。加快中等职业学校基础能力建设，积极发挥职业教育带动脱贫作用，鼓励建档立卡贫困家庭初中毕业生到中等职业学校就读，掌握实用技能脱贫致富。为深度贫困家庭学生就读职业学校开辟招生绿色通道，优先招生，优先选择专业，优先安排订单定向培训班或企业冠名班，优先推荐就业。

3. 谁来扶——优选精准扶贫干部

扶贫靠制度，而扶贫干部是制度的执行者，因此，我们应该更加注重选择具有综合素质的干部和适用的专业人才。一是精准识别能干事、肯干事的扶贫干部。扶贫是一项任重道远的工作，需要扶贫干部具备真正为人民服务的决心和能力，在面对黑白是非和诱惑的时候保持为人民服务的决心。二是扶贫干部要真正做到"六个精准"，多干实事，不要成为所谓的"填报"干部，应该撸起袖子、迈开步子，走到群众中去，深入了解每一位管辖居民的实际情况，认真比对政策发现、识别、筛选需要帮扶的对象，将政策落到实处。三是反对形式主义，切实转变作风，优秀的基层干部从文山会海里解放出来，把精力放到需要所做的事情中去。

二、确定目标，全力发力

2016年9月，习近平总书记在北京市八一学校同教师、学生代表座谈时指出："要推进教育精准扶贫，重点帮助贫困人口子女接受教育，阻断贫困代际传递，让每一个孩子都对自己有信心、对未来有希望"。习总书记的这个指示，为教育扶贫指明了方向。一是宣传到位。在具体工作中，想要扶贫取得切实成果，宣传到位是必不可少的环节。教师要入户张贴必要的宣传材料，向家长解释国家的教育资助政策和他们应该享受的教育资助金额，帮助他们申请应有的资助。包括寄宿生生活补助、雨露计划、国家助学金、生源地信用助学贷款、特殊群体学生就学资助等。教育资助项目繁多，有国家资助的，也有校内减免的，教师要针对家庭实际情况进行宣传，这样才能有的放矢，才能真正让家长知晓。二是填写到位。扶贫手册和教育扶贫手册的填写是扶贫工作的重要载体，也是扶贫检查的必查项，应根据学生实际受资助的情况如实填写在帮扶措施和帮扶成效里，尤其是要将时间节点和资助金额填写清楚。两册填写到位，既方便了建档立卡家庭所有成员随时随地了解资助情况，又可以让检查组人员核实建档立卡家庭资助全过程。三是帮扶到位。教育扶贫的主阵地是学校，抓好教育，让贫困家庭学生都能接受公平有质量的教育，学会一技之长，才是扶贫开发的根本大计，才是阻断贫困代际传递的良药。

三、对症职教、精准落地

以往的教育扶贫主要针对区域性教育薄弱、广泛的贫困人口，采取大水漫灌的方式，因此，存在周期长、见效少、持续短等不足，而职教精准扶贫就是让贫困家庭具有劳动能力的成员掌握"一技之长"，能够实现顺利就业、稳定就业和体面劳动，达到"教育（培训）一人，就业一个，脱贫一家"的精准效果。一是精准设置专业。瞄准地方主导产业、优势产业，推进职业教育供给侧结构性改革，办好一批"社会有需求、办学有质量、就业有保障"的特色专业，建立与地方经济发展高度耦合的专业体系。通过专业对接产业，着力推动贫困地区特色产业的发展和生态产业发展，促进产教联合扶贫。二是精准培养技能。根据地方产业发展需要，建立适合贫困对象需求的多元化职业教育制度，推行校企融合、靶向培养、流动课堂等教育与培训模式，开展市场急需的技术技能培训与鉴定，让贫困家庭学生"进得来，学得好，留得住"，能够带着技术进市场、谋就业。三是精准服务就业。建立"一对一""多对一"等精准推送就业服务机制，开展职业指导与创业教育，挖掘适合性就业岗位，优先推荐和帮助贫困家庭毕业生就业创业，扶持贫困人口增加就业发展机会和提高劳动收入，推进"技能富民、就业安民"。

四、检验成效，科学考核

衡量工作的主要标准是扶贫成效，要注重实行结果导向的评价标准，注重扶贫的效果和扶贫的工作实绩，确保对口帮扶单位不脱贫不脱钩，换人不换棒。在实施扶贫工作的过程中，鼓励创新、探索和超越，比较起点与终点，综合考虑成本效益，注重进步和发展。实施统筹联动考核，全民脱贫与教育脱贫挂钩，做到同步规划、同步验收。实行第三方专业考核评价，将事实数据和事实予以公示，评价结果真实客观。最大化地发挥评价导向作用，以评促改，奖优罚劣，严肃责任追究。

职业教育扶贫是一项长期的重大工程，涉及的地域之广，人数之多，是无法描述的，因此，我们需要充分看到这项工作的长期性和复杂性，发挥好政府、社会、高校、科研机构、媒体、企业的作用，统筹教育部门和其他行政部门，然后，才能够将"教育脱贫攻坚'十三五'规划"的重要任务完成；循序渐进，积极进取，实事求是，让扶贫成效经得起时间的考验和实践的检验。

基于"校企合作"的中等职业教育"双师型"教师培养研究

——邹茶云

随着我国工商业的迅猛发展和技能型人才的社会需求不断扩大,企业对技能型人才的综合素质要求逐步提高,这对我国较为落后的中等职业教育形成了巨大冲击。师资队伍建设是优化教学质量的核心问题,而"双师型"教师培养是师资队伍建设的核心,是改善中等职业教育人才培养质量的重要途径。

一、中等职业教育"双师型"教师队伍建设模式的现状

1. 专兼结合模式

中等职业学校从企业聘请专业基础扎实且实践经验丰富的专业人才担任兼职老师,除承担部分专业理论教学和指导实践性教学外,还参与人才培养方案制订及专业课程建设与改革,以弥补中等职业学校实践教学能力的不足。

2. 双向兼职模式

较专兼结合模式而言,双向兼职模式是更深层的校企资源共享方式。企业人才助阵中等职业教育师资队伍建设的同时,优异专任教师依靠企业兼职,为企业供给技术创新思绪,优化本身工程实践技能,增进优异专任教师向"双师型"转化。

3. 实践培养模式

依靠校企互助平台,依据企业生产环境和中等职业教育专业需要,挑选老师到企业介入车间生产及技能改良,积攒企业生产履历,优化实践操作能力,解析理论与实践相脱离问题,圆满完成一般老师向"双师型"教师的转化。

4. 研发服务模式

中等职业学校与企业以科学研究和技术开发为结合点,以企业生产技术攻关和新产品研发与规划为导向,以横向课题为首要情势,充分发挥中等职业教育教师较强的科研技能,在为企业供给技术服务的同时,强化教师工程实践技能的新一代师资培养渠道。

二、中等职业教育"双师型"教师队伍建设模式的问题

近年来,各个中等职业学校均在不停探寻"双师型"教师队伍建设的有效方法,虽然已取得一些效果,但在教师培养机制上仍存在一些问题。

1. 队伍建设方式机械

由"双师型"教师队伍建设模式近况解析中可以看出,各中等职业学校采纳的首要方法是外部引进和内部培养相结合的体例,在校企文化融会方面与预期方针相差甚远,并且外部引进体例也仅停留在相关企业或科研单位中,优异兼职老师引进比例较低,可以承担的讲

授工作极为有限。

2. 激励机制效果一般

目前，国内中等职业学校均以学术事迹作为老师审核和职称评聘的首要条件，造成了老师重学术轻技术的不良近况；然后，中等职业学校在"双师型"教师的审核与解析方面，没有详细可行的优惠政策，表现不出任何亮点；致使老师介入实践技术磨炼的积极性始终不高。

3. 师资培养体系不全

目前，我国师资培养机构大多面向理论讲授，针对各个中等职业学校"双师型"教师的培养仍未起步，"双师型"教师培养过程，只能依靠校企互助平台，而我国的校企互助仍处于初级阶段，正因为如此，师资队伍建设远远落后于高技能人才培养的需求。另外，在"双师型"教师资格认证方面，缺乏统一而权威的认证制度，难以进行规范化操作和管理，在一定程度上也抑制了"双师型"教师队伍的建设。

三、基于"校企合作"的中等职业学校"双师型"教师培养研究

依靠以上解析可知，在"双师型"教师队伍建设中，应注意以下4个方面：第一，在构建校企互助平台时，要做到在行业中或区域经济发展中较为领先的企业互助；第二，由于各个中等职业学校办学范围的扩展与专业老师紧缺的矛盾加剧，因此，在充分利用假期及课余时间的同时，应择优挑选教师轮流到合作企业挂职深造；第三，启动激励机制，政策上倾向于"双师型"教师，制度上改善"双师型"教师资格评定及管理方法，充分调动专任老师向"双师型"转化的积极性；第四，各个中等职业学校必须建立服务意识，竭尽全力为企业供给技术服务，真正做到各个中等职业学校培养人才和企业寻求成长的获利共赢，校企互助，不断深化推动力，方能获得保障。

"双师型"教师是一个发散性概念，它随着时代的发展而赋予中等职业教师新的含义，即对中等职业学校教师设定一定的界限，其本质是教师要有双重能力，即教学能力和生产实践能力。拓宽建设"双师型"教师队伍和完善校企合作，应该在以下5方面加以解决。一是拓宽教师来源渠道，实施校企双向兼职。通过生产实践，企业专业技术精炼人员与学校理论知识丰富的教师分别到对方行业兼职，实行"走出去，请进来"的教学方法，将理论知识与生产实践融合。二是构建校本培训模式。校本培训是要建设一支合格的中等职业学校"双师型"教师队伍。校本培训既要有总体目标，又要有具体目标。在培训时，要考虑不同教师的不同需求。校本培训要体现教师、学校和国家的发展需要，培训内容要实用多样。通过校本培训的实践，探索出一套培养目标明确、培训层次分明、时间长短结合、校内校外互补、"理、实"共同提高的校本培训模式。三是完善激励机制。中等职业学校的建设分为软、硬件建设，其中，软件建设主要指的是教师队伍建设。教师队伍建设是学校建设的核心，而"双师型"教师队伍建设则是教师队伍建设中的重中之重。建立有利于"双师型"教师成长的激励机制，鼓励教师成长为"双师型"教师。四是深化校企合作。校企合作要真正互动起来。开拓校企合作渠道关键在于学校，学校应当转变高高在上的观念，放下架子，树立为企业服务的思想。以校企合作为突破口，改革教学内容、教学方法，促进"双

师型"教师队伍建设的发展,实现学生在"理、实"两方面的提升,为就业打下坚实的基础。五是完善兼职教师队伍管理。黄尧司长在《努力造就一支高素质的职教师资队伍》的报告中指出:"学校可招聘社会英才担任专兼职教师,增加'双师型'比例"。聘请社会英才担任兼职教师,也是建设"双师型"师资队伍的一个途径。

总之,随着现代化建设的迅猛发展,人才需求的日益增加,"双师型"教师的知识及职业技能要求也不断提高,因此,我们应该采取多种渠道、多种形式来培养真正意义上的"双师型"教师;同时,深化实践教学的改革,提高教学质量,提升办学水平,为社会经济和社会发展服务,为企业生产培养既有理论基础又有实践动手能力的技能型和应用型人才。

广西农产品电商品牌化的探索与实践
——冷玉芳　　李翔

一、综述

广西的甘蔗、蔬菜、水果、肉类、水产品、蚕茧、木材等大宗农产品产量居全国前列，但农业品牌化程度低，综合竞争力弱。目前，广西农产品很难"走出去"，在一线城市出现的广西农产品需要贴海南、广州的地域标签才能卖出更好的价格。这种现象产生的根本原因是由于广西农产品没有自己的强势品牌，也没有建立良好的诚信机制。笔者认为，广西由于受到物流和互联网基础设施发展水平低、电子商务人才体系发展滞后、社会观念相对保守等因素的制约，若要在这个基础上推动农产品电商品牌化，应该采取符合广西实际的步骤与方法，即通过一个品牌的塑造形成品牌化流程，实现更多的农产品电商品牌化。

二、广西农产品发展概况

为了解决农产品难卖问题，促进农民持续增收，广西各级政府正从网络和物流基础设施建设、知名电子商务平台引进、电商人才培养、金融政策扶持等多个方面推动广西的农产品电商发展。随着经济新常态的持续，为了进一步优化农业产业结构，走第一、第二、第三产业融合的道路，可以预见政府对农产品电商发展的支持力度将不断加大。截至2015年，在自治区人民政府的协调下，阿里巴巴、淘宝网、京东商城"广西特产馆"上线运行。自治区商务厅启动实施"广西电子商务进万村"工程，建设广西农村电子商务综合服务平台、农村电子商务服务点和配送服务中心。据自治区农业厅透漏，广西已有少部分农业重点龙头企业通过自有公司网站开展B2B电子商务模式，建立自己的品牌。另外，据笔者调研，在淘宝网、京东商城、阿里巴巴三大电商门户网站，广西区内也有零星的农产品生产企业或农业经纪人开展了C2B模式的电子商务交易，但数量极少。从总体上看，广西农产品电商品牌化还处于初级阶段。

三、广西农产品电商品牌化的制约因素

1. 物质基础薄弱

广西鲜活农产品配送能力薄弱，鲜活农产品预处理加工设施、冷链物流、冷冻仓库建设严重滞后，农产品加工能力严重不足，目前，农产品加工仍处于初级阶段，全区农产品中经过初级加工的仅占50%，经过精深加工的仅占20%。互联网基础设施建设滞后，目前，仍在加紧推动农村地区户户通网络工程，而部分地区由于相对偏远，网络初装和维护成本较高，电信运营商尚未对其开通网络服务。

2. 软环境建设滞后

软环境建设滞后主要表现在以下几个方面：生产者观念转变受到现实因素制约；电商消

费受到经济发展水平制约；农产品质量安全体系不完善；社会信用体系建设有待加强；政府推动电商发展受到自身能力限制；农村金融服务体系发展滞后。

3. 人才缺口明显

农产品电商品牌化，离不开生产环节的职业农民、交易环节的职业经纪人和配送环节的专业物流人才，但目前，广西在这三个方面的人才缺口都很大。现代职业农民有待培育，职业经纪人市场不完善，专业的物流人才基本空白。

四、农产品品牌化实践

2016 年，笔者与广西一些知名企业的负责人合作成立八桂助农天使团，秉承"合作共赢、团结互助、诚信经营、公益助农"的运作理念，快速推动项目前进，集聚各方面优秀人才，群策群力，通过标准化的品牌打造思路，将广西的地理标志性农产品进行品牌包装并推向市场。本团队得到湖南人社厅创业指导专家（赋格智库、湖南背包客、湖南梦想公社农业孵化器、湖南火柴科技创始人盛科老师）的精心指导，正在开展一系列广西农产品品牌的塑造过程，将打造一系列强势的农产品品牌，为广西的农产品上行之路提供标准化可借鉴的品牌化运作样板。目前，本团队已成功打造"芒小二"品牌芒果，产地为广西百色，有台农、桂七等品种。"芒小二"品牌的塑造，完善了农产品品牌化的打造流程。

1. 确定品牌名称

农产品电商的开端就是拥有一个互联网品牌，目前流行的品牌命名法即把一些词语的字更换成商品，比如"你好芒""芒哒哒"等，笔者团队最终把品牌确定为"芒小二"。品牌名称固然重要，但更重要的是赋予品牌一个故事，只有故事的传播才能给大众留下深刻印象。

2. 营销推广

本项目的营销推广渠道为"社群+传统电商+众筹+微商"。前期，通过社群预热招募代理；后期，进入各大电商平台销售。

社群：与国内各大社群合作，参与社群数达 1 000 个。当前是社群经济时代，一个在群里有话语权的成员，仅发表一句话便能得到群里其他成员的响应。

传统电商：进驻的电商平台包含：萌店、淘宝网、天猫商城等，主要由项目组成员自身资源为主；同时，通过招募分销的方式，进行一件代发操作。传统电商对整个品牌营销的效果虽然不明显，但却是品牌建设的基础，因为大多数消费者会通过传统电商渠道搜索目标产品并进行比价。

众筹：本次选择的战略合作伙伴是京东众筹平台。众筹的方式可以为产品开设预售，预售可以监控市场对产品的认可程度，还可以根据预售不断完善产品信息。

微商：微商渠道为重点渠道。在资源整合的同时，采用分销代理的方式，使销售渠道快速扩张。现有的微商运营模式一般有两种：直营模式和代理模式。

如禾葡兰、兰希黎等采用了直营模式，大量加粉，然后招聘大量客服人员，对他们进行专业的培训，让客服人员直接面对客户，这种模式的好处在于可控性强，坏处则在于需要大量的客服人员，人员成本太高，不利于快速扩大团队，做大市场；而思埠、韩束等则采用了代理模式，发展代理体系可以快速打开市场，人员成本极低，而且还可以快速回笼大量资金。

"芒小二"项目为节约资金和有效整合资源，采用代理模式。招代理主要通过社群的方式实现，同时，将分为四个阶段：代理招募、代理级别体系确认、代理培训、代理激励政策的实施。

第一阶段：代理招募

由于八桂助农天使团成员有着庞大的微信运营团队，只需要在朋友圈发布一个招募信息，即可招到很多代理。笔者团队通过H5发表代理信息，获取代理分销商，直接招募到300名代理。

第二阶段：代理级别体系确认

代理级别分为两级：特别代理与普通代理。特别代理的条件为一次性拿货500件，即得到7折购入产品；普通代理无门槛，可以以9折的价格购入产品。供货方承担物流配送与统一售后。

第三阶段：代理培训

笔者团队的代理培训使用的是微群培训方式，即将所有代理分级别组建微群，由培训师进行答疑形式的培训，并且定期在培训群公布成员的销售成果，这种方式能够激励群里的成员。

第四阶段：代理激励

根据代理的销量评选出不同的激励级别，分别获得不同的奖励，目前，"芒小二"品牌设置三种奖励级别：销售冠军奖、最具创意销售奖、最具优势团队奖。

利用以上营销推广方式，"芒小二"芒果最终销量为10 000件左右，品牌已经走出广西，在自治区外享有一定知名度。

五、结束语

从实践情况来看，广西的农产品电商必须品牌化，否则将找不到出路；而品牌化的过程必须要遵循目前电商运营的特点，不断整合传统电商、社群、众筹、微商等模式进行营销推广。笔者团队完成"芒小二"品牌建立之后，利用以上模式完成了沃柑"阿柑鲜生"的品牌塑造、红糯米甜酒"慕蓉仁家"的品牌塑造，不同的农产品品牌化过程可以吸纳不同的人抱团进行营销推广，借用更多的力量推广新的农业品牌。

"互联网+"环境下农产品上行方法的研究与实践培养研究

——冷玉芳

近 20 年来我国电商,经历了图书、服装、3C 三大电商热潮,目前,已进入第四个电商热潮,即农产品电商时期。近几年中央一号文件都明确指出大力发展农业电商,笔者经过多年的农产品电商实践,总结了电商大背景下农产品上行的方法,一共分为五个步骤,分别是团队建设、选品、品牌塑造、营销推广、供应链管理。前三个步骤为上行基础,营销推广为上行的重点,供应链管理则是上行的痛点与最终保障。

一、团队建设

团队是电商的根本,单靠一个人的电商做不起来或者做不长远,抱团是当今电商的特点。一个企业的发展壮大,单凭自身的力量远远不够,合作、兼并、联合是一条捷径。当前,国内一些出名企业也相继抱团:美团与大众点评合并,开启"互联网+餐饮"的新格局;戴尔以 670 亿美元的价格收购 EMC,成为科技界五年来最高纪录;阿里巴巴发出全面收购优酷土豆集团邀约。除此之外,京东、腾讯达成战略合作,取名为"京腾计划",即将搭建"品商"生意平台向品牌商提供"多维场景""精准画像""品质体验"的整套解决方案,让品牌商能够以此方案建立品牌形象、提升营销效果和顾客体验感。

通过以上案例我们可以看出,抱团取暖已经是大势所趋。合作或收购对有规模的企业来说将是另一个发展壮大的机遇,同时,也给了其战斗下去的新动力。小企业或者创业者呢?大多数的创业者在没有原始积累的情况下如何抱团呢?笔者给出建议:人数不要多,合适就好。一个电商运营团队需要的能力有摄影、美工、运营、推广、客服、物流。六种能力并不一定由六个人实现,可以一个人拥有多种能力或者一种类型的工作由多人共同完成,甚至可以把其中一些不专业的能力外包。企业的初创阶段不需要面面俱到,有一些志同道合的合作伙伴即可。

二、选品

第一个步骤是完成团队的建立,第二个步骤是选品,选品可以从 6 个方面考虑。

1. 用户认知度较高

用户对于产品本身已经形成了较高的认知。比如,一提到五常大米,大家都知道五常的土壤、水源、光照保证了五常产出的每一粒大米的好品质,再加上五常大米地域品牌的背书已经深入人心,消费者几乎不存在对五常大米认知的盲区。再比如,广西百色的芒果就是一个地域性的品牌。如果跳出来五常芒果,那么消费者肯定不买账,会认为是山寨的。所以初始阶段选一些有地域标识的农产品为好。具有地域特色的产品,一方面,由于其他地方没有，对于电商的运营者来说，就掌握了主导权，品牌故事等由我们决定；另一方面，由于产品具有独一无二的特性，在定价方面占有主导权，消费者对于价格也不是特别敏感，这在一定程度上能够提高客单价，增加利润。

2. 行业行情趋势

业内有句话："站在风口上，猪也飞得起来"，如果做电商（特别是农产品电商），则必须顺应趋势，因此，选品时，需要通过数据分析判断产品趋势，包括销量趋势、价格趋势、购买人群趋势等。前两年炒得很热的火龙果，随着大面积种植，这两年大多数火龙果卖家不仅不赚钱，反而亏钱。做电商，盲目陷入价格竞争的时候，就基本很难走下去了。

3. 需求量的研究

做农产品要注意产品的市场容量，比如，若一个容器只能装500ml水，则多出的水就会自动溢出。我们在选品的时候应注意消费者的需求量。当然，消费者的需求量越大，对我们越有利，但需求量很小的时候，就不要想在鱼塘里抓到鱼，洪水里能够摸到鱼的前提是鱼塘里有足够多的鱼，摸鱼的人并不多。

4. 具有高附加值

做电商也需利润，没有利润的支撑，便没有底气做营销。比如，松茸这种产品，一方面，它的销售周期很短；另一方面，这个产品对生产环境有非常特殊的要求，且产量不高。类似这样的产品，天生就有高附加值。再比如，蜂蜜这种产品，现在在市面上，我们很难买到一瓶真蜂蜜，在一个信任严重缺失的品类里，做出好产品一定是有高附加值的。

5. 好货源是保障

有经验的农产品销售者发现，真正的好产品都在山里。比如，平武的蜂蜜，在原始环境下，排除人为做假，几乎可以说是全国最好的蜂蜜。在这个年代，真正的好产品太稀缺，所以，在货源的选择上，必须自己亲自看，亲自选，并向专业人士请教。

6. 卖家数据的分析

至少把电商平台上排名前五十的同行的店铺拿出来进行全面分析：什么样的产品最好卖，什么时间最好卖，知己知彼，方能百战不殆。任何成功的电商运营者，都是采用"模仿+微创新"模式的，当没有创新能力的时候，在不违背商业道德的前提下，可以尽量模仿。

三、品牌塑造

有了团队，选好农产品，第三步便是品牌的塑造，在此，笔者给出以下建议。

1. 确定品牌定位

品牌定位要以用户为基础，首先，要研究不同用户的需求，找出其中的差异和可以渗透的空隙，然后，在此基础之上规划项目。比如，农小二公司最初通过以上选品步骤确定第一款农产品做芒果，经过周密的用户画像和自身的优势，将其定位为百色芒果，为将来大卖进行了铺垫，因此，用户群体清晰，诉求清晰，是塑造品牌的第一步。

2. 根据市场特点确定品牌名称

品牌名称固然重要，但是并不是品牌塑造里最重要的一步，纵观叫得响的品牌名称都是需要后期运作的，因此，应根据市场特点确定品牌名称。比如，芒果，农小二的芒果叫"芒小二"，应对互联网取名字的特点，"芒小二"这个名称从字面上便可看出是卖芒果的，小二有服务的意识，也是农小二公司的特点，所以"芒小二"品牌推出后得到多方的认可。

3. 重视产品包装

产品 LOGO 及外部包装设计可以给人不一样的感觉，这些虽然只是产品的配套设施，但也是比较重要的。比如，要想在人群之中脱颖而出，一定要和大家穿得不一样，鹤立鸡群的广告效应是非常明显的。同是卖芒果，农小二以芒果为形，设计了活灵活现的 LOGO，而大多数水果市场上出售的芒果都是共用包装盒，无法突出特点。

4. 为品牌注入文化气息

饮食承载着文化，文化影响着饮食。农产品从田间地头到厨房餐桌，要想把产品卖得多、卖得贵、卖得持久，就一定要借助文化的力量使品牌增值，因此，挖掘、打造、提炼和传播与食品相关的文化价值成为创建品牌的必需。与农产品相关的文化资源包括：消费者认知、消费习惯和饮食习俗，比如食品概念、饮食习俗、口味方法，诸如南甜北咸，中辣西酸就是这种资源，还包括人文历史资源，比如产品传说和名人故事等。

5. 差异化的品牌推广策略

每一个结果都可以用不同的方法实现，可以另辟蹊径。在品牌名称定位等已经确定好的情况之下，需要考虑的下一步就是驱动产品，促使其爆发。一个产品要想在商业圈进行发展，需要依靠几种驱动力。第一种是媒体驱动，利用各种媒体将商品或者项目的定位传递出去，从这方面说，建议采用距离潜在用户比较近的方式为主导，然后以其他方式为辅助，始终围绕定位展开宣传。第二种驱动力是渠道驱动，农产品销售的网络渠道多种，每种都可是品牌塑造的渠道，线下也可将其作为品牌推广的渠道。

四、营销推广

有了品牌的知名度，关键就是将产品卖出去了，卖出农产品的模式很多，总结起来有四种，即消费者定制模式、农场直供模式、商家到消费者模式、商家到商家模式。

1. 消费者定制模式

消费者定制模式即 C2B/C2F 模式。农户根据客户的订单需求生产相应数量、品种的农产品，然后，再以家庭配送的方式将产品送至客户手中。消费者定制模式运作流程有四步：第一，农户的农业种植及饲养形成规模；第二，农户通过互联网平台发布农产品信息来招募会员；第三，会员预订产品，形成订单；第四，农户根据订单生产及配送。其主要盈利来源于会员费的收取，由于根据订单生产，经营风险较小，但是市场发展空间有限。消费者定制模式由于没有资金建立电商平台导致其规模将受到限制，大多数依靠第三方平台，比如淘宝店。单是这类模式也有明显优势，经营者绿色种植得到肯定，客户承担种植风险，种出来的成品照单全收。

2. 农场直供模式

农场直供模式即 F2C 模式，农户通过互联网平台直接将农产品卖给消费者。盈利主要来源于产品销售利润，F2C 模式的优势在于能快速建立消费者的信任感，但由于其受制于场地和非标准化生产的影响，因此，市场空间有限。比如，哈尔滨"康沛运"菜宅配服务，客户通过会员卡储值购买无农药化肥鲜菜，"康沛运"目前有三处蔬菜基地，冬季配送蔬菜以山东昌乐蔬菜基地为主，其他季节则从省农科院现代农业示范区及天顺生态农业种植基地选购和采摘蔬菜。

3. 商家到消费者模式

商家到消费者模式即 B2C 模式，是当前比较主流的模式。经纪人、批发商、零售商通过互联网平台将农产品销售给消费者。主要盈利来源于产品销售利润、平台入驻费用等，B2C 模式扮演了一个中介角色，无须承担压货的风险，但是对平台的流量和供应链要求高。目前，B2C 模式分为两类，一类是纯 B2C 模式；另一类是自有农场 B2C 模式。前者不种养，产品来自其他品牌商和农场，典型代表有本来生活、顺丰优选；后者亲自种养，产品大多数来自自己种养的成品，然后，再通过自建 B2C 直接出售给客户。

4. 商家到商家模式

商家到商家的模式即 B2B 模式，商家到农户或一级批发市场集中采购农产品然后分发配送给中小农产品经销商的行为。这类模式主要是为中小农产品批发或零售商提供便利，节省其采购和运输成本。盈利主要来源于产品采购批发差价利润。B2B 模式的优势在于能链接供应链上下游，发展空间大，但是对平台的流量、供应链、信息服务要求较高。

四种模式各有优劣，农产品电商选择哪一种模式来经营，基于其销售的是哪一种农产品，然后，再根据农产品的特点，如运输需求、产品保鲜需求等方面来选择适合的电商模式。对于农产品电商的发展而言，供应链、营销、产品、渠道、服务五方面都是至关重要的驱动力，不同模式的农产品电商可以选择不同的驱动力来作为核心竞争力。

五、供应链管理

卖出产品就会遇到供应链问题，供应链管理是农产品上行的痛点，赚钱亏钱主要就是看这一步了。如何开展供应链管理，可从下面两个方面选择，一是地头快递，农产品产出立刻发送快递到客户手中，这种方式需要发达的物流配送配合；二是借用云仓服务，统一把农产品运送到租借云仓，由云仓解决物流仓储问题，利用这种方式可以节省人力物力。

以上五个步骤即农产品上行的方法，环环相扣，作为初创企业一定在开始做电商前，就做好充分准备，否则事业壮大后很难维持下去。由于农产品电商处于初步发展阶段，在产品、包装、物流、服务等各环节都做好仍有一定难度，因此，总的来说，农产品电商只是个开端，它在电商企业发展的道路中任重而道远。

广西县域农村电商培训模式的探析与实践

——冷玉芳

近年来广西依托优势大力发展特色农业，形成了一批较好的特色优势农业产业。糖料蔗、桑蚕、木薯均居全国首位，其中，糖料蔗总产量占全国60%以上，桑蚕产茧量占全国产量的45%以上，木薯种植面积和产量均占全国产量的70%以上，是全国最大的生物质能源（乙醇酒精）基地。此外，广西的水果面积居全国第5位，是全国5个千万吨省（区）之一；茉莉花茶产量占全国产量的50%以上；蘑菇产量排全国首位；中草药资源种类占全国总数的1/3。广西还是全国重要的"南菜北运"蔬菜基地、全国最大的冬菜基地，是全国著名的"南珠"产地，畜禽水产品也在全国占有重要位置。广西农业电商近两年也得到了大力发展。

一、广西农村电商现状

根据《广西壮族自治区电子商务进农村三年规划（2015—2017）》（以下简称《规划》）的要求，到2015年，实现8个农村电子商务示范县建设，全区农村电子商务网络市场辐射能力达到约30%；到2016年，实现20个电子商务示范县建设，全区农村电子商务网络市场辐射能力达60%以上；到2017年，实现全区30个电子商务示范县建设，全区农村电子商务网络市场辐射能力达85%以上。广西的农业发展有良好的生产条件，秋冬菜、特色农产品等广受市场欢迎，但是，由于缺乏品牌产品与电商人才、部分村屯网络条件较差、一些乡村交通条件落后制约着广西农村电商的发展。为此，《规划》提出，广西将在14个地级市设立市级服务中心和仓储物流中心的主仓，在50个县行政单位设立子服务中心和分拨中心，在1万个行政村设立农村电子商务服务网点，形成覆盖全区的电子商务服务网络。

2016年以来，各电子商务示范县均在加强创建工作，强化农村电商人员队伍、物流配送体系、创业就业环境等基础建设，突破农业产业化、产品标准化、品牌化等电商发展制约瓶颈。尤其是横县先后引进了乐村淘、一亩田等大型农业电商企业。横县与阿里巴巴集团达成合作协议，实施"农村淘宝"项目，成为阿里巴巴集团农村淘宝项目在广西的首个示范县并筹建了横县电子商务产业园，让农民在家中以"零成本"实现农产品的推销，让农民"足不出户"，通过电子商务平台将农产品销售出去，真正享受到改革带来的实实在在的红利，但同时，也出现了"政府热人民冷"的现象，大多数人不懂应如何利用政府给出的便利条件，无法实现政府给出的目标，因此，培训成为解决这一瓶颈最好的办法。

各个电商示范县获得国家财政拨款两千万元，其中，有两百万元为电商培训费用，因此，各个示范县非常重视农村电商培训，积极开展电商培训，这些培训基本都外包给培训公司，因此，培训的方式和效果差异非常大。笔者参加过靖西市、横县、柳城县、巴马县等多个示范县的培训，巴马县和柳城县使用了阶梯式培训模式，取得了良好效果。

二、阶梯式农村电商培训模式探析

随着电子商务的不断发展，广西政府在国家政策的引领下考虑利用电商推动农特产品销售，并通过电商培训解决电商人才缺乏的痛点问题。中等职业学校电商师资团队携手培训企业、农业电商企业共同打造适合农民、城乡个体户的电商阶梯式实战培训，借助阶梯式培训模式，真正教会农民、个体户什么是电商，怎样玩电商，并培养出高级电商人才，领导农村电商的脱贫。下面以巴马农村电商培训为例分析此模式。

1. 阶梯式培训模式

阶梯式培训模式即将培训分为三个层次：初级、中级、高级。初级班学员通过实操学会并使用微商运营模式销售自有产品；中级班通过实操学会淘宝等平台的开店、运营及网络营销实用技巧；高级班通过实操学会农特产品品牌塑造。其中，中级班学员从初级班中选拔，高级班学员从中级班中选拔。阶梯式培训不仅可以打造出有能力带领其他农民、个体户开展电商的领袖，而且也保证了培训过的对象都能够开展简单的电子商务活动。

2. 培训模式实施

2016年，中等职业学校优秀电商教师组成专业培训队伍与专业培训企业、农业电商企业合作针对巴马农特产品进行调研制订网络销售策略；同时，也针对农民与个体户等培训对象具体情况进行调研制订培训策略，最终利用网络销售巴马农特产品为切入点打造"阶梯式培训模式"，利用实际产品做教学案例。每期培训班均切入学员实际案例，以电商手段解决实际问题为出发点进行培训。初级班由学员提供自有农特产品作为实操培训道具，培训讲师根据产品特性手把手指导农民、个体户利用手机开展微商活动，确保80%的学员能够学会并使用微商的营销手段；中级班指导学员利用"手机+电脑"学会简单的网络营销并且建立个人或企业淘宝店铺，进行运营管理；高级班带领学员分组对既定的农特产品进行分析、重组，通过各种推广手段完成品牌塑造，并完成品牌注册，具体做法如下。

（1）制订培训计划。培训前先制订培训计划，组成调研团队对培训点进行调研，调研通过访谈法完成。分析50个样本，对培训对象进行调研，了解培训对象的年龄、知识结构、对电商的认识、电商水平、利用电商工具的决心等方面。培训通过调研形成调研报告，根据报告梳理适合培训对象的培训计划。培训对象可分为两种，一种是年纪比较大，动手能力比较差，一种是年纪较轻的（包括当地的职业学校学生、农村青年等）。这部分的培训对象，动手能力比较强，针对前一种，只需要参加初级培训班，了解什么是电商，开展电商的途径，如果需要开展电商能够得到对应电商人才的辅助；对于后一种，则重点培养为电商人才，通过初、中、高级培训。单是调研分班并不能准确分开不同的人群，因此所有培训对象均参加初级班的培训，经过考核与自愿原则进入中级班，中级班经过考核进入高级班，高级班重点培养电商领袖。

（2）初级班培训。

①培训的主要内容。电子商务概论——电子商务概念，电子商务的运用范围，电子商务法律法规，电子商务经典案例，电子商务工作流介绍；网络购物——淘宝网、京东商城账号注册，购买商品、支付工具简介、物流简介，网络购物安全知识的普及；淘宝网基础知识培

训——熟练掌握开店、上架产品、简单店面装修、客服沟通等基础工具及技能的使用；淘宝网运营知识培训——熟练掌握市场数据分析、竞争环境分析、自然搜索排名分析、店铺分析等知识点，了解淘宝网的各项营销情况，实施运营管理；微营销实践——认识微营销的七种方式，重点掌握微信的使用和微信朋友圈的推广（视具体情况开展微店实践）。

②培训效果预估。网络购物的培训，让学员直观地了解电子商务；真实完成购物环节，让学员不仅拥有购物账号，还能了解购物流程，也学会了使用支付工具。网络购物安全知识的普及，可以消除学员对网络购物的担心。电子商务概论的培训，让学员了解电子商务概念，了解电子商务的运用范围，了解电子商务相关法律法规，熟悉1~3个电子商务经典案例，熟悉电子商务涉及的工作流。掌握淘宝网店铺运营的实战操作技能，能够更有效地提升对店铺的运营能力，了解更广的流量入口和操作技巧，在降低运营成本的同时，提升店铺曝光度。掌握成熟的客服手段，提升店铺的整体客服服务水平，更加有效地提升销量转化率，并且有效合理地规避风险，能够使店铺更加快速健康的发展成长。掌握最前沿的电商行业讯息，了解淘宝网、微商务的新趋势，能够及时地改变运营方向以及推广方式，轻松地获取更高的曝光率。增强团队协作能力，统一运营方向和思路，整合资源，做到企业劳动力的合理替补。

③课程安排（见表1）。

表1 电商运营初级班课程表

电商运营初级班（两天一夜共计17课时）		
时间	课时数量	课程内容
第一天 9：00—10：00	1课时	电子商务概念，电子商务的运用范围，电子商务法律法规，电子商务经典案例，电子商务工作流介绍
第一天 10：00—12：00	2课时	网络购物、支付工具简介，物流简介，网络购物安全知识普及，淘宝网开店实操
第一天 14：00—18：00	4课时	产品上架实操、自然搜索权重分析、产品卖点打造、客服话术打造，淘宝网运营实操
第一天 19：30—21：30	3课时	农产品品牌塑造案例分析
第二天 9：00—12：00	3课时	微营销七种方式的介绍与简单运用
第二天 14：00—17：00	3课时	微信介绍、微信朋友圈营销方法、产品细节转化提升，微信朋友圈营销实操
第二天 17：00—18：00	1课时	学员考核

(3) 中级班培训。

①培训的主要内容。自媒体营销——分析自媒体种类与特点、分析自媒体营销案例、自媒体营销实操；社群营销——分析社群营销案例、建立社群、社群营销实操；淘宝推广——分析淘宝网的推广方法与特点、淘宝网推广实操；微商运作——分析微商案例、微商运作实操。

②培训的效果。通过自媒体营销的培训，学员可以了解自媒体的种类与特点，并且能够独立运用自媒体工具对农产品进行营销；通过社群营销的培训，学员可以了解建立社群的方法，熟悉社群营销的方法，并且能够独立运用社群工具对农产品进行营销；通过淘宝网的推广实践，学员可以具有淘宝网的推广能力，不仅能成功开好淘宝店铺，而且也能学会在淘宝网推广中需要的技能，推动学员真实地卖出商品，体验成功的喜悦；通过微商运作实践，学员可以学会如何做微商，能够利用多种软件完成微商实操；通过两天一夜的培训，学员可以对电子商务的平台有深刻了解，并且能掌握两种以上电子商务平台的推广，最重要的是能够运用所学技能，真正开展营销推广。

③课程安排（见表2）。

表2 农村电商培训中级班课程表

农村电商培训中级班（两天一夜共计17课时）		
时间	课时数量	课程内容
第一天 9：00—12：00	3课时	分析自媒体种类与特点、分析自媒体营销案例、自媒体营销实操
第一天 14：00—18：00	4课时	分析社群营销案例、建立社群、社群营销实操
第一天 19：30—21：30	3课时	分析淘宝网推广方法与特点、淘宝网推广实操
第二天 9：00—12：00	3课时	淘宝网推广实操
第二天 14：00—17：00	3课时	分析微商案例、微商运作实操
第二天 17：00—18：00	1课时	学员考核

(4) 高级班培训。

①培训的主要内容。电商农产品的选品标准与技巧；农产品品牌定位与品牌策划；农产品线上与线下的推广方法；应如何提高农产品附加值。

②培训的效果。电商农产品的选品标准与技巧的培训，让学员了解如何选定农产品。通

过农产品品牌定位与品牌策划实践，学员可以具备农产品品牌策划的基本能力；通过农产品推广线上与线下推广方法实践，学员可以具备推广农产品的能力；通过农产品如何提高附加值的培训，学员可以学会以增加附加值的方式弥补农产品销售的缺点；通过两天一夜的培训，让学员完成一个农产品品牌塑造的案例；通过真实的操作指导，学员可以真正开展一次专业的电子商务运作。

③课程安排（见表3）。

表3　电商运营高级班课程表

电商运营高级班（两天一夜共计17课时）		
时间	课时数量	课程内容
第一天 9：00—12：00	3课时	电商农产品的选品标准与技巧
第一天 14：00—18：00	4课时	农产品品牌定位与品牌策划
第一天 19：30—21：30	3课时	农产品推广 （线上与线下推广方法）
第二天 9：00—12：00	3课时	农产品渠道选择 农产品如何提高附加值
第二天 14：00—18：00	4课时	演练

三、培训成果分析

阶梯式培训，不仅在当地普及了电子商务的知识和技术，也培养出了当地的电商领袖，实现让一部分人先富起来，带动其他力量致富。巴马县的农村电商培训分为25期，每期面对面培训时间为2.5天（面对面培训结束后继续长期指导），一共培训了1 500人次，其中初级班1 000人次，中级班400人次，高级班100人次，目前已经带动300多人开展电商运营。经过半年的运营，打造了不同的电商成果。

四、阶梯式培训后续发展

利用当地农特产品为培训案例，切实教会农民开展电商活动，并建立社群开展长期电商辅导工作，不断解决农民在开展电商活动过程中遇到的困难，建立的社群很好地完成了电商团队的组织，活跃性非常高，各个群内的学员积极讨论电商活动与分享成果。阶梯式培训模式适合对农村电商人才的培养，但是由于农村人口构成非常复杂，培训开展也比较复杂，则很难按照计划完全开展；因此，不仅需要当地政府的支持，还需要承接培训的企业、教师继续完成后续服务，笔者所在的团队通过微信群、QQ 群继续完成后续工作，不断指导已经开展电商的学员实现电商致富的道路。

中等职业教育市场营销教学中网络互动教学模式的运用探讨

——邹茶云

在传统中等职业教育市场营销教学的过程中,教师往往由于过分重视理论知识的讲授而忽视学生实践能力的提升,从而导致市场营销课程的实际教学效果大打折扣。在高速发展的信息化时代,教师完全可以借用网络的便利,通过网络和计算机技术来改变传统的教学模式,将学生作为课堂主体,提高其学习积极性,真正落实学生实践能力的培养。

一、网络互动教学模式的界定

网络互动教学模式有别于传统课堂授课上,学生被动接受的形式,能够让学生主动参与进来,提高其学习积极性,并且打破了以往的"填鸭式"硬性教学方式,转换在传统教学上以教师为主导的师生关系,让学生成为课堂教学的主体,而教师则是在教学活动中督促、引导学生的学习,并使教师和学生之间建立起一个多方位、多层次的交互过程;同时,网络互动教学模式是指在计算机网络平台的基础上,并在多媒体技术和网络技术创造的良好网络氛围下进行学习,即在教师的帮助和指导下,学生能够自主地利用互联网平台、多媒体、计算机等方式主动地进行交流与合作,最大限度地超越了时间和空间的限制,有利于学生激发学习兴趣,体验学习过程和学习氛围,并感受到学习乐趣。网络互动教学模式可以利用投影、计算机、录像等多媒体将平面的语言文字内容具体化,形象化,使图、像、文、声并茂,将传统单调、枯燥的讲授式学习变得富有趣味性,有利于减少学生的感官疲劳,提高其听课效果,让学生能够更加直观地了解课堂所学内容,利用电子课件、视频等所展示的画面引导学生思考和观察,有助于学生形象思维的培养和生活经验的积累。网络互动教学模式巧妙地将网络教学模式与传统课堂教学模式二者相结合,充分发挥其优势,使其取长补短,相得益彰,形成一种符合时代要求的新型优秀教学模式。

二、中等职业教育市场营销教学中网络互动教学模式的建构

1. 从学生的角度

通过利用互联网的便利,学生能够充分利用各种资源来学习市场营销专业课程,并以多种形式参与到市场营销教学的活动当中,从而养成主动参与、主动探索、主动思考的习惯并主动付诸实践,同时,教师还可以为学生布置相关的课题作业,让学生对市场营销进行模拟操作,最后将此次操作的过程、结果及心得体会整合成实训报告,以文件的形式发送给老师。从而让市场营销教学模式的构建发挥真正作用。学生也可以通过网络共享享受广泛的信息资源,根据自己的学习水平能动地选择适合自己的学习方式和方法,能够更好地掌握这门技能。中等职业教育市场营销教学网络互动教学模式的构建,有利于帮助学生在遇到问题时

可以随时随地通过网络向老师求助。学生之间也可以互相帮助，共同学习，以便提高对市场营销相关知识的掌握与对技能的运用。

2. 从教师的角度

由于中等职业教育市场营销教学网络互动教学模式是建立于互联网的基础之上的新型教学模式，不再以教师为中心，而是更多地强调教师对学生的引导作用，因此，其加强了学生学习主体的地位，进而增强教师与学生之间的沟通与交流；同时，教师可以通过网络来搜索更多的关于市场营销教学的资料和信息，丰富教学内容，再通过多媒体技术来播放视频、动画等，为其课堂教学增加活力，进而活跃课堂学习气氛，提高学生听课效果，以达到改进和优化教学方式的目的，并且拉近学生与教师之间的距离，充分激发学生学习的主动性与参与性，带动其学习热情。

3. 从学校的角度

学校可以开发设立一个网上评价教师的平台机制。中等职业教育市场营销教学网络互动教学模式还不完善，需要参考多数人的建议，而学生则作为主要的受教育群体，其建议更为真实可信，所以，学生可以通过这一平台对教师的教学质量进行评价和反馈，提出建设性的建议，以便教师在中等职业教育市场营销课程网络互动教学上的改进；同时，还要注重培养和考核学生的岗位技能、适应能力、创新精神与创业能力，坚持树立正确的就业导向。

三、中等职业教育市场营销教学模式中网络互动教学模式的探索

作为一门理论性和实践性都非常强的综合性应用课程，市场营销学的学习必须要把握理论和实践之间的平衡。而培养符合社会和市场需要的各类型营销技能人才，正是中等职业教育市场营销教学的目标，因此，就对该学科在实际的教学培养中提出了更高的要求。应坚持以学生实际操作能力的培养为核心，以学生的动手能力，灵活运用能力的培养为教学宗旨。在教学活动中，中等职业教育市场营销教学完全可以通过网络互动教学模式来实现。

1. 目前可实施的两个教学方案

（1）实践教学互动模式。以市场调研这一环节为例，在上这一课程时，可以将学生分成若干个小组，然后，以小组为单位围绕老师布置和自主选择的调研主题进行讨论与实地调查，并且通过网络平台搜集相关资料及数据，保证市场调研的准确性；同时，教师可以指导学生设计网络调查问卷及相关调查工作的展开，以网络的形式来传播调查问卷不仅能够提高效率，而且还可以节省人力、物力和财力，最后，以小组为单位每个组上交一份电子版的调查报告，并以 PPT 的形式向大家展现并讲解自己组的调研工作，从而使学生真正掌握课堂所学。这种以实践为主的教学模式，不仅可以充分锻炼并提高学生的社会实践能力，而且对于其团队合作意识的培养也起着重要作用。

（2）案例互动教学模式。市场营销学与日常生活的联系非常密切，它在现实生活中的应用是随处可见的，如商家为提高在节假日期间的销售量，它们会利用各种营销方式和促销手段来吸引消费者购物，以达到增加销量的目的。通过列举日常生活中的实例使课堂教学逐渐向社会生活中延伸，并为其提供了鲜活现实的范例，进而将营销理论"讲活"，引发学生对于听课的兴趣，调动其学习积极性；同时，教师也可以利用网络共享的能力在网上搜集国

外大学对于市场营销教学的案例,帮助学生发散并创新思维,打破固定教学体制的束缚,感受不同国家之间对于市场营销教学模式的差异,以加深对它的理解。最后,通过对于案例的总结,学生可以从感性认识逐步上升到理性认识,有利于让学生的注意力高度集中,优化听课效果。

2. 中等职业教育市场营销教学中网络互动教学模式的探索对学校提出的要求

中等职业学校应加强对于市场营销专业学生实习、实训的重视程度,加大对营销类专业资金投入。现在的中等职业学校中,有相当一部分都没有建立健全的营销模拟实训室,无法满足该专业学生对于营销实训实习的需要,更不用说到校外去建立一些相应的实训实习基地了。虽然确实也有学校建立了营销模拟实训室,但由于设备工位严重不足,因此,中等职业学校应加强对学校相关硬件设备的重视程度,在扩建营销模拟实训室的基础上,也要对相关设备进行更新,可以引进先进的设备设施,以提高学生的实际操作水平;同时,为了网络互动教学模式在中等职业教育市场营销教学中的完善和发展,中等职业学校也应加大对于网络技术、多媒体技术研发的资金投入,并且对计算机等相关的硬件设施设备进行更新,从而为网络互动教学模式的应用提供一个良好的环境。

3. 中等职业教育市场营销教学中网络互动教学模式的探索对教师提出的要求

由于大多数中等职业学校,市场营销教学师资队伍的素质参差不齐,所以为了解决这一问题,应加强对教师的进修和培训势在必行;同时,对于中等职业教育市场营销教学中网络互动教学模式的推广,应加强教师在各种多媒体使用方面的技术培训,并加强其对于计算机知识的理解和应用,以应对网络互动的需要。例如,教师可以学习使用全桌面共享和互动性很灵活的Turbomeeting,其上课效果不管是流畅度和互动性,还是教师讲解的知识点,都可以很直观地表现出来。专业教师如果要适应网络互动教学就应掌握信息查询获取等相关工具,如各类搜索引擎和软件;也应学会使用教学资源及素材上传分享的工具,如校园网,教育网等;最后,就是对于交流互动和知识管理工具的掌握,如学科论坛,区域和学科博客等。只有这样,教师才可以利用网络充分表达教学意图,才能根据教学内容的特点,利用多媒体工具或网页开发工具将所需要内容向学生呈现出来。

四、结束语

网络互动教学模式的发展与应用是信息时代发展的必然产物,它对于优化课堂效果和提高学生的自主学习的积极性,起着不可替代的作用,而中等职业教育市场营销教学与网络互动教学模式的结合,可以促进教师、学生与网络的对话,发挥学生的主体作用,从而使其更好地适应社会的发展。

"互联网+"背景下农村职业学校学生管理中预防校园暴力的思考探讨

——叶金文

在网络全球化的当下，除了现实生活中看得见的校园暴力之外，还有更多的网络暴力隐藏在农村职业学校里。那些具有伤害性、侮辱性、攻击性和煽动性的言论、图片、视频，都属于线上看不见的校园暴力。网络上的这些暴力行为，往往是学生模仿的对象。这种现象的出现成了学校安全重要隐患，影响着校园的安定和谐。线下看得见和线上看不见这两种校园暴力形式，给我们的学生管理工作造成了很大的压力，增加了更大的难度，让农村职业学校学生管理工作面临着前所没有的挑战。在"互联网+"背景下，农村职业学校学生管理工作应如何预防校园暴力的发生呢？下面，笔者简单谈谈自己的看法。

一、目前农村职业学校校园暴力的主要表现形式

1. 线下看得见的校园暴力

（1）语言暴力。农村职业学校校园中的语言暴力主要指使用谩骂、嘲笑、蔑视、诋毁等侮辱歧视性的语言进行交流，给学生的精神造成某种程度侵害的行为。

（2）身体侵害暴力。农村职业学校校园中的身体侵害暴力主要是指打架斗殴、凶杀等一系列对学生的身体及精神造成某种程度侵害的行为。这种暴力行为在校园暴力现象中最为普遍。

（3）心理暴力。农村职业学校校园中的心理暴力又叫冷暴力，主要是指同学之间的孤立、排斥、冷战等一系列对学生的精神造成某种程度侵害的行为。

2. 线上看不见的校园暴力

网络上那些具有伤害性、侮辱性、煽动性和攻击性的言论、图片、视频，都属于线上看不见的校园暴力。这些网络上的暴力行为，往往是学生模仿的对象。所以，预防校园暴力行为的发生，学校在关注线下暴力的同时，更应该预防和控制那些网络暴力。

二、造成农村职业学校校园暴力的主要原因

1. 社会因素

一个人生活在社会中，难免会受社会现象、社会风气的影响。而社会生活中的以大欺小、以强凌弱等暴力现象对农村中职生的个人生活往往会带来不良的影响；同时，在互联网全球盛行的当下，一些不法分子为了追求高额利润，在网上制造了众多的暴力义化，他们通过网上的暴力游戏、暴力漫画、暴力图片、暴力网络语言、电视电影暴力动作视频等途径，不同程度地影响着学生。另外，校园周边环境的恶化也会导致校园暴力的发生。

2. 学校因素

作为农村职业学校，大部分学生都是成绩、纪律的双差生。双差生由于长期得不到老师的肯定，很容易产生自卑感、挫折感。在这种情况下往往会产生攻击性行为，而暴力行为正是攻击行为的主要方式。另外，在学校教育教学管理方面，农村职业学校重技能上的教学，轻心理教育和德育教育等方面的教学，学校心理辅导制度落实不到位，心理偏差和行为偏差的学生得不到及时的心理疏导；因此，有的差生自暴自弃，在盲从和厌恶中产生逆反心理以致无事生非，滥施暴行，这实际是由于他们不能接受"失败角色"，意图通过这种表达方式来获取老师关注与同学承认的结果。

3. 家庭因素

家庭是个人社会化过程的开始，家长是学生的第一位老师，父母的言行举止、教育方式、为人处世态度对子女的影响尤其重要。由于部分家长素质低下，家庭教育方法不当，往往采取"棍棒式"教育等一些简单粗暴的管教手段，在教育过程中那种靠拳头解决问题的做法潜移默化到孩子身上，给孩子起了很坏的示范作用，成为学生效仿的"活教材"。另外，据调查，在农村职业学校中，90%的学生来自农村家庭，76%的农村学生家长长年在外务工，由于父母忙于工作，缺乏对子女的监督教育管理，因此，导致学生变成了留守少年，容易结交不良友伴，容易受到社会上一些不良现象的影响。

4. 学生自身因素

农村职业学校学生正处在青春期，而青春期里特有的生理、心理特征，如好奇心强，模仿性强，自控力差，体力充沛，精力旺盛，争强好胜，叛逆心强等都让他们很难抵御社会上不良现象的影响。再加上在思想道德品质和法律观念上存在严重欠缺，错误的人生观、道德观、法制观让他们特别容易成为校园暴力的主体。

三、校园暴力对农村职业学校学生造成的危害

1. 影响正常的学习

受到校园暴力的学生，成绩一般都会下降严重。甚至有些学生由于受到严重伤害不得不住院治疗或者休学，正常的学习被迫中断。

2. 影响身心的健康发展，导致不健全人格的形成

对受害者，有可能导致缺乏信心和勇气，变得自卑、孤僻、偏激。对施暴者，有可能导致其形成反社会人格，走上违法犯罪这条不归路。

3. 破坏教学秩序甚至社会秩序，影响到学校甚至社会的安定和谐

校园暴力使许多学生成为问题少年，有的还因此滑向犯罪的深渊。它不仅干扰了正常的学校秩序，还严重影响社会治安，造成社会秩序的混乱。

四、农村职业学校校园暴力的预防和应对措施

1. 学校要制定完善的预防和处理措施

在农村职业学校校园暴力的预防工作中，首先，必须制订完善的预防和处理措施，要有相应的应急处置预案，明确相关岗位教职工预防和处理校园暴力的职责。积极配合周边派出

所共同做好学校周边环境的治安工作，防止社会上的"小混混"来学校打架斗殴、敲诈、勒索学生。其次，学校要定期开展心理、思想道德课程教育和法制教育，并利用学生管理网络平台设置心理咨询，师生交流等栏目，以便及时疏导心理有问题的学生，防止他们成为校园暴力的施暴者或被施暴者。学校还要给学生上好校园暴力预防课，教会学生一些应对校园暴力的技巧。告诫学生在学校为人处世要低调，不主动与同学发生冲突，一旦发生冲突，要及时找老师或学校领导解决。只有校外校内预防相结合，才能有效杜绝校园暴力行为的发生。

2. 学校还要制订严格的处罚制度

学校想杜绝发生校园暴力事件，就必须有自己严格的处罚制度，通过开校会的方式，让全体师生都明白，要是发生了校园暴力事件会面临着什么样的处罚，后果会是什么。这样一来，可以震慑潜在的施暴者，使他们不敢轻易以身试法。学生清楚了处罚这一点，就会有所顾忌，不敢越雷池一步了，做到防微杜渐，在源头上杜绝。

3. 班主任开好相应的主题班会

学校在开好全体师生大会的同时，班主任也要定期不定期地开好以预防校园暴力为内容的主题班会，加强学生心理知识教育和心理技能训练及道德教育和法律教育，充分发挥主题班会课的思想教育作用。主题班会课的思想教育，使那些虽然暂时没有实施暴力，但总是伺机而动的学生认识到实施校园暴力的严重后果，从而"悬崖勒马，改邪归正"，自觉遵纪守法，也让那些弱势学生找到保护自己安全的方法和技巧。

4. 开展好各种安全法制活动宣传正能量

学校要通过各种各样的活动，学生容易接受的方式宣传好生命与安全，法制与健康等有关内容，可以用讲故事，演讲，橱窗，板报，手抄报评比等形式，让学生明白生命的重要性，人与人应该如何相处交往，如何尊重他人等。给学生创造一个安全、文明、健康的校园环境，有了一个好的学习生活环境，校园暴力自然会慢慢变少甚至被杜绝。

5. 聘请公安人员到学校做相关报告

学校在每个学期刚开学的时间里，可以邀请公安人员到学校做报告，讲课。通过公安人员的现身说法会让学生对校园暴力有个更完整的认识，学生可以明白校园暴力不是一件小事情，更让学生明白暴力的危害及严重后果，并以此为鉴，杜绝暴力行为的发生。学校借用公安人员的实践案例对学生进行法制教育，使学生牢固树立法制意识，明白什么可以做，什么不能做，能够在错综复杂的社会环境下明辨是非，做到遵纪守法，远离暴力行为。

6. 学校有关人员要做好日常巡逻监管

为了杜绝或减少校园暴力事情的发生，学校就要做好日常的管理，认真做好校园日常巡逻和对学生的监管，一天24小时都要有人员进行值班，对学生的活动都有人监管，时刻关注学生的活动情况，特别是对学校的偏僻之处，容易发生校园暴力的角落重点监管，学生知道学校有人天天巡逻监管，心里也就会有所顾虑，行为上就会有所约束。

7. 要加强家校联系，促使家校合作形成教育合力

学校想解决校园暴力案件，就需要让学生的家长也参与进来，不断加强家校联系，促使家校合作形成教育合力。由于互联网已普遍进入普通家庭，所以学校可以在互联网上开通一

个专门的网址，或建立微信群、QQ群用来加强教师与家长之间的联系。家长可以通过这些方式来反映他们的意见和建议，使学校能及时掌握学生的家庭教育情况及学校在工作和管理方面的不足之处。家长、学校加强联系，双管齐下，形成教育合力，可以更好地预防校园暴力的发生。

8. 学生自身要加强自我防范意识，杜绝暴力行为

生而为人，被赋予很多责任，因此，学生要加强自我防范。①要树立强烈的责任感。在学校里，就要对自己负责，对家人负责，对同学负责，对老师负责，对班集体负责，对学校负责，对社会负责。有了责任感，才会认真生活和学习，锐意进取，拒绝做不负责的事，摒弃暴力等一些丑恶行为。②要依法自律，遵纪守法，做到学法知法，增强法纪观念，杜绝暴力行为。③要正确对待父母和师长的教育。父母、师长看似"老生常谈"的教诲可能是做人的真理，需要耐心倾听，细细品味。若不听劝导，为所欲为，容易使人走上违法的歧途。④要广交"益友"，不交"损友"。朋友是人际交往中关系较近，来往较密，感情较深的人，也是对我们影响较大的人。与"益友"结交，可以使自己得到真正的帮助和进步；与"损友"结交，会使自己容易走上违法犯罪的道路，在人生中迷失自我。⑤学会与同学共处，营造和谐的人际关系。会共处的关键是承认差异，尊重差异，承认多样性，尊重多样性。诚实、善良、善解人意、宽厚大度、开朗幽默、乐于助人的品质，在交往中更受人们的欢迎，因此，我们要培养这样的品质，成为人见人爱的好学生。在学校里遇到矛盾要冷静，尽量避免指责、争执和冲突。⑥加强自我防范，要理解勇敢的真谛。遵纪守法不意味着胆怯，动手打人不意味着勇敢。有些人正是无知无畏，逞一时之勇，实施暴力行为，造成严重后果，最终遗恨终生。面对暴力行为和违法的诱惑，要坚守内心的防线才是真正的勇敢。

青春期是人生的花季，也是一个充满矛盾与困惑的时期，稍有偏差，就可能陷入违法犯罪的泥潭不能自拔。一些学生实施暴力行为，甚至走上违法犯罪的道路，家庭、学校和社会固然有责任，但外因只有通过内因才能起作用，更主要的原因还在其自身。由于中职生具有青春期的生理、心理特征，再加上其在思想道德品质和法律观念上存在严重欠缺，错误的人生观、道德观、法制观让他们特别容易成为校园暴力的主体；所以，当学生的遵纪守法意识从他律转为自律时，素质就会大大提高，校园暴力行为就会相应减少；当学校的规章制度和法律变成学生内在的意识和行为后，我们才能真正构建起一个处处遵纪守法的学校环境和社会环境，才能杜绝校园暴力的发生，才能促进全校、全社会的和谐发展。

党旗领航，职教扶贫——容县职业中专精准扶贫见成效

——林萍

在县委、县政府的正确领导下，我校紧紧围绕"帮助一个贫困家庭学生学得一项技能、带动一个农村贫困家庭脱贫致富"的目标，深化职业教育改革，创新教育扶贫模式，精准扶贫对象实行"五个优先"，即对建档立卡贫困户家庭的学生优先录取、优先资助、优先培养、优先推荐就业创业，对贫困户劳动力优先安排实用技术培训，在中职招生、学生资助、人才培养、就业创业、劳动力培训等方面精准发力，全力促进职业教育服务脱贫攻坚。

一、加强组织领导，健全攻坚机制

开展脱贫攻坚，到2020年实现全国脱贫，是中共中央的重大部署，是党员先进性建设要求的具体表现。我校把这项工作当作一项"民心工作"来实施，切实摆上了重要的议事日程，并成立了以党支部书记、校长为组长的精准扶贫工作领导小组，还结合实际对精准扶贫工作进行了全面的部署和安排，保证了精准扶贫工作有序开展、有力推进、有效落实；同时，我校党支部还建立健全了激励机制，把精准扶贫工作成效列入党建工作考核、评先的重要依据，引导党员干部自觉地把自身优势与精准扶贫工作结合起来，充分发挥特长和优势，积极参与脱贫攻坚活动。

二、实行"五个优先"，全力促进职业教育服务脱贫攻坚

1. 优先招收贫困家庭学生，超额完成招生任务

加大招生宣传力度，将中等职业教育免费、资助政策及社会发展急需大规模高素质技能人才的就业形势宣传到千家万户。学校通过春、秋两季招生，对于初中毕业而未升入普通高中就读的学生（包括近几年毕业的人员），只要本人愿意，就可免费到我校接受中等职业教育；通过优先招收贫困家庭学生就读我校的形式，引导贫困家庭学生接受职业教育。2018年完成招生1 414人，在校学生达3 800多人。

2. 优先资助贫困家庭学生，不让一个学生因贫失学

实施职业教育精准扶贫资助政策，对就读我校符合条件的学生免除三年学费，确保在我校就读的建档立卡的学生每年100%获得2 000元国家助学金，获得"雨露计划"补贴每期1 500元；对进入贫困人口建档立卡系统的贫困学生，在让学生享受普惠性政策的基础上，学校还将根据实际，制订相关资助政策，开展扶贫助学；贫困家庭学生在校就读期间，学校帮助其联系并提供勤工俭学岗位，支持鼓励贫困学生通过劳动获取收入，真正做到不因贫困而失学，不因就学而返贫。

3. 优先培养贫困家庭学生，努力培养学生一技之长

把握职业教育本质，坚持以学生为中心，注重学生实践探索，掌握技能技艺，培养良好的职业道德，获得就业创业能力。明确培养目标，通过三年中等职业学校的学习，将贫困家庭学生培养成德技兼备、自立自强、阳光自信、技艺娴熟的技术技能人才，带动家庭脱贫致富。

4. 优先推荐贫困家庭学生就业，全面提升学生就业水平

牢牢把握职业教育服务产业发展、促进学生就业的办学方向，走校企合作、产教融合，突出实践和应用的办学思路。通过订单培养、工学交替、重点推荐等方式，实现学校招生与企业招工结合、学校与工厂结合、学生与员工结合、学习与工作结合，确保贫困家庭学生在职业学校毕业后都能顺利实现就业，实现"职教一人，就业一个，脱贫一家"的目标。

5. 优先安排建档立卡户劳动力培训，全力带动脱贫攻坚

采取"人人受教育、个个有技能、家家能致富"的方针，全力配合县扶贫办、人社局和水产畜牧兽医局等相关部门，搭建服务"三农"平台，免费对建档立卡户中有劳动能力和创业意愿、有职业技术培训需求的家庭成员重点开展农村劳动力转移培训、产业培训、创业培训、企业培训、专业合作社培训、新型职业农民培训等实用技术培训和就业指导，进一步提高我县农民文化技能素质，真正做到"培训一人、就业一个、致富一家"。组织党员干部下乡开展职业技能培训活动，特别是到贫困村开展技能培训，助推全县脱贫攻坚。

三、积极开展结对扶贫活动

学校与我县罗江镇岑冲村开展结对帮扶，与20户贫困户结对帮扶，做到定期联系走访，了解情况，帮助解决生产、生活困难。向贫困户宣传党和国家的扶贫方针政策，引导贫困户解放思想、转变观念，克服等、靠、要思想，主动参与精准扶贫、精准脱贫。帮助制订脱贫计划和完善帮扶措施，帮助贫困户提高自身素质，提供技术、信息等方面的服务。帮助贫困户解决生产生活中的困难，对因病、因残、因学等原因造成特别困难的贫困户，帮助其从多种渠道争取社会救助。为贫困户尽快脱贫做出应有贡献。

四、找准方向，坚定教育扶贫

我校是职业学校，绝大部分学生来自农村。进入我校就读的精准扶贫对象的学生，我校都在就业和毕业推荐工作中优先考虑，让这部分学生有一份好的工作，为他们家的脱贫提供智力支持。每年都有一部分学生从我校升入本科院校或者大专院校，我们会帮这部分学生办好助学贷款的工作，让这些学生不因贫困而退学。另外，这部分学生在大学再深造三年或者四年，毕业后就成为技术人才，足以让一个家庭脱贫致富。

五、精心组织，精准扶贫取得实效

我校党支部把党员干部脱贫攻坚结对帮扶工作作为深入开展"两学一做"活动的一项重要内容，列入党组织和党员公开承诺项目。帮扶活动领导小组及时了解掌握各帮扶联系人开展结对帮扶活动的实际成效，及时总结推广好经验、好做法；加强协调指导和检查督促，

及时发现新情况、解决新问题，为帮扶联系人提供了各方面的支持。

自从开展脱贫攻坚三年多来，我们对全县精准扶贫户和家庭困难的在校就读的820名学生全部纳入国家助学金补助范围，并协助1 079名困难学生申请"雨露计划"的资助，协助176名升入本科院校或大专院校的毕业生申请路费补助。我校还为贫困家庭培养德技兼备、自立自强、阳光自信、技艺娴熟的毕业生600多人，为他们的家庭脱贫致富提供了强有力的智力和技术支持。另外，我校还与县人社局和扶贫办等部门密切配合，免费为贫困村和建档立卡户中有劳动能力和创业意愿、有职业技术培训需求的家庭成员开办各种实用技术培训班80多期，培训学员3 000多人次，支持精准扶贫挂勾村罗江镇岑冲村公共设施建设5万多元，向精准扶贫帮扶户发放慰问金2万多元，为全县6 640多户28 288人脱贫做出了巨大的贡献。

"互联网+"背景下农村职业学校学生管理策略的探析

——劳琼梅

目前,我国的农村职业教育已得到巨大发展。在这个大环境下,我们这个农村职业学校也得到了空前的发展壮大。但是,随着学校规模的扩大,在校学生人数的猛增,教育形势的发展,"互联网+"的日益盛行,在这个信息大爆炸的时代里,我校在学生管理方面出现了一些新情况、新问题。例如,大班的上课人数太多不利于管理;部分学生热衷网络游戏,沉迷智能手机,在课堂上甚至三更半夜玩手游的现象特别严重;留守、单亲、离异家庭的学生也不断增多,自我意识很强但自控能力不足。以上原因造成半途辍学的学生比较多,导致学生流失严重;不少学生也存在规则缺失的行为,如上课睡觉、玩手机,若老师教育批评,他还顶撞,目无师长和校纪校规。这些新情况和新问题,给学校的学生管理等德育工作造成很大的压力。另外,随着计算机技术的不断完善和互联网的迅速发展,网络已成为广大学生学习知识、交流思想、休闲娱乐的重要平台,它的出现大大改变了广大学生的生活方式。网络对于学生的影响可以说是一把双刃剑,正所谓:"水能载舟,亦能覆舟",这又给学校的德育工作增加了难度,学校的学生管理工作面临着前所未有的机遇和挑战。因此,进行"互联网+"背景下农村职业学校学生管理策略的实践探索已刻不容缓。在这个网络大爆炸的时代里,对于农村职业学校学生管理工作应采取哪些管理措施呢?下面,笔者就这个问题谈一谈自己的一些看法。

问题一:如何引导学生正确使用手机和理性面对互联网,提高其自主管理能力?

成因:农村职业学校的中职学生大多数是成绩不好才来读中职的,他们的学习习惯和学习方法欠佳,学习兴趣不高,自制能力差,很多学生属于"留守少年",缺乏关爱。另外,手机的功能越来越多,可以说现在的手机就相当于一台小型电脑。面对这么多诱惑,缺乏自制力的中职学生极易将注意力从学习转移到手机上,并且越陷越深,最终痴迷于游戏、上网冲浪、电子书等。

对策探索:

(1)家校合作,共同引导学生合理规范使用手机。我们争取与家长达成以下协议:首先,对学生进行心理辅导,先从源头上进行控制;其次,共同对学生的手机话费、通话详单、短信往来进行检查和控制,掌握学生的动向。

(2)改变教学方式,将学生的注意力吸引到学习和技能上来。加大实践教学的环节和时间,减少理论教学,让学生在"做中学",真正成为课堂的主人。

(3)在教室内配备手机袋(箱),在上课期间对手机进行集中管理,课余时间再还给学生。

(4)开展丰富多彩的校园活动,在课余时间,将学生的兴趣从手机转移到各类活动中。

比如主题班会、心理健康讲座、辩论赛等，对学生进行正确的教育和引导，让学生规范使用手机、文明使用手机。学校也可以在原有校园活动的基础上，扩大社团的影响，将学生的兴趣爱好充分发挥出来。另外，学校还可以多举办各种各样的体育比赛，转移学生注意力。通过丰富多彩的校园活动，引导学生积极向上，改变他们不良的生活方式。

（5）利用手机进行教学，将手机变为一种教学工具。智能手机的出现，在很大程度上代替了电脑的使用，教师可以通过网络技术和相关教学软件的支持，利用手机将视频片段、文件、图像和音频等发送到学生的手机上让大家共享，为学生的学习提供方便。

问题二：如何在互联网盛行的背景下转变学生的学习态度？

成因：农村职业学校的中职学生基础知识不扎实，大多数是学困生。他们虽然思想活跃但学习动机缺失，而且大部分还属于"留守少年"，父母长年在外打工，缺少教育和指导，他们经常与电视、电脑或手机做伴，学习目的不明确，学习态度不端正，认为读书无用，父母没读什么书，照样东南西北挣大钱。

对策探索：学困生存在的问题，大多数与其性格有着密切的关系，如自私、懒散、嫉妒、浮躁、厌学、早恋等倾向，这些都与其性格品质中缺乏责任感、进取心、宽容等有关，而农村多数家长长年在外打工，忽略了子女的教育和指导。为了做好这些工作，学校要加强对学生性格的教育，增设心理咨询室，并在学生管理网络平台上开设心理咨询、师生交流等信息互动栏目，同时，还建立家长微信群和QQ群，指导家长选择好的教育内容和方法，增大家长参与教育管理的力度。另外，教师要转变教学理念，并转变角色和教学方式。在整个课堂教学过程中，始终以学生为本，遵循"实用、适用、够用"的教学原则，整合教学内容，并不断丰富教法，充分利用网络优势创设多种教学情境，激发学生学习兴趣，组织开展各种课堂活动，让学生"学"起来。

问题三：如何在互联网这把双刃剑的背景下转变学生的行为习惯？

成因：中职学生大多数是"双差生"，学习成绩不好，纪律不好。再加上他们处于青春期，叛逆性强烈，自我意识很强但自控能力不足，极易受到社会中和网络上一些不良现象的影响，再加上大部分的学生家长由于长年在外打工，因此，缺少对学生的教育和关爱，从而导致部分学生存在规则缺失的行为。

对策探索：

（1）以爱养爱。以爱养爱，是培养学生爱的重要方式，也是我们爱的终极目标。爱学生，还要让学生们能感受得到我们的爱的存在，让他们感受到爱给他们的真切力量，让爱的力量成为他成长的催化剂。只有对学生发出内心真挚的尊重和爱心，才能激发其主动性，才能切实提高其学习能力。以爱养爱，当爱成为习惯时，学生以往的一些不良行为习惯自然而然会得到某种程度上的改善。

（2）制订学生量化管理考核评分标准，加强班级规范管理。没有规矩，不成方圆。国有国法，校有校规。每班设一本"班学生量化管理考核登记簿"，内容从学习、思想品德、课堂纪律、"三操"纪律、校园纪律或文明礼貌、宿舍纪律、饭堂及卫生纪律等方面记录，每页1人（教案本），由值日班干负责记录保管。另外，教室的墙壁上，要张榜公布班级量化个人考核总表并做好学生个人量化工作，班主任要经常检查、督促该工作的进展，了解本班学生加减分情况。学生处应经常抽查班主任执行落实情况。每班设一本量化管理考核日志，由值日班干或值周班干记录该班学生得分情况，班主任在每周班会上总结（表扬、批评），并分期中、期末向家长汇报和交学校备案。期末操行不及格的，则让其家长来校与班主任、学校领导一同对其进行教育后，方能注册上课。凡一周内被扣分排名后8名者，由班主任及班干部对其进行谈话教育；连续两周内被扣分排名后8名者，班主任送名单到学生处，由学生处负责对其教育，并记录备案；凡一周内被扣分超过10分者，由分管级领导教育，记录备案，并通知家长。树立全校事事有人管、时时有人管的制度。

（3）发挥主题班会课的思想教育作用。充分利用每次班会，召开主题班会课。有计划地、及时对学生开展"安全教育""清洁卫生教育""文明礼貌从我做起，从现在做起""传承雷锋情，传递正能量——走进三月，学习雷锋"等活动，加强学生时间观念教育、感恩教育、防艾防毒教育等活动。班主任要经常鼓励学生自尊自爱自信自强，从阴暗中走出来，寻找自身的优势，并不断提升自己各方面的素质。主题班会课的思想教育，可以让迷茫的学生找到自己的目标和方向，让冷漠的学生学会感恩，让自私的学生变得热爱集体，让消极的学生燃烧起学习的希望。

（4）充分发挥学校学生处的教育管理作用。

①建立学生管理网络平台，在这个平台里设置档案管理、事务管理、信息互动三大功能模块。将学生基本信息、学习成绩信息、社会实践情况、奖惩助贷信息、综合测评信息、党团组织状况、社团活动情况、考勤管理、宿舍管理、就业服务等分别归类放入档案管理和事务管理两栏，并在信息互动一栏中，开设心理咨询、师生交流等栏目。

②以互联网为媒介，加大力度开展对学生的心理教育、道德教育、法律教育。

③开展专题教育活动。

④充分利用宣传阵地渗透思想教育。

⑤开展丰富多彩的社团活动，激发学生的兴趣，发展学生的个性特长，促进学生的自主管理和全面成长；同时，也使学生从网瘾中开脱出来，正确使用手机，理智面对网络。

⑥开展周二至周四每天下午第七节的文体活动课程，培养学生的集体意识和团队合作精神。

⑦充分发挥学校学生会、团委会、社团联合会、学校护卫队等部门的作用。

⑧加强班主任工作方法培训，充分发挥班主任的管理职能，做好控辍保学工作。

（5）争取社会力量参与，形成家庭、学校、社会教育合力，齐抓共管。与电信合作，加大网络覆盖率；建立家长微信群或QQ群，增大家长参与教育管理的力度；聘请司法机关到学校进行法制宣传、教育；邀请优秀校友、相关企业家到学校作就业指导报告。

总之，要在"互联网+"背景下有效地利用互联网来加强农村职业学校学生管理工作，让互联网与农村职业学校学生管理工作进行深度融合，开发"互联网+农村职业学校学生管理"的管理模式，就必须在学生管理过程中，正确引导学生使用手机和理智面对互联网，提高学生自主管理能力，通过建立学生管理网络平台，利用学生行为的数据化来分析，充分发挥数据的连接化、共享化、要素化、连接的广泛化等特点和优势来开展学生管理工作，加强思想教育转变学生学习态度和行为习惯，提高学校德育教育效果，促进学生"成型、成人、成才",不断满足现代社会和市场对人才的需求,提高学生的就业率。学生管理网络平台,可以使农村职业学校学生管理工作纳入科学化、规范化、信息化、统一化、数据化的轨道,实现数据共享,从而推动学校学生管理工作的互动化、快捷化、个性化、智能化和科学化,更好地促进学生的全面发展。

玉林市第一职业中等专业学校脱贫攻坚工作总结

2015年3月，我校与陆川县平乐镇三安村开展定点结对帮扶，派驻贫困村驻村第一书记开展脱贫攻坚工作。根据相关文件精神的要求和全面贯彻落实中央、自治区、市、县精准扶贫和精准脱贫的系列相关政策文件的部署，确保2018年实现陆川县平乐镇三安村脱贫摘帽，贫困群众全部越过贫困标准线，全面迈进小康社会，打赢扶贫脱贫攻坚战。为保障扶贫脱贫任务的落实和实施，结合平乐镇三安村实际情况和工作成效，撰写我校脱贫攻坚工作总结。

一、三安村基本情况

三安村位于平乐镇东南部，区域面积为9.94平方千米，东与北流市清水口镇竹揽塘村相接，南与北流市六麻镇大旺村为邻，西与马坡镇清秀村接壤，北与北流市清水口镇陈地村交界。三安村村委会驻地旺塘口组，距离镇政府约为9千米。全村辖5个片，40个村民小组，2 144户，7 307人。贫困户192户，贫困人口843人。2014年退出29户，137人；2015年，我校挂点帮扶三安村，同年退出27户，126人；2016年，脱贫75户，脱贫332人；2017年，脱贫11户，脱贫50人，剔除3户，剔除16人；2017年年底，全村剩余贫困户50户，贫困人口198人，贫困率为2.71%；2018年，预脱贫10户，42人。三安村的97名帮扶干部共涉及14个单位，其中，市级单位是玉林市第一职业中等专业学校，县级单位是陆川县职业技术学校和陆川县工商联合会，其余是乡镇行政事业单位。

二、选派贫困村党组织驻村第一书记的情况

我校严格按照中共玉林市组织部《关于做好新一轮全市"美丽广西"乡村建设（扶贫）工作队员选派工作的通知（玉市组函〔2018〕16号）》文件的要求选派驻村第一书记，从党员教师队伍中选派政治素质好，政策水平高，工作作风扎实，不怕吃苦，事业心和责任感强，勇于担当、甘于奉献、乐于服务，热爱农村工作，善于做群众工作，有较强组织协调能力，具有正常履行职责的身体条件，年富力强的在编干部（图1、图2）。

图1　沈德海校长与第一书记杨书明同志

图2　李昌华书记与第一书记陈雷宇同志

三、到村指导党建促脱贫和脱贫攻坚调研指导的情况

每年年初,我校结合脱贫攻坚需要和有关工作的时间节点制订全年的进村入户计划,并严格依据年度精准帮扶行程安排进村指导。帮扶活动开展以来,我校进村开展了党支部座谈会(图3)、十九大精神宣讲主题活动(图4)、扶村工作研讨会(图5、图6)、脱贫攻坚专题会议(图7)、"一户一册一卡"工作布置会(图8),以及各种形式的党日主题活动共计20余次。

图3　党支部座谈会

图4 十九大精神宣讲主题活动

图5 驻村工作座谈会

图6 扶村工作研讨会

图7 脱贫攻坚专题会

图8 "一户一册一卡"工作布置会

四、进村入户开展一帮一联工作的情况

我校帮扶干部严格按照帮扶要求,每年进村入户开展帮扶贫困户、联系贫困学生活动不少于四次。分管领导每月进村入户,我校党组织"扶村书记"每两个月进村入户一次。帮扶干部在走访入户过程中与贫困户谈心,实事求是地登记其基本信息和收入支出数据,认真聆听贫困户的倾诉,并制订有针对性的帮扶计划,科学有效地指导贫困户稳健脱贫(见图9~图16)。

图 9　干部进村入户工作情况（1）

图 10　干部进村入户工作情况（2）

图 11　干部进村入户工作情况（3）

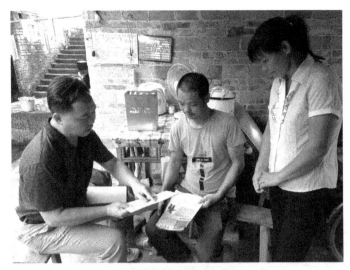

图 12　干部进村入户工作情况（4）

图 13　干部进村入户工作情况（5）

图 14　干部进村入户工作情况（6）

图15　干部进村入户工作情况（7）

图16　干部进村入户工作情况（8）

五、开展"我是党员我带头，助推水环境综合治理"活动

为了推进三安村水环境综合治理，我校组织全体党员干部走进三安村开展了水环境治理系列活动。

一是开展了重温先锋承诺。全体党员干部学习了中央、自治区、市委及市教育局关于水环境综合治理工作的重要精神，重温了《基层党组织发挥战斗堡垒作用助推江河治理承诺书》和《党员发挥先锋模范作用助推水环境治理承诺书》，并对照承诺内容开展自查工作，表明践行承诺的决心和态度。

二是组织党员教师深入我校帮扶村陆川县平乐镇三安村开展"清理百河千沟万渠

助春耕""抓党建助推水环境综合治理工作""我是党员我带头，保护母亲河"主题党日活动等一系列活动。我校向三安村赠送了一批铁铲、铁扒、垃圾铲等清洁河道工具，开展清理河道活动，悬挂宣传横幅，向村民们发放"保护母亲河"倡议书，广泛宣传市委市政府打赢"水环境综合治理攻坚战"的坚定决心和举措，呼吁广大干部、群众积极加入"整治南流江流域水环境治理"活动，发挥个人在"保护母亲河"的生力军作用（图17~图23）。

图17　助推水环境治理活动（1）

图18　助推水环境治理活动（2）

图 19　助推水环境治理活动（3）

图 20　助推水环境治理活动（4）

图 21　助推水环境治理活动（5）

图22　助推水环境治理活动（6）

图23　助推水环境治理活动（7）

六、走进三安小学，开展"传、帮、带"活动

自2015年我校与三安小学建立结对帮扶以来，三安小学在脱贫攻坚和义务教育均衡发展的大环境下，依托玉林市第一职业中等专业学校优势教育资源的"传、帮、带"作用，通过"走进去和请出来"的办法，加强人才的交流、教育管理、教学方法的指导（图24～图28），三安小学快速发展。玉林市第一职业中等专业学校先后为三安小学购置了一批办公电脑、打印机、学生文体用品、教材等，共计花费一万一千元（图29～图31）。

图24 传、帮、带活动（1）

图25 传、帮、带活动（2）

图26 传、帮、带活动（3）

图 27　传、帮、带活动（4）

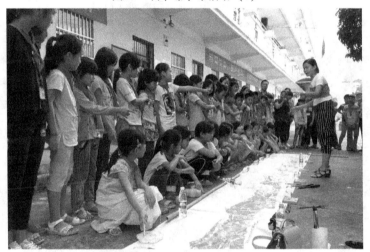

图 28　传、帮、带活动（5）

图 29　传、帮、带活动（6）

图30　传、帮、带活动（7）

图31　传、帮、带活动（8）

七、脱贫攻坚决胜阶段当前存在困难

1. 地理位置偏僻，交通落后

三安村地处陆川与北流的交界，距离陆川县平乐镇9千米。平乐镇至三安村唯一的交通要道目前已完成道路水泥硬化3千米，该村级道路是三安村和桥头村群众出行的必经之路，但仍然有2千米左右路段的坑洼路面多且深，群众出行不便，特别是下雨天。

2. 产业基础薄弱，农业经济发展模式单一

大部分村民仅仅依靠传统的水稻种植和家禽养殖，没有形成特色经济产业优势。三安村

以丘陵山地为主，住房用地面积少，人均耕地面积少，制约了经济和人口的发展。村中大部分山岭已经被分散承包，用于种植经济林，制约了土地利用率，阻碍了大规模村级经济支柱产业的发展。

3. 部分贫困户脱贫自信心不足，"等、靠、要"的思想明显，缺乏自我发展、积极进取的内生动力

脱贫攻坚越往后，脱贫难度越大。剩余的部分贫困户因病、因残致贫现象突出，缺乏劳动力，无法以劳动创造收入。

八、脱贫攻坚的工作成效

1. 陆川县扶贫办将三安村列入2018年预脱贫村

这标志着三安村的"十一有、一低于"各项贫困村脱贫摘帽指标基本达到了脱贫的标准。2018年，我校将大力配合平乐镇党委、镇政府和三安村，共同努力，争取在年底验收时脱贫摘帽。

2. 三安村村两委班子战斗力得到了显著提高

三安村原来是软弱涣散村。2017年8月，平乐镇党委和我校努力推动三安村两委的换届选举，选举了年富力强、有管理能力和基层工作经验的村支书、村主任。在我校驻村第一书记的指导和协助下，三安村村两委班子顺利渡过磨合期，并掌握了一套有效的工作方法，为三安村今后的发展打牢了基础。

3. 义务教育阶段辍学学生明显减少

平乐镇三安村建档立卡贫困户6~15周岁适龄儿童和少年共110人，其中，在校就读的有108人，辍学的有2人。吴敏洪，2017年9月辍学，经帮扶人及教师多次劝返，该生不愿回校，现待在家里，但该生有意向下学期回校。吴天泉，2017年9月辍学，经帮扶人及教师多次劝返，不愿意回校，已经到广东省打工。

4. 积极推动改厨改厕和异地扶贫搬迁安置

2017年，三安村异地搬迁受益贫困户3户，新增卫生厕所改造38户，卫生厨房改造75户，进一步推进了农户在乡村振兴大环境下的自我改造和升级。

5. 改善村委办公条件

2018年，我校率先拨付三安村村委1.5万元用于修缮办公楼一楼，为三安村村委的办公开展、村委的工作组织提供了强力保障。

贫困家庭适龄子女接受职业教育的研究报告

摘 要：本报告论述了贫困家庭的分类及其适龄子女教育的现状，对广西壮族自治区部分地区抽样调查分析并发现贫困家庭子女教育存在三方面的问题，同时，提出解决贫困家庭子女接受职业教育的意愿对策。本报告认为，农村贫困家庭子女的教育问题是影响我国教育精准扶贫的重要因素。要从根本上改变农村贫困家庭的贫穷，就要不断更新他们的思想观念和传统习俗，从孩子抓起，给他们提供平等的受教育机会，提高他们的科学文化素质和职业技能素质，增强他们脱贫致富和自我发展的能力。

关键词：教育现状 存在问题 对策

一、贫困家庭适龄子女教育现状

1. 贫困家庭的分类

2018年，贫困标准为低于3 535元/年，国家对贫困户的界定，也有严格的划分标准：即绝对贫困人口（年人均纯收入低于627元），相对贫困人口（年人均纯收入628～865元），低收入人口（年人均纯收入866～1 205元）；一般收入和高收入（年人均纯收入1 205元以上）。通常，把年人均纯收入低于1 205元的家庭人口统称为弱势群体。根据大量文献及资料，又可以分为农村贫困与城市贫困家庭，包括低保家庭、低收入家庭和特困家庭三类。

2. 贫困家庭适龄子女的教育现状

扶贫必扶智，教育是阻断贫困代际传递的治本之策。"但是，除适龄学生外，一些贫困家庭中的青壮年劳动力，由于种种困难错失了高等教育和职业教育的机会，导致劳动技能存在先天不足，再就业和创业能力匮乏。"全国人大代表、中国人民银行西安分行行长白鹤祥这样说到。目前，我国对职业教育（特别是贫困家庭青壮年的职业教育）重视程度不够，尚未形成国家层面的系统规划和统筹安排，影响了贫困家庭脱贫致富。

（1）从教育程度方面来看，贫困家庭适龄子女受教育程度普遍较低，就业率也并不理想。对于贫困家庭子女所受的教育，其实质上是指贫困家庭的子女能否接受到正规教育，以及能够受到什么程度的教育，能否享有足够教育资源的问题。在针对贫困家庭适龄子女的相关调查中不难发现，由于家庭经济因素的制约，贫困家庭根本无力承担最基本的教育费用，而且子女常常因需要帮助家庭维持生计，影响其到就学和升学的机会。

（2）从教育资源方面来看，教育机会是不均等的，贫困家庭子女与普通家庭子女受教育机会是不均等的。对贫困家庭来说，连基本的教育费用支出都很难，这就意味着贫困家庭子女不能和普通家庭子女一样，充分享受教育资源，进而也就影响了贫困家庭子女获得个人全面发展的机会。

（3）从升学现状来看，在对某些贫困家庭的调查中不难发现，很多贫困家庭不堪重负，迫使部分贫困家庭子女初中毕业后直接走上社会，从事低端的工作或者待业在家。受教育机会的缺失，使相当一部分很有发展潜力的贫困家庭子女失去了接受继续教育的机会。

（4）从就业现状来看，一系列实际问题最终导致很大一部分贫困家庭子女辍学外出打工，在竞争激烈的劳动力市场上，其竞争优势相对薄弱。由于贫困家庭子女受教育程度不高，其知识与技术水平不足，再加上工作能力差，直接导致他们的薪酬较低，升迁机会很少；然而，随着经济和社会的发展，机器的普遍应用，劳动力市场需求结构也发生了变化，低技术水平、简单劳作的职位逐渐减少，这更使没有接受过足够教育的贫困家庭子女失业率升高，进而影响整个社会的稳定和进步。

3. 对广西贫困家庭子女教育的调查分析

为了有效深入推进我校《2016年重大招标课题》的研究实践，推进教育扶贫工作，需要全面且真实地了解广西贫困家庭子女的教育现状，结合实际，做问卷调查。调查的对象主要集中在贫困地区，本校职教中心组织重大招标课题组，调研组部分成员先后赴广西玉林市玉林一职校、广西玉林农职校；广西东兴市江平镇、东兴镇、马路镇；武鸣区扶贫办、武鸣区人力资源与社会保障局、武鸣区教育局；来宾市金秀县三江乡、七建乡等地方开展扶贫访谈工作，深入村组开展民情调查，与乡村组干部、扶贫重点户及农民代表进行了走访座谈，广泛听取和认真讨论了他们对推进精准扶贫的工作意见和建议，并积极调研探索教育扶贫工作办法。

（1）贫困家庭适龄子女（年龄为7~16岁）的自我调查。对50名学生的抽样调查结果如表1所示。

表1 对50名适龄学生的抽样调查结果

问题	回答项及结果（%）		
你是否想上学？	想（63）	不想（20）	无所谓（17）
你有几个好朋友？	0个（10）	1~2个（70）	2个以上（20）
如果你没考好怎么办？	加油（54）	不知道（35）	无所谓（11）
你一个人的时候孤单吗？	会（75）	不会（25）	
你觉得学习可以改变贫困吗？	可以（73）	不会（27）	
你认为父母是否为你付出了很多？	是（82）	不是（18）	
你认为别人帮助你你会有压力吗？	有（100）		

结果表明，贫困家庭子女先天品德教育与他人无异，但是其贫困的生活环境对后天人格品德的形成造成了一定影响。

在调查表1中，贫困家庭的子女在与他人交往方面不存在太大问题，但孤独确实是他们的问题，调查结果显示，75%的贫困家庭子女会感到孤单，因为贫困而导致不自信，生活上缺乏信心、学习上态度消极，并且平时容易把自己异化、封闭起来，主要是因为自卑而导致自我否定。这种现象就需要家长和老师的帮助与疏导，也需要同龄伙伴的理解，这也是孩子不愿意再接受职业教育的因素之一。

(2) 教师班主任教育责任的调查。对 50 名教师的抽样调查结果见表 2。

表 2 对 50 名教师的抽样调查结果

问　题	回答项及结果（%）		
你了解班级里有贫困生吗？	了解（100）		
你心底会对他们有歧视吗？	没有（0）		
你是否认为贫困生应当有更好的学习表现？	是（84）	不是（10）	不一定（6）
你认为贫困生的心理是否更为脆弱？	是（90）	不是（10）	
你的言行是否曾让贫困生感到不适？	有（30）	没有（60）	不确定（10）
贫困生的表现与其他学生是否存在差异？	有（30）	没有（70）	
你是否认为社会应当给贫困生更多照顾？	是（70）	不是（30）	

在调查表 2 中，多数教师认为贫困家庭的子女更应该努力学习，但其实，这种想法也是存在争议的。教师作为学生在学校学习生活中的一个权威角色，如果平时的言行过于强调"贫困"二字，则会刺激贫困家庭学生的内心，更容易使他们遭受到打击并感受到不公平待遇。

(3) 贫困家庭调查。对 50 名家长的抽样调查结果见表 3。

表 3 对 50 名家长的抽样调查结果

问　题	回答项及结果（%）		
孩子是否愿意与家长沟通交流？	愿意（59）	不愿意（41）	
家长与子女每周能有三次谈心吗？	有（22）	没有（78）	
家长关心子女的学习吗？	关心（65）	不关心（15）	顾不上（20）
子女的学习是否重要？	重要（90）	不重要（10）	
子女的心理是否健康？	是（92）	不是（6）	不确定（2）
家长有认识到自己的责任吗？	有（80）	没有（20）	
家长是否努力改善子女的生活？	是（85）	不是（15）	

在调查表 3 中，贫困家庭往往在对子女教育方面容易出现一些问题，仅 65% 的家长关心子女学习，80% 的家长认为尽到了为人父母的责任，也愿意努力改善子女的生活，但是，家长和子女少有沟通交流，缺乏沟通就会造成互相责怪甚至怨恨，以至于家庭潜在矛盾无法解决，影响子女身心健康。

二、贫困家庭适龄子女接受职业教育时存在的问题

从教育公平的角度具体来看，相较于普通家庭，贫困家庭子女接受职业教育存在多方面问题。

1. 家庭方面

贫困代际传递，这一概念是指贫困及导致贫困的相关条件和因素，在家庭内部由父母传

递给子女，使其成年后重复父母的境遇，继承父母的贫困和不利因素并将贫困和不利因素传递给后代这样一种恶性遗传链；也指在一定的社区或阶层范围内，贫困及导致贫困的相关条件和因素在代际延续，使后代重复前代的贫困境遇，但是教育的不公平却使教育推动社会流动的作用大打折扣，甚至在某种程度上成为推动社会两极分化的动力，使社会有可能走向孙立平教授所说的"断裂"的方向。

近些年，"寒门再难出贵子"的言论得到越来越多的关注，"读书无用论"使贫困家庭子女的辍学率越来越高。贫困家庭的父母通常有这样的认知："初中毕业、高中毕业就已经够用了，尤其女孩子，嫁个好人家才是正经事。"这种对教育功能的消极理解，更多的原因是家庭贫困造成的现实，由于经济条件的限制，贫困家庭的父母多数时间都在外地为生计奔波，因此，许多农村孩子成为留守儿童。研究者发现，由于家庭教育的缺失，这些得不到父母关心、爱护和教导的儿童在学校上课时更容易注意力不集中、不遵守课堂纪律、逃课、辍学。贫困家庭的孩子面临的是父母关爱的缺失，或者有些家长劳累一天回家后对他们的怠慢和漠视，无形中受到消极影响。

针对这一点，在走访调查的时候，问到一位贫困户的家长正在供孩子上学，谈到他上初中的儿子时，该家长很是激动："这孩子太能花钱了，都这么大了还不懂事，也不知道体谅体谅家里！天天就知道要钱，买零食、充手机流量，又爱玩手机游戏……还与一些不好的学生走在一起，要是读不进就不读了，算了！别念得了！"

这种抱怨是对孩子教育的无奈，也有可能是来源于家中的贫困。因为贫困，所以无法给孩子提供好的教育资源。

2. 学校方面

职业教育扶贫经费投入不足，虽然近5年，国家对公办中等职业学校全日制正式学籍一、二、三年级在校生中所有农村（含县镇）学生、城市涉农专业学生和家庭困难学生免除学费（艺术类相关表演专业学生除外），广西中等职业教育基本上全部实现了免学费，这使得中等职业教育的发展开启了新历程，但是，广西仍然有许多中等职业教育院校的教学基础设施投入不够，图书馆书籍种类匮乏，远远不及普高教育的步伐。国家对扶贫资金的投入逐年增加，学生家庭免除学费和国家赠款政策，但中等职业教育的精确扶贫还不够且贫困家庭可以享受国家赠款的比例太低，若仅凭借自筹资金，则对中等职业学校来说又形成了发展的阻力，相比之下，城镇中等职业教育与农村中等职业教育的资金问题更为严重。按国家相关资助政策，大部分在广西中等职业学校就读的学生只有15%～20%能够享受国家补助金。这就证明发放精准补助金的标准较为宽泛，可以用一个统一的标准衡量贫困（如收入），但贫困发生的类型多种多样，使用统一的手段来解决贫困问题显然不能取得良好效果，因此，在认定真正贫困对象过程中就有失公正与合理的监管。

3. 社会方面

自20世纪80年代开始，受应试教育的影响，成绩的好坏会影响学生的一生。无论是社会还是学生家长本身对职业教育存在严重偏见和误解，大家都认为职业教育是次等教育，是应试教育失败者的无奈之选。它处于不利地位，社会的认可度十分低。为进一步推进"科教兴国"战略的实施，国内许多中等职业学校逐渐开始实施了一些优惠帮扶政策，对贫困学生实施学费免单政策，对其加大投入，让家庭经济困难的学生获得学习发展的机会，但还是有许多中学生毕业后不愿意选择就读中等职业学校，而是过早踏入社会，这就使扶贫工作难以进行。这种观念严重影响了职业学校的生源问题。

研究走访金秀县收集资料（表4）。

表4 五组贫困家庭子女辍学情况调查

序号	家庭子女数量	辍学子女数量	辍学子女年龄（性别）	辍学前学历	父母对于辍学的认识	自述辍学因素罗列
1	2	2	12（男）/13（男）	初一、初二	尊重孩子意愿	经济原因 家里只能供给1人上学 不适应学校环境 学习兴趣低 基础太差 老师排斥 家长要求 老师素质低下 学习前景无望 父母疾病 玩网络游戏 自我预期低 不上学一样能挣大钱
2	1	1	14（男）	初二	孩子应该去上技校	
3	3	1	13（女）	初二	早点照顾家也不错	
4	2	1	14（女）	初三	学不进去就早点挣钱吧	
5	4	2	14（男）12（女）	初三，初一	我们拖累孩子了，家里孩子多，赚钱能力实在有限	

以上资料基本反映了列出的贫困家庭子女教育问题的诸多要点。对于辍学的孩子和家庭而言，辍学已经是既成事实；从走访的情况来看，辍学的孩子现已快成年，他们早早开始了在社会上的历练，交往的群体也基本上是贫困家庭的子女或早早辍学的孩子，这些子女往往结伴求职，所从事的大体是体力消耗大、技术含量低的工作，且用人单位无法提供完整、人性化的劳动保障机制，其工作潜在风险较大，且工作变动率高。

因此，贫困家庭的子女即使在经济勉强维持的高压下毕业于中等职业学校或高等职业技术学校，也会因为自身文化资本的劣势，造成找工作难，就业率低，失业率高的情况。贫困家庭子女教育投入的高比率和其受教育结果的低产出之间形成了鲜明的对比。

三、贫困家庭适龄子女接受职业教育的基本对策

1. 树立正确的职业教育观念，促进职业教育机会平等化

全面贯彻实施职业教育法。进一步加大对职业教育法的宣传力度，加强人们对职业教育的观念，只有让大众熟悉政策内容，才能加强对政策的基本认同。首先，改变人民群众落后的对于职业教育的歧视关键在于社会各界人士对职业教育的认可度，利用信息化媒体渠道广泛宣传职业教育政策措施，努力营造重技能人才，尊重劳动，倡导技能的环境和社会氛围。在职业教育学校招生计划中，应专门预留一定比例名额给贫困家庭，对特别困难的家庭可发

放学习补助和生活补助；同时，对符合免费职业教育条件的贫困家庭进行严格的资格审核并完善拨款机制，规避资金冒名套用的风险。

2. 发挥政府主导作用，充分调动和发挥社会力量

政府这个教育主体能够通过间接的方式改善贫困家庭子女受教育的状况，因此，政府也应当加大推介力度，鼓励职业中介机构牵线搭桥，帮助贫困家庭子女提高就业率，对愿意接受进行职业教育后的贫困家庭成员的企业，政府可适当给予补贴奖励。对于自主创业的企业，可引导金融机构给予适当的金融支持。国家虽然已经将中等职业教育免学费政策惠及各省，但政府还要进一步从制度和行动上重视中等职业教育事业发展，加大人力、物力、财力的投入力度，加快发展和提高学生的教育水平，逐步建立稳定的增长机制，确保资金增长在一定程度上保持上升，使职业学校改善办学条件，加快基础设施建设，缩小西部地区的办学水平差距，促进职业教育公平化。

政府以外的社会力量，能提供帮助的方式主要是非政策性的，表现为多主体的参与，企业、社会组织、民间慈善捐款捐物，爱心家庭的一对一帮扶等。对于企业而言，招工时优先考虑城市贫困家庭的成员，能体现企业的社会良心，若企业为贫困家庭提供帮扶，则应在帮扶的过程中，传递"授人以鱼，不如授人以渔"的理念，既可对贫困家庭给予极大的经济帮助，也能保护到贫困家庭子女的自尊心。社会组织可以利用自身的社会资源和服务为贫困家庭提供帮助，可借鉴社会工作"助人自助"的理念，在提供帮助的同时还应注意提升这些贫困家庭子女自己获得资源的能力，对完成职业教育的贫困家庭就业给予适当帮助。

3. 提升贫困家庭的教育功能，重视贫困家庭子女心理疏导

提高家长对于职业教育的重视程度。首先，从价值观层面入手，使其相信知识的力量，并进而改进教育子女的方式。对其家人和父母的思想和价值观的教育和引导是重要环节。要搞好贫困家庭子女的教育问题，必须确保贫困家庭子女的父母家人能够与时俱进，树立积极、乐观、健康的心态，避免因贫困生活奔波劳累或在生活、事业上遭遇挫折时出现负面因素影响子女，同时引导贫困家庭子女的自立、自强意识，确立"天道酬勤"的信念。

贫困家庭子女的心理问题是由特殊的家庭情况导致的，要防止贫困文化的遗传。一旦产生贫困文化，则很可能通过代际传递的方式影响下一代，使他们也陷入贫困之中。从身心两个层面摆脱其父辈的心智模式，以期淡化贫困代际传递的影响。对于自身的学习，贫困家庭子女存在的问题是自我期望值偏低，因此，针对贫困家庭子女自身的心理疏导要有序进行。

（1）鼓励他们的一些积极的做法，逐渐消除不良的自暴自弃的观念。
（2）在学校树立平等和关怀的校园氛围。
（3）对贫困家庭的成员进行价值观教育。

《职业教育实施精准扶贫的研究与实践》研究报告

一、研究背景

党的十八届五中全会明确提出，到2020年，要实现全国贫困人口全部脱贫，贫困县全部脱帽，解决区域性贫困问题。在2015年的中央扶贫开发工作会议上，习近平总书记指出，精准扶贫要解决好"谁来扶""扶持谁"和"怎么扶"的问题，同时提出实施"五个一批"工程，其中，包含了"发展教育脱贫一批"，即通过发展教育提高贫困家庭人口的文化素质和劳动技能，从而实现脱贫致富。习近平总书记的讲话为新时期的教育扶贫开发工作指明了方向。

广西属于少数民族地区，经济发展相对落后。与此同时，产业发展、经济结构调整的任务繁重，培养高素质技能型人才队伍是推动广西各项事业进步的关键。2011年，部分行政市组织实施了国家教育扶贫试点项目，并在试点的基础上继续扩大推广，截至2014年，已成功实施16个职业教育扶贫助学项目，积极开展以中等职业教育为突破口的教育扶贫改革，取得了显著成效，但广西教育扶贫工作依然非常艰巨。据统计，以百色市为例，2015年，全市有子女入学的贫困家庭82 586户，涉及贫困家庭子女140 391人。新时期职业教育如何促进精准扶贫，更好地为全面建成小康社会服务，是值得思考和探索的问题。

1. 经费投入不足，职业教育资源配置匮乏

近年来，职业教育攻坚项目的实施使中等职业学校的办学条件得到了较大改善，但是，由于职业教育办学底子薄、基础差，加上地方财力有限，投入不足，中等职业学校设施简陋、教学和实训设备缺乏的问题仍然十分突出。

2. 教育扶贫政策的惠及面不广、标准不高

这些年，虽然国家对教育扶贫资金的投入力度逐渐加大，实行了免学费、对家庭困难学生给予国家助学金政策，但是职业教育扶贫的受益面还不够广，贫困家庭子女能享受国家助学金的比例太少；同时，家庭困难学生享受的国家助学金标准也达不到最低生活保障。2015年以前，国家助学金标准为每人每年生活补助1 500元，从2015年春季学期起，提高到每人每年2 000元，但是对贫困家庭子女而言，就读职业学校仍有一定的经济压力。

3. 机制不健全，职业教育扶贫开发效率不高

职业教育扶贫工作涉及多个部门，如教育扶贫和技能培训经费均由人社、扶贫等部门负责，各部门由于职责不同，难免会出现整合难度大、教育扶贫资源浪费等问题。由于职业教育扶贫工作没有形成统一的管理运行机制，因此，在一定程度上制约了职业教育扶贫的效率。

二、研究目的

总的来说，精准扶贫就是帮助贫困家庭摆脱贫困。在对精准扶贫内涵框架和贫困家庭现状进行翔实有效调研的基础上，借助职业教育的平台合理配置相关企业和政府的市场性和政策性资源，通过帮助贫困家庭剩余劳动力掌握职业技术技能、提高职业素养，适龄群体有效接受完成中等职业学历教育和职业培训，提供就业服务，实现贫困家庭劳动力人口的就业，切实提升家庭收入。从宏观层面上构建职业教育实施精准扶贫的运行保障机制，从根本上多角度确保各项扶贫措施的有序开展，努力实现"人人受教育，个个有技能，家家能脱贫"的目标，最终帮助贫困家庭摆脱贫困。

1. 职业教育精准扶贫内涵及作用研究

目前，国内对精准扶贫内涵、途径与策略方面的研究较多，但是，对如何结合职业教育资源对接贫困家庭的精准扶贫方面的研究与实践稍有不足，多数仅为对个案的研究，缺乏面上的升华。本课题拟研究职业教育背景下精准扶贫的内涵，以及基于职业教育平台和资源的对口贫困家庭实施精准扶贫的功能，给具体内容的研究提供理论指导。

2. 职业教育精准扶贫现状及解决思路研究

近年来，从国家到地方，分别出台了不少关于农村贫困地区实施扶贫的政策和文件，也倾斜了大量社会各方资源，取得了不俗的成效；然而，由于我国幅员辽阔、贫困家庭分布散乱、国家扶贫投入有限、职业教育扶贫机制不健全、职业教育扶贫发展与劳动力市场需求脱节等多种复杂因素影响，很多贫困家庭仍然没有实际摆脱贫困。为了从根本上破开制约职业教育实施精准扶贫有效性的难题，本课题拟对贫困家庭的现状进行全面、深入、详细的调研，掌握扶贫攻坚的第一手原始材料，为精准扶贫策略的研究打下坚实基础。

三、研究的特色及价值

职业教育在"精准扶贫"中具有的独特优势。接受教育进而提升个人的知识水平和技能水平，有助于人们改善自身的生存与发展状况，从这个层面看，任何一种教育形式都具有扶贫功能。与普通教育形式相比，职业教育在"精准扶贫"方面有着独特的优势。"精准扶贫"从扶贫效果上讲，强调在"投入"和"产出"方面具备最优的效能，即能够以相对少的教育投入，在相对短的时期内获得较好的扶贫效果。在这方面，职业教育具有明显优势。

首先，从招生对象来看，职业教育对贫困地区的学生有着实际的吸引力。目前我国职业教育主要是学历教育，招生对象主要是初中、高中毕业生。受招生体制及各种社会偏见的影响，总体上看，入读职业院校的学生成绩普遍低于普通学校的学生，这就造成了起点上的不公平，但是，对于相当一部分贫困学生来说，职业教育却是理想的选择。一方面，受经济发展水平的限制，贫困地区的教育资源相对匮乏，教育水平也落后于教育发达地区，这在一定程度上造成了贫困地区学生的升学率偏低，许多孩子无法通过普通教育渠道继续读书，而职业教育则可以为原本无法读高中、读大学的孩子提供继续学习的机会；另一方面，接受义务教育之后的教育需要承担一定的费用，这对贫困家庭来说是一笔不小的经济负担。国家制定的中等职业教育免费等政策，为入读职业学校的学生解决了经济方面的后顾之忧，提升了职业教育的吸引力。

其次，从教学特点看，职业教育的技能培养方向有利于脱贫。职业教育就是以就业为导向的"能力本位"教育，开展职业教育扶贫更有利于促进贫困者的自身发展。如果说普通教育（尤其是普通高中教育）主要专注于理论知识的学习，那么职业教育则以培养技能人才为目标。职业院校的学生除了基础理论学习，更加注重技能的培养。以技术知识为载体的职业教育强调知识的实践与创新，是与岗位工作紧密结合的教育类型，更利于学生就业。

就业是民生之本，也是贫困学生摆脱经济困难的主要渠道。在就业方面，职业院校的毕业生有着独特优势。通过系统的学习，职业院校的学生普遍可以获得"双证书"，学得一技之长。"技不压身"，有一技之长的职业学校毕业生在就业中具备一定的优势。从近两年的情况看，在大学毕业生遭遇严峻就业形势的情况下，职业学校毕业生却一枝独秀，在人才市场上特别受欢迎。

当今社会，高技能人才的匮乏更让职业学校学生有着很大的发展空间。我国已进入经济新常态，处于经济转型升级的关键时期，"中国制造"等国家战略的实施，对高技能人才有着很大的需求。从目前各种统计数据看，高技能人才缺乏恰恰是我国人才战略的"短板"。近年来，与大学生连年"最难就业季"相对应的则是频频出现的"技工荒"。职业教育作为与社会产业联系最为紧密的教育类型，直接着眼于培养高技能人才，在专业设置与培养模式上追求与产业经济发展的"零对接"，这无疑为职业院校学生提供了广阔的发展空间。对于渴望通过学习改变自身命运的贫困家庭学生而言，选择职业院校无疑是一个理想的选择。

最后，职业教育是广泛面向社会人员的教育，职业教育在终身教育体系中占据主体位置，更适应精准扶贫工作的需要。1996年，教育部颁布的《中华人民共和国职业教育法》在总则中规定："国家采取措施，发展农村职业教育，扶持少数民族地区、边远贫困地区职业教育的发展。国家采取措施，帮助妇女接受职业教育，组织失业人员接受各种形式的职业教育，扶持残疾人职业教育的发展。"因此，对于广大尚未脱贫的家庭人员而言，如果能在职业院校习得一技之长，无疑增加了脱贫致富的本领。

四、研究职业教育扶贫存在的问题

1. 职业教育扶贫投入不足，教育资源配置匮乏

由于职业教育扶贫方面的监督和责任追究机制不健全，政策规定的职业教育扶贫投入目标和增长要求没有完全落实到位。职业教育扶贫整体办学设施落后，教学和实训设备与学生增长的矛盾仍然十分突出。尤其是县级职业学校图书资料陈旧且缺口较大，教学实验设备缺少，许多实验课无法开设，实习、实训基地建设严重滞后，设施无法满足教学需要，不能实现技能培养目标和要求，致使教学质量差、专业设置落后于市场需求，直接影响学生的就业和职业选择能力。

2. 职业教育扶贫机制不健全，扶贫开发效率不高

近年来，我国职业教育扶贫机制在不断地完善，但仍然存在着一定的问题。目前的状态基本是职业教育归教育行政部门来管理，教育扶贫资金归地方扶贫办公室管理的分立状态。另外中等职业学校范畴内的普通中专学校、职业高中、成人中专学校由教育部门管理，技工学校则由劳动部门管理。由于管理部门不同，造成很多政策不同，尤其是学校发展规划和资

金投入的矛盾仍然存在。目前,职业教育扶贫体系不够健全,从中央到地方没有形成一个统一的管理运行机制。这种情况在一定程度上制约了职业教育扶贫的进展。

3. 职业教育扶贫发展与劳动力市场需求脱节

职业教育扶贫的培养目标是提高学生素质,使其顺利就业,从而能够创业致富,摆脱贫困。从某种程度上讲,职业教育是直接面对劳动力市场的教育类型,与劳动力市场的连接最为紧密;但是,由于政府部门在职业教育市场上占据主导地位,对职业教育发展缺乏科学规划和动态管理,没有在劳动力市场和职业教育发展上建立科学的供求信息反馈关系。不少职业学校或培训机构开展职业教育培训时,未与就业服务机构和企业充分沟通合作,只管发展职业教育而不管市场就业形势,如此闭门造车,必然造成两者之间的相互脱节,最终影响学生的就业。

五、职业教育实施精准扶贫研究与实践的思路和方法

研究与实践职业教育精准扶贫可依照精准扶贫的一般性工作流程设定,即研究精准识别与分类,到精准规划与定制,进行精准宣传与招生,在精准资助与培养的基础上,结合市场精准需求开展精准培训与帮扶,在多部门的精准协调统一下实现精准就业与脱贫,形成职业教育精准扶贫有效保障机制。

为了更好地实现主课题研究的预期成果,首先,本课题通过文献调查法搜集、分析和归纳,研究职业教育精准扶贫的内涵和功能,并对贫困家庭的现状进行了深入、全面的调研,形成调研报告;其次,本课题依据精准扶贫的理论依据,出具调研报告,跟进做好扶贫进度的跟进、信息记录和分析,形成各项研究成果;再次,本课题根据实际制订三个精准扶贫研究的案例,分别是专项职业技能的精准扶贫实施与研究,校校合作扶贫扶一方的实践与研究,职业教育圆梦精准扶贫的实践与研究;最后,本课题通过各类文献与各地精准扶贫经验的收集总结,不断深入实施和反思,逐渐完善职业教育精准扶贫的运行模式和保障机制,进行资料整理并完成研究。

1. 精准识别与分类

精准识别与分类是指通过建档立卡及各级部门信息化对接对贫困人口接受职业教育进行精准识别、精准分类,制订符合需求导向的培训。利用信息技术,做好摸底调查工作,全方位了解困难家庭的主要经济收入情况及主要经济负担,家庭适龄劳动力情况,家庭居住条件,处于困难状况的主要原因等具体情况,形成"一户一档"的档案资料。在建档立卡的基础上,对贫困人口以年龄、文化程度、性别、健康状况等分层次、分类别,制定"一户一策"或"一人一策"的职业教育帮扶措施,进行有针对性的职业教育培训,制订个性化、菜单式、可操作的脱贫方案,对症下药,并跟踪到脱贫为止。

2. 精准规划与精准定制

精准规划与精准定制是指针对不同人群的脱贫制订动态有效的职业教育规划及相关扶持,制订出符合精准扶贫需求的脱贫致富规划。要改革办学模式,推进中高职教育人才培养一体化,建立和完善以初中为起点的五年制高等职业教育人才培养制度,探索在示范性高职院校开展以高中为起点的"3+2""3+3""3+4"等应用型本科人才培养试点,在应用技

术类型高校开展专业学位研究生培养试点，逐步打通职业教育从中职、专科、本科到研究生的上升通道，为广大青年学生提供更加公平的多次选择、多条路径的发展机会。

针对区域经济发展及片区经济出现的技术及人才等问题，定制出当地现状及经济发展需要的长短期培训，以职业教育提升技术培养人才的特点服务地方经济，把扶"志"、扶"智"与扶"技"结合起来，把贫困人口所需的服务和有利于扶贫工作开展的技术和理念带到农村去。

3. 精准宣传与精准招生

精准宣传与精准招生是指对于认为"打工没技术，创业没思路，务农没出路"的贫困家庭，提升贫困人口对职业教育的认识，这点很关键。在贫困人口集中居住地，政府协调宣传资源，实行精准宣传，要加深贫困人口对职业教育的认识，使他们认识到职业教育的好处，看到职业教育的前景，从而愿意接受职业教育，选择职业教育。精神脱贫理念是精准扶贫思想的战略重点。"扶贫先扶志"，不论造成贫困的直接原因有哪些，都必须树立脱贫信心、营造脱贫环境，帮助贫困群体充分认识到自身优势及主观能动性的重要性，拿出敢想敢干的决心和毅力，精准扶贫的政策措施才能落实执行，才能收到良好持久的效果。

同时，需推进招生制度改革，扩大贫困家庭子女进入职业学校学习的机会，实现"精准招生"，加大学校招收应往届初中毕业生、大龄社会青年的力度。职业学校应深入村里、屯里的贫困家庭，对初中毕业生、大龄社会青年进行调查摸底，弄清他们的学业基础、家庭经济状况、个人兴趣爱好，推荐他们接受职业教育或者职教培训。逐步打通高职、本科有机衔接的上升通道，对贫困家庭子女单独划线、单独录取。创造条件，支持贫困地区学生到发达地区接受职业教育，支持贫困县初中毕业生到大中城市示范性中等职业学校就读。这些举措，可以使贫困地区每个适龄青少年都能学会一项实用技能，每个劳动者都有机会接受职业培训。

4. 精准资助与精准培养

实现"精准资助"：目前，我国建立的"奖、助、贷、勤、补、免"六位一体的职业教育学生资助体系，覆盖了90%的中职学生和20%的高职学生；然而，贫困家庭子女求学的实际支出对贫困家庭而言仍是重负。必须进一步完善贫困地区学生接受职业教育的资助政策，在全面享受现有资助政策的基础上，予以最大限度的拓展。切实落实国家关于中等职业学校免学费补助资金管理等具体办法，大力实施"雨露计划"。完善资助政策体系，让贫困家庭的孩子"真正学得起技能"的同时，职业教育学校可利用校方与企业间的紧密联系为贫困学生争取更多种形式的企业助学金，"职教资助一小步，人生前进一大步"，通过资助体系的完善，有效缓解家庭经济困难学生就学压力，帮助更多贫困家庭子女完成学业。

通过实现针对精准的人群，制订精准的课程、配备精准的师资进行技能培养及理念培育，促进贫困家庭孩子多样化成才，提高贫困人员的素质。推进校企合作、工学结合、顶岗实习、订单培养、现代学徒制等人才培养模式改革，进一步完善校企共建各项制度，推动校企双方形成利益共同体，实现可持续发展。推行项目教学、案例教学、工作过程导向教学等教学模式；通过毕业能力与技能课程改革模式及对课堂、基地、农户、实体、农校与高校连为一体的教育模式探究，可以以"教育扶贫示范田"基地建设形式，使职业教育发展与经济发展有机地结合起来。这样，既改变职业教育是"断头教育"的倾向，让有升学意向和能力的贫困家庭子女进入高层次深造，又改变单纯"升学教育"的倾向，让掌握技术的贫困家庭子女带着技术进入市场，实现顺利就业，产生良好的经济效益和社会效益。

5. 精准培训与精准帮扶

加强实用技术培训，让贫困家庭主要劳动力拥有一技之长，实现"精准培训"。"治贫先治愚，扶贫先扶智"。职业教育是实现精准扶贫的重要途径。让精准扶贫的贫困人口脱贫的最好办法是让他们掌握现代农业技术及其他手艺，成为有文化的、拥有一技之长的现代农民、种养殖业专业户、现代手艺人及其他经营者，成为新型职业农民或者城市的建设者。以县级职教中心为主阵地，结合片区经济规划与发展，发挥涉农高校的优势和作用，采取送训下乡、集中办班、现场实训等多种形式，分别对在家务农、外出务工、回乡创业人员开展菜单式培训，向社会公开所有职业学校的基础培养培训能力和培养方向，建立优先面向扶贫村全体村民的职业教育"培训包"。通过广泛的社会动员，全社会激发起关心贫困地区、关爱贫困地区和支持贫困地区的积极性；通过好的机制把他们动员起来，点对点到贫困乡村去帮扶及培训。组织和引导未继续升学的初、高中毕业生等新成长劳动力进入职业院校参加学历教育或技能培训，让这些学生掌握专业技能，提高脱贫致富的能力。针对教育扶贫的有"两后生"的贫困家庭劳动力实施职业教育，提素质、学技能、稳就业、增收入，就能从源头上提高新生劳动力创业就业能力，阻断贫困的世代传递。

6. 精准就业与精准脱贫

重视创新创业教育，培养学生良好的职业精神和职业技能，实现"精准就业"。让贫困家庭子女稳定就业及学会创业，融入工业化、城镇化进程，是切断贫困代际传递链条的有效方法。职业院校要完善实践教学体系，加强顶岗实习管理，探索集约化顶岗实习；将职业技能鉴定和实训教学有机结合，切实加强校企合作和订单培养，增强学生就业竞争力，增加学生就业机会；重视对学生进行创业教育。积极推进"大众创业、万众创新"，建设一批实践育人创新创业基地，培养有机会的贫困家庭人口或者毕业生参与就业，脱贫致富。建立贫困家庭大学生实名制信息库，摸清核准学生家庭背景、学业情况和就业创业意向，建立"一对一""多对一"的帮扶机制；充分利用"互联网+"技术，建立精准推送就业服务机制，开展有针对性的职业规划指导、创业教育培训，举办专门招聘会，挖掘适合性就业岗位，优先推荐和帮助贫困家庭毕业生就业创业。对回乡自主创业的贫困家庭毕业生，按规定享受小额担保贴息政策；对家庭特别困难、就业特别困难的毕业生实行救济性安置，安排其进入社区公益性就业组织，从事由政府出资的公益性工作。通过以上措施，确保所有贫困家庭的大学毕业生能够实现就业或创业，达到"一人长期就业、全家稳定脱贫"的目的。

7. 精准市场需求提升职教扶贫

职业教育扶贫的技术和知识支持源自各职业学校及行业的能工巧匠及学校的设备等教学资源。职业教育精准扶贫须对于市场需求精准把握，开展培训和帮扶才能最大程度发挥它的作用。职业学校办学应贴近市场需求，紧扣职教扶贫的人才培养需求，依托有条件、有实力的企业，建立职业院校"双师型"教师队伍，与政府合作，引进及鼓励企业参与企业扶贫开发及职教培训，甚至企业办职业教育是很有必要及保持职业教育长效的重要手段。大力宣传国家和广西的扶贫政策，让参与精准扶贫的企业有政策获得感，并开展形式多样的交流活动，搭建合作共赢平台，共享推介扶贫项目，让更多的企业家积极参加，把扶贫开发工作所需与企业所能结合起来，积极争取扶贫优惠政策，实现企业与贫困地区、贫困村优势互补，互惠共赢，为加快改变贫困地区落后面貌、加快脱贫致富步伐做出积极贡献，实现社会扶贫效果最大化。

8. 精准机制保障与协调统一

建立精准职教扶贫机制。从需求导向机制出发，分市县乡村各层级制订个性化、菜单式、可操作的职业教育脱贫方案，做到有增收致富项目、有人参加培训、有人对口帮扶责任人员等有针对性的具体保障措施。以精准帮扶机制为基础，扶贫责任、权力、资金、任务四项落实到校到人，精准确定扶贫对象，落实建档立卡，实施动态管理，保证统一有数、进退有据、应扶尽扶，推进责任机制落实。落实各级党政主要负责人的责任，按照"一事一主体、一主体一责任人"的原则，做到"问事必问人、问人必问责"，规划到村、落实到人；做到有时间表、路线图、任务书。协调各部门政策的执行与推进，统一各层面职教扶贫的具体做法，推动帮扶措施精准执行，能量化的严格量化，能细化的坚决细化；推动职教扶贫项目的进展，实行项目化管理，引导群众自力更生、勤劳致富。

综上所述，基于我国教育扶贫及精准扶贫的现状，职业教育扶贫应着手于扶贫对象精准识别与分类、对扶贫需求的精准规划与精准定制、对职教扶贫的精准宣传及招生；完善资助政策，实现精准培养与就业；贴近市场提升职教扶贫效能，多渠道多层面协调统一工作，致力于让贫困家庭孩子"真正学得起技能"，让贫困家庭有致富项目，形成一套动态长效机制，实现到2020年，全国贫困家庭的真正脱贫及后续良性发展。

六、研究的成果

为保障职业教育各项精准扶贫措施有序开展并巩固职业教育实施精准扶贫的效果，本课题拟从宏观层面构建职业教育精准扶贫机制（表1）。

表1　宏观构建职业教育精准扶贫机制

	序号	成果名称	成果形式	负责人
阶段性成果	1	"职业教育实施精准扶贫"的调研报告	调研报告	王勇全
	2	《职业教育精准扶贫内涵的探究》	论文	刘春霞
	3	《广西农产品电商品牌化探索与实践》《互联网+环境下农产品上行方法研究与实践》《广西县域农村电商培训模式探析与实践》	论文	冷玉芳
	4	《职业教育的精准扶贫模式案例若干份》——省内外案例	案例	甘晓玲、阮为平
	5	职业教育的精准扶贫校企合作案例——房产企业	案例	刘春霞
	6	职业教育实施精准扶贫的研究与实践——中期检查报告	报告	刘春霞

续表

	序号	成果名称	成果形式	负责人
终结性成果	1	职业教育实施精准扶贫的研究与实践	研究报告	刘春霞
	2	职业院校利用电商手段精准扶贫策略	方案	冷玉芳
	3	校校合作开启"扶贫扶一方"的新方案	方案	刘春霞、钟芳晖
	4	《职业教育精准扶贫圆梦班》实施方案	方案	唐金玉、刘春霞
	5	《中职学校精准扶贫实施手册》1本	手册	王勇全、刘春霞、李欣
	6	课题结题报告	报告	刘春霞

《职业教育扶贫机制与政策研究》研究报告

一、研究背景

当前,我国国民经济建设"十三五"发展规划正处于关键的一年,承载着全面建成小康社会重大时刻的历史重任。我国经济发展已经步入新常态,经济新常态意在体现我国领导决策层对当下现实问题的宏观把握及对长远挑战的充分考量。对于经济新常态概念和含义的理解,关系着国家宏观经济战略布局,而且是深化改革的重要前提。改革开放以来,我国经济已经连续三十年保持每年近 10% 的高速增长,创造了举世瞩目的"中国奇迹"。我国 GDP 增速自 2012 年出现回落,至 2015 年,增速为 7.6%。中国告别过去 30 多年平均 GDP 为 10% 左右的高速增长时期,但是我国劳动力成本不断上升,传统竞争优势淡化,而且许多产业已达到或接近世界前沿水平,由此而带来的资源耗费、环境生态破坏也日趋显现。由于我国国民经济增长出现适度回落符合世界经济发展一般规律,具有一定程度上的历史必然性,因此,反贫困仍是我国理政的大事。

党的十八届五中全会明确提出:到 2020 年,要实现全国贫困人口全部脱贫,2016 年是全面建成小康社会进入决胜阶段。让 6 000 多万农村贫困人口走出贫困,是重点也是难点。《"十三五"脱贫攻坚规划》与《国民经济和社会发展第十三个五年规划纲要》及交通、水利、能源、教育、卫生、农业、林业、旅游等专项规划的衔接,继承和细化了"十三五"脱贫攻坚总目标。其中,"十三五"国家扶贫攻坚战略的实施中,教育扶贫显得尤为重要。

"十年树木,百年树人"。"教育扶贫"能让贫困地区的孩子掌握知识、改变命运、造福家庭,是最有效、最直接的精准扶贫。"扶贫先扶智"决定了教育扶贫的基础性地位,"治贫先治愚"决定了教育扶贫的先导性功能,"脱贫防返贫"决定了教育扶贫的根本性作用,因此,教育扶贫不仅应该大有作为,而且必须大有作为。

职业教育扶贫机制是本课题研究的重点。所谓职业教育扶贫机制,是指职业教育扶贫系统内部及其与外部之间的有机制约关系及其运行机理。职业教育发展及相关扶贫政策是职业教育扶贫开发工作的目标走向,是正确开展职业教育扶贫开发工作的基础和前提。职业教育扶贫主要从职业教育和降低贫困家庭就学负担等方面,提出了一系列行动计划和措施,不断提高贫困人口的综合素质和就业技能,逐步消除因学致贫问题,阻断贫困的代际传递。

近年来,我国职业教育扶贫事业虽然取得了一定的成绩,但仍面临着投入不足、体制不顺、供求脱节等问题。目前,我国职业教育扶贫存在的问题有以下 3 个。

1. 职业教育扶贫投入不足,教育资源配置匮乏

由于监督和责任追究机制不健全,因此,从职业教育扶贫投入的实际来看,有关规定的职业教育扶贫投入目标和增长要求没有完全落实到位。职业教育扶贫办学设施简陋,教学和实训设备缺乏的问题仍然十分突出。虽然国家出台了一系列相关的补助政策,但是由于教育资源的匮乏，尤其是基础设施建设远远跟不上贫困地区学生就学的要求，因此，很多需要学习的学生不得不外出打工。另外，部分民族地区职业教育底子薄、基础差，学校的硬件建设严重滞后。县级职业中学中大部分的校舍没有进行扩建或改建，生均教学面积不足；职业学校图书资料缺口较大且陈旧，教学实验设备缺少，许多实验课无法开设，实习、实训基地建设严重滞后，设施无法满足教学需要，不能实现技能培养目标和要求，致使教学质量差、专业设置落后于市场需求，直接影响学生的就业和职业选择能力。

2. 职业教育扶贫机制不健全，导致扶贫开发效率不高

近年来，我国职业教育扶贫机制虽然不断地完善，但仍然存在着一定的问题。目前，基本是由职业教育归教育行政部门来管理的，教育扶贫资金归地方扶贫办公室管理。另外，《职业教育法》规定，职业教育包括职业学校教育和职业培训，同时还规定，国务院教育行政部门负责职业教育工作的统筹规划、综合协调、宏观管理；国务院教育行政部门、劳动行政部门和其他有关部门在国务院规定的职责范围内，分别负责有关的职业教育工作。在实际工作中，多头管理、政出多门、资源分散、效益低下等问题很突出，主要表现在职业学校管理方面。中等职业学校范畴内的普通中专学校、职业高中、成人中专学校由教育部门管理，技工学校则由劳动部门管理。由于管理部门不同造成很多政策不同。例如，学校级别和拨付经费标准不同，教师工资待遇和职称评定标准不同，毕业生获取职业资格证书的等级、工作身份和待遇不同。同类学校的不同政策，产生了颇多矛盾；同时，难免会出现重复办学，且学校整合难度大，存在教育资源浪费等问题。这几年，地方为调整职业教育管理体制做了不少努力，但由于上级管理体制没理顺，因此，地方调整的难度很大。目前，职业教育扶贫体系不够健全，从中央到地方，没有形成一个统一的管理运行机制，在一定程度上制约了职业教育扶贫的进展。

3. 职业教育扶贫发展与劳动力市场需求脱节

职业教育扶贫的培养目标是提高学生素质，使其顺利就业，从而能够创业致富、摆脱贫困。从某种程度上讲，职业教育是直接面对劳动力市场的教育类型，与劳动力市场的连接最为紧密，但是，由于政府部门在职业教育市场上占据主导地位，对职业教育发展缺乏科学规划和动态管理，没有在劳动力市场和职业教育发展上建立科学的供求信息反馈关系，不少职业学校或培训机构开展职业教育培训时，未与就业服务机构和企业充分沟通合作，只管发展职业教育而不管市场就业形势。

由于管理机制不健全，且部门之间缺乏协调与配合，职业学校和培训机构一味地上热门专业，造成了专业重复设置，浪费了大量的培训资源；同时，由于劳动力市场需求始终在变化，接受职业教育的劳动力在毕业后难以就业，因此，人们对职业教育失去了信心，这种情况制约着职业教育扶贫的健康发展。一些地方在职业教育发展中过度依赖政府力量，不仅缺乏规划，而且在市场发展过程中缺乏市场调查的基础，实行"一刀切"政策，造成培训专业设置与劳动力市场信息不对称，存在一定的盲目性和重复性，教育资源未得到合理、充分地使用。

基于这样的社会背景，本课题对国家、地区对职业教育扶贫机制政策进行深入研究，显得尤为重要。

二、研究目标

研究国家、地区与学校职业教育扶贫政策,并在此指导下,探索建立有效的职业教育扶贫多重机制体系(图1)。

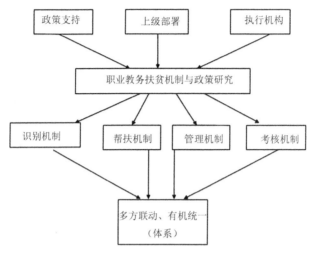

图1 职业教育扶贫多重机制体系

三、研究内容

机制建设是一个动态发展的过程,也是一项长期的工作任务。我国职业教育发展起步比较晚,各级政府、社会各行各业对职业教育的认识有一个不断深化和提高的过程。从扶贫视角对职业教育的发展及其功能的认识,更是一个崭新的课题。

1. 职业教育及其相关扶贫政策

职业教育发展及相关扶贫政策是职业教育扶贫开发工作的目标走向,是正确开展职业教育扶贫开发工作的基础和前提。我国扶贫工作坚持政府主导、统筹发展的基本原则,以政府相关政策为导向推进实施扶贫工作。职业教育也不例外,具体包括职业教育学生学费减免政策、职业教育学生助学金政策、职业教育体制及其办学改革发展政策、专项职业培训项目支持政策等,体现在国务院及其教育、人社、财政等相关部门的一系列政策文件之中。如:(国发〔2002〕16号)(国发〔2005〕35号)(中发〔2011〕10号)(教职成〔2011〕12号)(教职成〔2011〕13号)(教职成〔2011〕9号)等。

2. 职业教育管理运行体制

职业教育的发展及其扶贫开发是一个庞大的组织管理系统。树立生态系统概念,建立组织保障体系,确保其有序协调运行,是职业教育发展及其扶贫开发工作的重要环节。目前,职业教育实行国务院统一领导、分级管理、地方为主、政府统筹、社会参与的职业教育管理体制,即国务院教育行政部门负责职业教育工作的统筹规划、综合协调、宏观管理,劳动保障部门和其他有关部门在各自职责范围内,负责职业教育的有关工作。县级以上地方各级人民政府加强对本行政区域内职业教育工作的领导和统筹协调,制订促进职业教育发展的政策和措施;各级教育行政部门会同劳动保障等有关部门管理本行政区域内各有关职业学校的教育业务工作。

3. 职业教育合作办学机制

谁来投资办学，是职业教育发展面临的首要问题，是推动实施职业教育扶贫开发的基础和前提。显然，投资主体不同，服务的面向及其侧重点就有所不同。目前，我国职业教育坚持"面向人人"、以服务地方经济社会发展为己任，恪守"以服务为宗旨、以就业为导向"的职业教育办学方针。构建"政府主导、依靠企业、充分发挥行业作用、社会力量积极参与、公办与民办共同发展"的多元办学格局，着力推行以政府投资办学为主体，行业企业合作参与的"政校行企"联动的合作办学机制。

4. 职业教育人才培养机制

怎样培养人、培养什么样的人，是事关职业教育发展的根本问题，也是职业教育扶贫开发的核心环节。我国职业教育借鉴欧、美、日、澳等世界发达国家工作与学习相结合的职业教育人才培养理念，按照教育与生产劳动相结合的职业教育人才培养理念，按照教育与生产劳动相结合的教育思想，坚持育人为本，突出以诚信、敬业为重点的职业道德教育，以专业建设为立足点，大力推行"工学结合、校企合作"的人才培养模式，完善职业教育产教融合制度，把教学活动与生产实践、社会服务、技术推广及技术开发紧密结合起来，把职业能力培养与职业道德培养紧密结合起来，保证实践教学时间，培养学生的实践能力、专业技能、敬业精神和严谨求实作风，着力培养在生产、管理、服务等基层一线岗位就业的高素质技能型专门人才。

5. 职业教育扶贫对象识别机制

贫困对象有现实贫困者和未来贫困者，扶贫开发的重点无疑应该放在现实贫困者身上。显然，在资源有限的条件下，让现实贫困者得到救助，享受到接受职业教育的权利，是职业教育扶贫开发的重点。为此，需要建立职业教育扶贫对象识别机制，有重点、分类别地有序开展职业教育扶贫开发工作。目前，我国2011年出台的《中国农村扶贫开发纲要（2011—2020年）》规定，在扶贫标准以下具备劳动能力的农村人口为扶贫工作主要对象。基于此，国家主要对这一贫困群体进行重点扶贫开发。就职业教育而言，建立职业教育学生资助制度，采取发放助学金、奖学金、贷学金的政策，对贫困家庭学生和选学农业及地矿等艰苦行业职业教育的学生实行学费减免、生活费补贴，保障农村困难学生能够接受中高职教育的权利，同时，对农民、下岗失业人员、妇女等困难群体开展免费职业技能培训，对残疾人开展特殊职业教育，进而分类推进职业教育扶贫开发。

6. 职业教育资金投入保障机制

必要的资金投入是发展职业教育、开展职业教育扶贫工作的基本保障。我国实行以政府投入为主、行业企业投入为辅的多渠道职业教育经费投入保障制度。其中，各级人民政府经费投入是主体，包括公共财政性经费投入（用于公办职业学校教师工资按时足额发放）、职业教育专项经费投入（重点支持技能型紧缺人才专业建设、职业教育师资培养培训、农业和地矿等艰苦行业、中西部农村地区和少数民族地区的职业教育与成人教育发展）、城市教育费附加投入（主要用于职业学校实验实习设备的更新和办学条件的改善，比例从2006年起，一般地区不低于20%，已经普及九年义务教育的地区不低于30%）；企业职业教育经费投入是辅助，即各类企业要按《中华人民共和国职业教育法》的规定实施职业教育和职工培训，按照职工工资总额的1.5%或2.5%足额提取教育培训经费；学生学费投入是补充，职业院校可按照省级政府制定的本地区专业收费标准收取学生学费，全额用于学校发展，同时，利用税收优惠，鼓励企事业单位、社会团体和公民个人捐资助学。

7. 职业技术培训服务工作机制

开展职业技术培训服务，既是职业教育自身发展的需要，也是职业教育扶贫开发的重要渠道。当前，我国实行政府政策驱动、行业组织和指导、职业院校和相关培训机构接受委托或者独立组织实施的职业培训服务工作机制。其中，各级政府的职责主要是制定政策，提出培训的目标和任务，统筹规划和组织领导培训工作；行业主管部门和行业协会的职责主要是开展一个预测，即本行业人才需求预测，制定一个规划，即行业教育培训规划，实施"三个参与"，即参与制定本行业特有工种职业资格标准，职业技能鉴定和证书颁发工作，参与制定培训机构资质标准和从业人员资格标准，参与国家对职业院校的教育教学评估和相关管理工作；职业院校和相关培训机构的职责主要是接受行业和企业的委托或者依据办学的需要，具体组织实施和开展职业技术培训工作。目前，农村劳动力转移培训阳光工程、"雨露计划"就是政府主导的职业教育扶贫开发项目，采取的就是"政府推动、部门组织、学校主办、农民受益"的技术培训工作机制。

8. 职业教育发展模式设计

职业教育发展模式是对职业教育发展路径的框架设计，不仅事关职业教育发展的生命力，而且直接影响和制约职业教育扶贫开发的目标走向和具体实施路径，是职业教育扶贫开发机制设计的关键元素。当前，我国职业教育发展的模式基本架构是：搭建中等职业教育与高等职业教育，职业教育与普通教育、成人教育彼此衔接与沟通的人才成长"立交桥"，坚持学历教育与职业培训并重，实行学历教育与职业教育相结合、全日制与部分时间制相结合、职前教育与职后教育相结合的灵活的办学模式和学习制度，发展成为面向社会的、开放的、多功能的教育和培训中心。

四、创新之处

机制建设是一个动态发展的过程，也是一项长期的工作任务。由于我国职业教育发展起步比较晚，因此，各级政府、社会各行各业对职业教育的认识有一个不断深化和提高的过程。从扶贫视角认识职业教育的发展及其功能，是一个崭新的课题。

创新职业教育扶贫联动机制。职业院校、职业培训机构等扶贫实施单位教育培训能力欠缺，制约着受助者职业能力和就业能力的提升速度；行业企业和职业院校参与扶贫动力不足，相互之间缺乏利益协调机制，开展合作教育及其培训较难；扶贫对象参与扶贫的话语权、决策权和选择权缺失，扶贫对象难以依据自身个性化发展的需要选择学习职业教育扶贫项目，接受教育的积极性和主动性没有得到有效激励，被动参与和接受的多，实施效果与预期目标存在较大偏差，在很大程度上影响和制约着扶贫工作的成效。

五、研究成果

职业教育扶贫机制与政策研究成果见表1。

表1 职业教育扶贫机制与政策研究成果

阶段	序号	成果名称	成果形式	负责人
阶段性成果	1	关于职业教育扶贫现状的调研报告	报告	郭海君、裴蓓
阶段性成果	2	职业教育扶贫相关政策汇总	政策汇总	李文轩、程丹宁
阶段性成果	3	关于职业教育扶贫的几点思考	论文	林艳、陈静
阶段性成果	4	关于职业教育扶贫考评制度的研究	论文	潘玉艳、陈静
终结性成果	1	职业教育扶贫机制调研报告	调研报告	钟燕、郭海君
终结性成果	2	职业教育扶贫机制优化研究	论文	陈静
终结性成果	3	关于职业教育扶贫中识别机制的方法优化研究	论文	林艳
终结性成果	4	科学的机制建设助力提升职业教育扶贫成效	论文	李文轩、程丹宁
终结性成果	5	课题研究报告	报告	陈静

《职业教育扶贫研究与实践》开题报告

一、课题解题与基本立意

(一) 课题解题

在国内,对教育扶贫这一概念的界定在理论界已经达成共识,大都从"教育扶贫"的定义、内涵、特征、基本要素等方面作界定,我们认为以下描述较为完整。

1. 教育扶贫的含义

教育扶贫是指针对贫困地区的贫困人口进行教育投入和教育资助服务,使贫困人口掌握脱贫致富的知识和技能,通过提高当地人口的科学文化素质以促进当地的经济和文化发展,并最终摆脱贫困的一种扶贫方式。

2. 教育扶贫的分类

按扶贫主体的不同,可以将教育扶贫分为以下 5 类。

(1) 政府主导型教育扶贫。例如,我国自 1995 年开始在贫困地区实行义务教育工程,希望通过加大对民族贫困地区的教育投入来改善贫困地区的教育水平,相关的研究较为注重教育体制改革、教育投入的经济效益等方面。

(2) 基金主导型社会资金扶贫。比较典型的是"希望工程"。可以说,"希望工程"动员了社会各界力量参与到教育扶贫的过程中,帮助贫困地区的学生享受到教育。

(3) 非政府组织主导型教育扶贫。2001 年 10 月 30 日,中国非政府组织(NGO)国际扶贫会议在北京发表了《中国 NGO 反贫困北京宣言》,政府、社会和非政府组织共同参与到扶贫过程中来。

(4) 救济式扶贫。是指扶贫主体直接向扶贫客体提供生产和生活所需的粮食、衣物等物资或现金,以帮助贫困人口,也称"输血式"扶贫。

(5) 开发式扶贫。是指扶贫主体通过投入一定的扶贫要素(资源)扶持贫困地区和农户生产自救,逐步走上脱贫致富道路的扶贫行为方式,也称"造血式"扶贫。

消除贫困、改善民生、逐步实现共同富裕,是社会主义的本质要求,是中国共产党的重要使命。2015 年 9 月,习近平总书记在"2015 减贫与发展高层论坛"上发表主旨演讲时提到:"授人以鱼,不如授人以渔。扶贫必扶智,让贫困地区的孩子们接受良好教育,是扶贫开发的重要任务,也是阻断贫困代际传递的重要途径。"

2016 年 12 月,国务院印发的《"十三五"脱贫攻坚规划》中提到:"要强化职业教育资源建设、加大职业教育力度、加大贫困家庭子女职业教育资助力度。""引导企业扶贫与职业教育相结合,鼓励职业院校面向建档立卡贫困家庭开展多种形式的职业教育。"

(二) 基本立意

教育扶贫是指通过加强对贫困地区、贫困家庭的教育，提高其人口素质特别是创业能力，使其具有摆脱贫困的本领，从而在根本上解决其贫困问题的一种扶贫形式。通过接受教育进而提升个人的知识水平和技能水平的方法，无疑有助于人们改善自身的生存与发展状况，从这个层面看，任何一种教育形式都具有扶贫功能。

《中国农村扶贫开发纲要（2011—2020年)》明确提出："要坚持开发式扶贫的方针""更加注重增强扶贫对象自我发展能力"。教育扶贫从发展基础教育和加强劳动技能培训入手，能迅速提高劳动者的技能素质和转移就业能力，帮助扶贫对象实现稳定就业，逐步缓解贫困地区人地矛盾，强化"造血式"扶贫功能，有效地提升其自我发展能力，增强扶贫开发效能，扎实推进当前新一轮扶贫开发攻坚战。

目前，贫困地区普遍呈现的急需解决的问题主要存在以下4个方面。

1. 经费投入不足，职业教育资源配置匮乏

近年来，职业教育攻坚项目的实施，使中等职业学校的办学条件得到了较大改善，但是，由于职业教育办学底子薄、基础差，加上地方财力有限，投入不足，中等职业学校设施简陋、教学和实训设备缺乏的问题仍然十分突出。

2. 教育扶贫政策的惠及面不广、标准不高

这些年，虽然国家对教育扶贫资金的投入力度逐渐加大，实行了免学费、对家庭困难学生给予国家助学金的政策，但是，职业教育扶贫的受益面还不够广，贫困家庭子女能享受国家助学金的比例太少，同时，家庭困难学生享受的国家助学金标准也达不到最低生活保障。

3. 机制不健全，职业教育扶贫开发效率不高

职业教育扶贫工作涉及多个部门，如教育扶贫和技能培训经费均由人社、扶贫等部门负责，由于各部门职责不同，难免会出现整合难度大、教育扶贫资源浪费等问题。职业教育扶贫工作没有形成统一的管理运行机制，在一定程度上制约了职业教育扶贫的效率。

4. 职业教育扶贫发展与劳动力市场需求脱节

职业教育扶贫的培养目标是提高学生素质，使其顺利就业，从而能够创业致富、摆脱贫困。由于管理机制的不健全，且缺乏部门之间的协调、配合，职业学校和培训机构一味地上热门专业，造成了专业重复设置，浪费了大量的培训资源。同时，由于劳动力市场需求始终在变化，接受职业教育的劳动力在毕业后难以就业，使得人们对职业教育失去了信心，制约着职业教育扶贫的健康发展。

广西属于少数民族地区，经济发展相对落后。与此同时，产业发展、经济结构调整的任务繁重，培养高素质技能型人才队伍是推动广西各项事业进步的关键。2011年，部分行政市组织实施了国家教育扶贫试点项目，并在试点的基础上继续扩大推广，2014年，已成功实施16个职业教育扶贫助学项目，积极开展以中等职业教育为突破口的教育扶贫改革，取得了显著成效，但广西教育扶贫工作依然非常艰巨。据统计，以百色市为例，2015年，全市有子女入学的贫困家庭82 586户，涉及贫困家庭子女140 391人。新时期职业教育促进精准扶贫，更好地为全面建成小康社会服务，是值得我们思考和探索的问题。

为确保本课题研究成果具有更好的推广价值,拟联合广西物资学校、玉林市第一职业中等专业学校、广西灵山职业中等职业学校、容县职业中等专业学校四所职业学校共同开展职业教育扶贫的研究与实践,为广西乃至全国职业教育扶贫政策的制定与实施提供有价值的实践性参考。

二、研究背景、理论与现实依据、意义

(一)研究背景

职业教育关乎国家经济转型和竞争力提升,关乎亿万劳动力就业,它不仅是重大的教育问题,更是重大的民生问题和经济社会发展问题。大力发展职业教育,是加快转变经济发展方式、主动适应经济发展新常态的客观需要,是把我国巨大的人口数量优势转化为人力资源优势、建设人才强国的重要途径,也是保障改善民生、保证充分就业、实现脱贫致富的根本举措。

教育扶贫工程是为贯彻落实中央扶贫开发工作会议精神和《中国农村扶贫开发纲要(2011—2020年)》《国家中长期教育改革和发展规划纲要(2010—2020年)》,充分发挥教育在扶贫开发中的重要作用,对集中连片特殊困难地区涉及的680个县实施的一项重大民生工程。

习近平总书记提出:"全面建成小康社会,最艰巨的任务在贫困地区。"职业教育不仅要挺起中国的脊梁,作为一项重大民生工程,更要发挥为贫困地区"造血"脱贫的重要作用。在从粗放式扶贫向精准扶贫转变的过程中,教育(尤其是职业教育)应发挥重要作用。

推进精准扶贫是党中央、国务院的重大战略决策,是当前各级党委政府一项紧迫的政治任务。党的十八届五中全会提出,坚决打赢脱贫攻坚战,让7 000多万贫困人口全部脱贫。党的号召既是职业教育发展的努力方向,又是发展职业教育的根本动力。职业教育作为经济社会发展联系最为密切、服务最贴近、贡献最直接的一种教育类型,对贫困地区群众脱贫致富帮助最为直接、最为快捷、最为有效。在推进教育精准扶贫的实践中,应充分认识和发挥职业教育的独特优势及作用,努力实现"人人受教育,个个有技能,家家能致富"的目标。推进职业教育扶贫是职业教育职能特征的重要体现。

职业教育的主要功能是培养技术技能人才,是最有效的"造血式"扶贫,要瞄准扶贫对象,聚焦重点人群,支持农村贫困家庭子女接受职业教育,增强脱贫致富的能力。目前,现代社会的贫困问题都是知识与能力贫困的表征和结果,发挥教育的扶贫功能不仅能增强贫困人口脱贫致富的能力,还可以带来巨大的社会效益。教育扶贫的功能得到了学术界的认同,但针对我国贫困地区教育扶贫问题和现象的实证研究模式才刚刚开始。

(二)理论与现实依据

党的十八大及《国家中长期教育改革和发展规划纲要(2010—2020年)》《"十三五"脱贫攻坚规划》对教育扶贫做了重要战略部署,充分阐述了"十三五"时期国家脱贫攻坚总体思路、基本目标、主要任务和重大举措。中央扶贫开发工作会议确立了精准扶贫、精准

脱贫基本方略，党中央、国务院制定出台了系列重大政策措施，为聚全国之力打赢扶贫攻坚战提供了坚强的政治保证和制度保障，脱贫攻坚已经成为全党全社会的统一意志和共同行动。

2016年，国务院发布《"十三五"脱贫攻坚规划》指出，若加快发展职业教育，应"强化职业教育资源建设、加大职业教育力度、加大贫困家庭子女职业教育资助力度""引导企业扶贫与职业教育相结合，鼓励职业院校面向建档立卡贫困家庭开展多种形式的职业教育""加强有专业特色并适应市场需求的职业院校建设""鼓励东部地区职教集团和职业院校对口支援或指导贫困地区职业院校建设"。

本课题依照国家有关教育扶贫的政策和会议精神，结合职业教育对口扶贫工作的理论要求，最终确定本课题的职业教育扶贫理论依据，并结合国内外实施职业教育扶贫的成功经验和具体贫困家庭、政府、企业调研，有效整合多方资源，构架职业教育实施扶贫的顶层框架、运作模式和保障机制。实施职业教育对口贫困家庭的各项具体扶贫措施，有序推进贫困家庭剩余劳动力就业再培训、引导并保障贫困家庭适龄群体接受中等职业教育、职业教育扶贫机制与研究，并做好数据的记录、分析和研究，不断巩固和提高职业教育在扶贫方面的成果。

依据上述分析，本课题把理论和实践相结合，探索职业教育在扶贫中的作用呈现，本研究既有职业教育扶贫顶层设计框架，又有具体可行性强的扶贫措施，致力于实现"培训一人，就业一人，脱贫一家"的职业教育对贫困家庭的扶贫目标，最终解决贫困家庭的精准扶贫。由此可见，本课题对促进贫困家庭脱贫和职业教育扶贫的研究与实践具有重要的现实意义。

（三）研究意义

1. 理论意义

本研究将为广西乃至全国职业教育扶贫政策的制定与实施提供指导与参考，尤其是在贫困家庭适龄子女（15~19岁）接受中等职业教育、贫困家庭劳动力人口接受中等职业培训、职业教育实施精准扶贫的有效措施、构建基于职业学校与贫困家庭的可持续的扶贫运行与保障机制等，提供有益的实践性参考。

2. 现实意义

（1）切实促进贫困家庭适龄子女（15~19岁）接受职业教育，提高职业素质。贫困地区面临的最大问题就是劳动力素质低下的问题。据统计，2013年，全国贫困村中未能继续升学的贫困家庭适龄子女（15~19岁）（两后生）达398万人，其中，未参加职业教育的352万人，每年新增"两后生"100万人。对这部分农村贫困家庭劳动力实施职业教育，提素质、学技能、稳就业、增收入，就能从源头上提高新生劳动力创业就业能力，阻断贫困世代传递。

（2）提升贫困家庭劳动力人口职业技能，有效推进职业教育精准扶贫。结合贫困地区特色产业资源，开发符合当地实际的职业培训项目，通过对新生代农民工开展职业教育培训，提升新生劳动力职业技能，培养贫困地区脱贫的内生动力进而提高农民收入，实现

"培训一人，就业一个，脱贫一家"。

（3）突破学校培训瓶颈，提升办学质量。目前，学校培训项目单一，基本都是学生内部考证培训，很难与社会结合，与农村的结合方面更是空白，因此，对涉农人员进行培训，解决学校培训的瓶颈，可以充分了解农村贫困人群的技能需求。

（4）可以有效提高教师职教能力，提升学校社会美誉度。在深入调研与实施扶贫培训项目的过程中，也促使职业学校专业教师深入市场一线，了解市场最新需求，完善自身知识结构，提升综合职教能力。践行了职业院校应该承担的社会责任，也提升了学校的办学水平和社会美誉度。

三、国内外研究现状（文献综述）

（一）国内研究现状

我国对教育扶贫的研究大多还是在国外扶贫理论预设的基础上开展的。从已有的研究来看，主要从经济学、社会学、教育学、人力资本等多元角度进行了分析，取得了一些成果，并在我国教育扶贫政策的制定、实施过程和效益等方面提出一些有建设性的意见，为进一步研究打下了很好的基础；但从学术界和整个系统的角度来看，还存在学科衔接不紧、研究不全面等问题，主要表现在：很多研究者局限于特定的学科视角，遵循该学科的方法和调查方式，忽视了研究视角的多元化，在研究方法和内容上还存在一定的局限性；缺乏对大多数贫困者的深度观察，不能全景式地反映其贫困的过程，显得研究结果生硬而表面化。

1. 经济学视野下的教育扶贫研究

1996年，中共中央、国务院《关于尽快解决农村贫困人口温饱问题的决定》明确提出："要把扶贫开发转移到依靠科技进步，提高农民素质的轨道上来"，在扶贫开发的内涵上拓展了教育扶贫的功能。

1997年，著名学者林乘东提出"教育扶贫论"。他认为，教育具有反贫困的功能，可以切断贫困的恶性循环链。应该把教育纳入扶贫的资源配置中，实现教育投资的多元化，使公共教育资源向贫困地区倾斜。他同时提出，教育不能独善其身地反贫困，需要具备四个条件。

（1）提高贫困地区的人口综合素质。
（2）建立相对公平的经济分配制度。
（3）优化贫困人口配置，提高贫困人口劳动力与生产要素的结合度和效率。
（4）增加资本积累和投入，为反贫困提供经济基础，创造更多的就业机会。

集美大学的严万跃认为，现代社会的贫困问题都是知识与能力贫困的表征和结果，发挥教育的扶贫功能不仅能增强贫困人口脱贫致富的能力，还可以带来巨大的社会效益。由此可见，教育扶贫的功能得到了学术界的认同，但是，针对我国贫困地区教育扶贫问题和现象的实证研究模式才刚刚开始。

厦门大学的杨能良认为，教育扶贫是一种特殊的社会公共产品。加强对教育的政府投入，提高贫困人口的教育水平，使之能受到帮助并脱离贫困的教育，需要建立一种普遍的社会保障体系，弥补贫困人口的收入缺口。同时，要加大基础设施的建设，改善经济环境，提高贫困人口的就业率。在他看来，教育扶贫是一种最有效、最持久的扶贫方式。

兰州大学博士生张宏从经济学角度对甘肃省麻安村的参与式扶贫开发模式进行了研究。通过深度调研，他了解了不同类型农民特殊的生态和社会经济条件限制因素，分析了其中存在的问题，总结了扶贫开发模式中的一些规律，从而认为参与式扶贫开发是一种最优的模式。

四川大学的龚晓宽运用计量模型对近年来的扶贫效益进行了分析，提出扶贫模式的创新要以提高贫困人口的素质为核心理念。

周丽莎根据经济学家阿玛蒂亚·森提出的"解决贫困和失业的根本之道是实现社会机会的自由"理论，对新疆克孜勒苏柯尔克孜自治州进行了实证研究。她指出，实行集中办学、民汉合校和"双语"教育的扶贫模式能让少数民族学生平等地接受教育，实现了"实质自由"，缓解了能力贫困。教育扶贫是一种值得推荐的扶贫方式。学者们大多从促进当地经济发展、改变贫困人口的收入水平、加大教育投入力度等方面去阐述教育扶贫模式。

教育扶贫就是通过在农村普及教育，使农民有机会受到他们所需要的教育，通过提高思想道德意识和掌握先进的科技文化知识来实现征服自然界、改造并保护自然界的目的，同时，以较高的质量生存。关于教育扶贫尤其是职业教育扶贫的研究与实践，国内有不少专家学者做了深入的专题研究，提出了许多有益的方案。

李君甫认为农民非农就业的主要障碍之一是农民缺乏适当的非农职业教育和培训，因而，促进农民非农就业的有效手段就是对农民进行职业教育和培训。

莫堃认为职业教育作为给予学生从事某种职业或生活及劳动所必需的知识和技能的教育，通过职业准入资格教育、劳动者转岗教育培训、农村转移劳动力培训等教育方式，为促进我国就业增长起到了极大的推动作用。

马桂珍在研究贫困地区中等职业教育"打工式"就业模式的研究中提出，"打工式"就业符合边远地区人才劳动力市场的发展状况，有利于为经济发展积累资金，可以更有效地促进教学与生产劳动相结合和职业教育的进一步完善。

刘坚通过研究认为，加大贫困地区职业教育和劳动力转移培训力度，加快推进扶贫开发工作，应该提高劳动力培训和转移工作的针对性，整合资源、形成劳动力培训和转移的合力，加大投入力度，完善投入机制，切实加强对贫困地区职业教育工作的支持力度。

廖开兰在贫困地区县域经济与职业教育耦合的研究中提出，创新职业教育，面向县域经济，培养实用型县本人才；面向劳动力转移，培养综合性外向人才；加大投入，保证职业教育经费来源等，可以有效促进两者的融合发展。

谢振中对目前贫困地区劳动力转移培训模式进行了阐述，提出了"政府主导＋市场"的运作模式，并对该模式的优化与构建进行了探讨。

张亮在对我国农民培训现有模式进行全面调研和分析的基础上，提出了构建"一部法律、两个部门、多种机构、几类模式"的我国新型农民培训长效机制。

刘延兰对少数民族地区农村扶贫模式效果进行了综合研究后提出，扶贫系统中各系统取得的效果不甚理想，扶贫对村庄可持续发展能力建设的作用不明显，家庭特征、生产规模、劳动力就业、技能培训等几个方面是制约少数民族地区农村扶贫效果的直接因素。

腾茜在对湘西农民职业培训的研究中提出，若要进一步加大湘西地区农民职业培训帮扶力度，一要建立健全农民职业培训领导体制；二要建立健全农民职业培训多元投资体系及培训资金运行管理长效机制；三要加强制度建设，强化项目监管；四要通过做好宣传工作，加大激励，切实提高农民职业培训的有效需求；五要加大改革与创新力度；六要拓展就业空间，为农民职业培训提供就业保障。

刘子通在通过大量实地调研和问卷调查的基础上提出贫困地区新型职业农民培育的对策建议，认为要完善相关法律以确保新型职业农民权益，完善职业农民培育的有关政策，制定一系列适合本地农民的认定标准，并注重新型农民的效果反馈等。

湖南农业大学的唐玉凤、黄如兰、赵本纲在《我国农村贫困家庭子女教育现状与对策》中认为，农村贫困生的教育问题是影响我国新农村建设的重要因素。要从根本上改变农村贫困家庭的贫穷落后状况，加速"三农"问题的解决，促进农村社会的和谐发展，必须有针对性地加强贫困农民的教育，特别是要加强对农村贫困家庭子女的基础知识教育和职业技能培养，不断更新他们的思想观念和传统习俗，提升他们的科学文化素质和职业技能素质，增强他们自身脱贫致富的能力和自我发展的能力。

华中科技大学的沈燕在《城市贫困家庭教育救助研究——以武汉市贫困家庭为例》中以社会保障学、人力资源管理等相关理论为基础，通过对不同家庭教育现状及贫困家庭教育救助情况的调查分析，描述了不同家庭子女教育的基本状况及差异，探讨了城市贫困家庭子女教育救助严重不足的影响因素，并针对该问题提出了一些建议。

浙江工业大学的祝建华在《贫困代际传递过程中的教育因素分析》中认为，贫困代际传递问题近年来引起广泛关注，而教育在其中扮演着重要的角色。他分析了家庭中父母教育与子女教育的代际传递性，进而分析了父母教育与子女职业状况的代际传递性。另外，在此基础上还分析了家庭教育投资对代际收入流动及子女职业地位的影响。最后，提出通过促进贫困家庭父母教育发展、促进贫困家庭人力资本投资，提倡"上游干预"及帮助家庭采取合理的风险应对行动等路径来缓解贫困的代际传递。

西北农林科技大学的赵兰在《西北农村贫困代际传递研究——以青海纳村为例》中在对青海省贫困村纳村进行实地调查的基础上进行深入研究，首先，描述了纳村贫困的历史原因；其次，围绕着三代人的教育水平、职业及婚姻和生育状况这三个可能导致贫困的相关条件对贫困代际传递进行了研究。

海南大学的程江花在《扶贫助学政策视角下的海南省中等职业学校雨露计划研究》中提到：为积极响应中央扶贫精神，海南省政府于2008年正式启动"雨露计划中专班"——委托海南省经济技术学校等十多所中等职业院校举办雨露计划中等职业教育学历班。该政策实施以来，通过免费为贫困地区适龄青年提供技能培训和就业岗位，增加了农村贫困人口的收入，提高了他们的综合素质，有力地促进了贫困地区经济和社会的发展，收到良好的社会效应。但在实施过程中也存在如贫困人口瞄准失误、扶贫资金滥用、培训机构良莠不齐、专业设置不合理、培训方式不灵活、学生就业限制因素多等问题，折射出当下基层政权腐败严重、公共政策监控不到位、教育资源亟待整合、精神扶贫被忽略等问题。

2. 社会学视野下的教育扶贫研究

对教育扶贫模式的社会学视角更多倾向于对贫困地区自然生态环境衰退背后的传统人文因素进行研究。此类研究认为，提高贫困地区人口的素质、帮助转变传统落后的思想观念是帮助贫困地区脱贫的关键。

西南大学的欧文福专门从产业发展和人力资源能力建设的角度探讨了西南贫困地区的教育扶贫，综合了民族学、社会学、教育学方法，揭示了民族教育与经济发展的规律，为教育扶贫提供了不同的视角。

沈红通过对宁夏、甘肃两省区的扶贫调查分析，对不同地区扶贫的方式、过程和结果进行了描述，并比较了各自的利弊，从而为"八五"期间的扶贫工作提供了数据参考。

以问题和现象为出发点的教育扶贫实证研究是针对不同地区教育扶贫方式、过程、结果的比较研究，有助于我们总结扶贫过程中存在的一些共性和特性问题，如针对农村长期贫困现状与教育改革的研究、农村贫困地区教育扶贫的对策研究等。随着教育扶贫力度的加大，有些生态环境恶劣的地区还出现了生态移民和教育移民。以此为背景的研究包括甘肃四个干旱贫困县的教育移民调查研究、海南省"教育移民"情况的调查研究、宁夏吊庄开发性移民以及三峡库区教育移民的个案实证研究等。

以问题和现象为出发点的教育扶贫实证研究还包括：针对教育扶贫体系中贫困地区基础教育与职业技术教育的研究；不同地区的教育扶贫个案研究，如浙江省永嘉县的教育扶贫研究、西部开发过程中的凉山教育扶贫战略研究等；针对教育扶贫过程中的新方式的研究，如对河南远程教育扶贫网的思考等。可以说，对教育扶贫的实证研究层出不穷，硕果颇丰。

（二）区内研究现状

《中国教育报》2015年8月11日第一版刊登了《广西：重点建设100个职业教育扶贫培训基地》，明确指出要试试中等职业学校学生免学费政策全覆盖，给予中等职业学校升入高等职业院校就读的家庭经济困难学生每年2 000元学费补助。此外，还提出建立100个职业教育协作扶贫培训基地，开展东西部职业教育协作。

陈志林在考察广西百色市扶贫攻坚时强调，扶贫工作需要开展职业教育扶贫，完善社会资助体系；培训一人、脱贫一户、带动一片；构建全方位、多层次、立体式资助体系。赔钱不如给本事，扶贫要打"职教牌"。贫困的根本是文化水平低和劳动技能弱。所以扶贫的关键在于让贫困学生掌握技能，提高他们的竞争力，只有变"输血式"扶贫为"造血式"扶贫，才能真正实现脱贫不返贫。

侠哲在回顾了广西交通中等专业学校教育扶贫工作后，做了很好的归纳总结。教育扶贫，首先要继续贯彻执行对贫困地区在招生分配中的扶持政策，开办扶贫民族班，开办在职职工扶贫中专专修班；其次要继续贯彻执行对贫困地区在分配工作的优惠政策；最后要积极思考开发适合当地情况的职业技能培训。

《广西精准扶贫机制创新研究》课题组针对广西贫困的特征及其形成原因做了摸底调查，以问题为导向，对广西精准扶贫工作进行深入研究，提出破解扶贫开发难题六大工程，从整合扶贫资金、用大数据推动大扶贫等方面提出对策措施。

(三) 国外研究现状

从 20 世纪 60 年代开始，国外关于扶贫开发理论的研究大致经历了从"贫困文化理论""资源要素理论""人力素质贫困理论"到"系统贫困理论"的发展；从经济、文化、人力资本、社会政策系统的角度分析了贫困的成因，并从经济、文化、教育、结构调整等方面提出相应的扶贫方式，而对于教育扶贫的研究大多是在"扶贫开发理论"的假设下，从教育的扶贫功能这一角度进行阐述。

1. 贫困文化理论

"贫困文化论"是由美国学者奥斯卡·刘易斯（Oscar Lewis）提出的。他认为，贫困文化是贫困群体在与环境相适应的过程中产生的行为反应，并且内化为一种习惯和传统文化，它的特点是对自然的屈从感、听天由命、对主流社会价值体系的怀疑等，即贫困地区人口安于现状、不思进取的生活态度，内化成群体的一种思维定式和行为准则，在这种贫困文化的熏染下，达成一种低水平的经济均衡，并在贫困地区一直延续。

2. 资源要素理论

国外学界资源要素论的主要代表有马尔萨斯（T. R. Malthus）的土地报酬递减理论、纳克斯（R. Nurkse）的贫困的恶性循环理论、莱本斯坦（H. Leibonstein）的临界最小努力理论。他们主张增加贫困地区的资本投入力度，使其达到国民收入增长的速度，强调资本的积累和形成，以期推动社会的经济增长。中国学者姜德华最早对我国贫困地区的类型进行分析，并总结了自然资源的不合理开发与自然生态恶性循环的过程。他把贫困的原因归结于对自然资源的不合理开发，或是过度开发导致环境恶化从而造成深度贫困。资源要素理论主要从经济学的角度认为贫困是对土地、劳动力、资金等生产要素不能进行有效合理配置的结果。

3. 人力素质贫困理论

1960 年，美国学者舒尔茨（T. W. Schultz）在美国经济学会上发表了题为"人力资本投资——一个经济学家的观点"的演说，提出经济的发展取决于人的质量，而不是自然资源的丰瘠或资本存量的多寡。他认为，贫困地区之所以落后，不在于物质资源的匮乏，而在于人力资本的缺乏；加强教育事业的发展，对人力资本的形成、经济结构的转换和经济可持续发展具有重要意义。20 世纪 80 年代，我国学者王小强、白南风通过"进取心量表"测量人的素质，量表包括改变取向、新经验、公共事务参与、效率感、见识、创业冲动、风险承受、计划性 8 个指标。他们将贫困地区人口的特征描述为：创业冲动微弱，易于满足，风险承受能力较低，不能抵御较大困难和挫折，不愿冒险；生产与生活中的独立性、主动性较差，有较重的依赖思想和听天由命的观念；难以打破传统和习惯，接受新的生产、生活方式及大多数新事物、新现象较差，安于现状等。他们总结出"人口素质差"是贫困地区贫困、落后的本质原因。

4. 系统贫困理论

系统贫困理论认为，贫困是由诸多综合因素系统运行的结果，贫困的根源是由"陷阱—隔离—均衡"构成的一个低层次、低效率、无序的、稳定型区域经济社会运转体系，这个体系规定着贫困延续的轨迹。在这个贫困区域系统中，社会的能力机制、资源基础与求变能力之间未能参与整个外部区域经济全面增长与社会持久进步过程。在发展的内部关系上，三者之间需要构成一定的相互适应关系。可以说，系统贫困理论已经脱离出对于贫困的平面的、静态的描述，而是从一个更广阔的视野来研究贫困。

综上所述，对扶贫理论的研究首先从贫困的定义和分类开始，但对贫困的定义有不同的角度，学界暂时还未能将其统一；有关贫困的绝对和相对的生存状态已得到大家的共识，只是量化的标准不一样；对贫困成因的分析也衍生出相关的理论，即由单一的贫困文化发展到系统观理论，并且由分化走向了共融。可以说，扶贫已经不再仅仅是一个部门的问题，而是不同学科和不同部门协同研究和管理的问题。这必然会产生不同的扶贫机制，这是扶贫理论发展的新趋势。

（四）总体框架、研究目标和基本内容

1. 总体框架
(1) 总课题名称：职业教育扶贫研究与实践。
(2) 子课题1：贫困家庭适龄子女接受中等职业教育的研究与实践。
(3) 子课题2：贫困家庭劳动力人口接受中等职业学校职业培训的研究与实践。
(4) 子课题3：职业教育实施精准扶贫的研究与实践。
(5) 子课题4：职业教育扶贫机制与政策研究。

2. 研究目标

本项目的研究和实践，可以归纳总结出贫困家庭的现状，并结合职业教育的特点和优质资源，提出相应对策，包括实施精准扶贫的机制、途径、方法等；解决贫困家庭剩余劳动力就业再培训、适龄群体接受职业教育等具体措施，可以使职业教育在贫困地区扶贫方面的作用得到更好体现，真正实现"一人就业，全家脱贫"的扶贫目标，从根本上解决贫困家庭脱贫的问题。

3. 基本内容

1) 贫困家庭适龄子女接受中等职业教育的研究与实践：
(1) 解决贫困家庭适龄子女（15~19岁）不愿意接受职业教育的群体。
(2) 构建职业教育服务扶贫攻坚的体系建设。
(3) 解决贫困家庭子女接受职业教育的意愿。
(4) 关注脱贫主体脱贫创新思路的研究。

2) 贫困家庭劳动人口接受中等职业学校职业培训的研究与实践：
(1) 推进教学改革，实现贫困人群"精准培养"；加强技能培训，实现贫困人群"精准培训"；重视创新创业教育，实现贫困人群"精准就业"。
(2) 融入国家"精准扶贫"的目标，对贫困人群开展现状进行分析。
(3) 建构职业学校"精准扶贫"模式。
(4) 职业学校"精准扶贫"方案的实施。
(5) 实施效果检验评估。

（6）反思、完善与评价。

（7）进入总课题的综合评价。

3）职业教育实施精准扶贫的研究与实践：

（1）职业教育精准扶贫内涵及作用的研究。

（2）职业教育精准扶贫现状及存在问题的研究。

（3）职业教育精准扶贫方法、路径研究。

（4）职业教育精准扶贫机制研究。

4）职业教育扶贫机制与政策研究：

（1）职业教育扶贫机制的含义。

（2）职业教育扶贫机制的有机组成部分。

5）子课题结构和主要内容：

（1）贫困家庭适龄子女接受中等职业教育的研究与实践。

①解决贫困家庭适龄子女（15~19岁）不愿意接受职业教育的群体。

②构建职业教育服务扶贫攻坚的体系建设。

③解决贫困家庭子女接受职业教育的意愿。

④关注脱贫主体脱贫创新思路的研究。

（2）贫困家庭劳动人口接受中等职业学校职业培训的研究与实践。

①推进教学改革，实现贫困人群"精准培养"；加强技能培训，实现贫困人群"精准培训"；重视创新创业教育，实现贫困人群"精准就业"。

②融入国家"精准扶贫"的目标，对贫困人群开展现状进行分析。

③建构职业学校"精准扶贫"模式。

④职业学校"精准扶贫"方案的实施。

⑤实施效果检验评估。

⑥反思、完善与评价。

⑦进入总课题的综合评价。

（3）职业教育实施精准扶贫的研究与实践。

①职业教育精准扶贫内涵及作用的研究。

②职业教育精准扶贫现状及存在问题的研究。

③职业教育精准扶贫方法、路径研究。

④职业教育精准扶贫机制研究。

（4）职业教育扶贫机制与政策研究。

①贫困家庭群体识别机制。

②职业教育帮扶机制。

③职业教育扶贫的管理机制。

④职业教育扶贫考核机制。

6）研究难点、重点、拟解决关键问题和创新之处：

（1）研究难点。

①对于"贫困家庭""精准扶贫"等概念的界定。
②收集处理贫困家庭资料。
③如何进行创业创新教育，培养贫困家庭学生的良好职业心态和技能，实现"精准就业"。
④精准扶贫家庭人员的脱贫观念思想转变的引导。
⑤如何实施长效动态的职业教育的"精准扶贫"。
⑥职业教育扶贫机制中的考核评估机制。

（2）研究重点。
①如何使贫困家庭子女接受中等职业教育的精准扶贫模式。
②如何进行脱贫观念的引导、教育和实践。
③制订怎样的符合精准扶贫需求的脱贫致富规划。
④如何进行创业创新教育，培养符合精准扶贫的家庭学生的良好职业心态和技能，实现"精准就业"。
⑤如何加大职业教育扶持力度，保障贫困家庭子女通过接受高质量的职业教育，实现就业脱贫。
⑥完善职业教育扶贫机制。

（3）拟解决关键问题。
①解决部分贫困家庭适龄子女（15~19岁）不愿意接受职业教育的问题。
②构建职业教育服务扶贫攻坚的体系。
③解决部分贫困家庭子女接受职业教育的意愿。
④进行脱贫主体观念、脱贫创新思路的研究。
⑤研究贫困人群难以"脱贫"的原因。
⑥探索贫困人群"脱贫"的途径和方法。
⑦构建职业教育的多元化扶贫培训功能体系。
⑧完善职业教育扶贫管理机制，理顺管理层次，建立信息化、大数据化的管理平台，实现动态管理。

（4）创新之处。
①方法创新：采用文献研究和实证分析相结合的方法，通过参考国内外文献，对教育扶贫的内涵、机制和模式进行研究，并对贫困家庭状况进行调查，采用理论和实际相结合的方法，可以使研究内容更翔实、丰富。

②内容创新：我国对教育扶贫的研究大多还是在国外扶贫理论预设的基础上开展的。从已有的研究来看，主要从经济学、社会学、教育学、人力资本等多元角度进行了分析，取得了一些成果。本研究着眼于研究精神扶贫和主体扶贫相结合，既有宏观层面的职业教育扶贫模式和保障机制的顶层设计，又有微观层面的剩余劳动力再就业职业培训、适龄群体接受中等职业教育、职业教育扶贫机制与政策研究等接地气的扶贫措施，为广西甚至全国职业教育扶贫的研究与实践提供一定的借鉴作用。

③成果创新：本研究既有职业教育扶贫顶层设计框架，又有具体可行性强的扶贫措施，致力于实现"培训一人，就业一人，脱贫一家"的职业教育对贫困家庭的扶贫目标。

7) 研究思路与方法：

（1）研究思路。为了更好地推进和实现职业教育对口贫困家庭扶贫的研究与实践，首先，本研究对国家目前关于教育扶贫的相关政策和文献资料、贫困家庭的剩余劳动力资源现状、适龄群体接受中等职业教育现状、当地政府对贫困家庭扶贫的政策法规现状进行广泛而深入的调研；其次，科学整合政府、职业学校的优质资源，构架职业教育实施扶贫的顶层框架、运作模式和保障机制；再次，实施职业教育对口贫困家庭的各项具体扶贫措施，有序推进贫困家庭剩余劳动力就业再培训、引导并保障贫困家庭适龄子女（15~19岁）接受中等职业教育、职业教育扶贫机制与政策研究，并做好数据的记录、分析和研究，不断巩固和提高职业教育在扶贫方面的成果；最后，把所有关于职业教育扶贫的研究和实践的前期、过程和结果材料有序整理，最终形成各项报告、方案、论文等研究成果，并做好研究成果的推广。

思路路线图见图1。

目标：帮助贫困家庭脱贫。

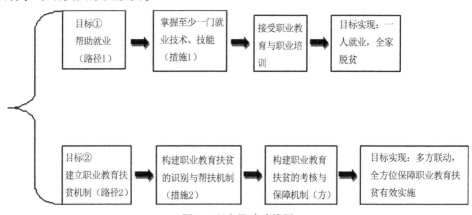

图1 研究思路路线图

（2）研究方法。本课题主要从解决问题的实际需要出发，采取文献法、调查法、行动法等方法，以获得课题实施的可行性及理论成果。具体研究方法如下。

①文献法：结合本课题的研究内容，对研究校校合作及职教扶贫的文献进行阅读、整理、归纳和分析，根据已有研究成果和存在的缺陷，确立本课题研究的问题和方法。在校校合作及职教扶贫研究成果的基础上，探讨新的理念和属性，进一步探讨基于贫困家庭脱贫下的职业教育实施有效扶贫模式的研究。

②调查法：在项目研究开始前后，有目的、有计划、系统地搜集有关研究对象的现实状况或历史状况，综合运用谈话、问卷等科学方式，对贫困家庭人员状况进行有计划的、周密的和系统的了解，并对调查搜集到的大量资料进行分析、综合、比较、归纳，从而了解和发现教育扶贫实施的有效途径。

③行动法：在前期研究成果的基础上，实施各项职业教育扶贫方案，做好信息记录、整理、分析和研究，不断完善职业教育扶贫模式和各项具体方案。

④理论分析与实证分析相结合：分析职业教育扶贫机制的核心要素和关键所在，分析构建的可行性和必要性，然后，通过开展职业教育扶贫实践的实证分析进行检验，探索职业教

育扶贫机制理论的可适用性，我校的研究可以具备一定的实践指导意义。

⑤系统分析：职业教育扶贫机制是一个包含许多环节、步骤的统一系统。采用系统分析法对职业教育扶贫研究时，基于系统分析法从扶贫机制的实施必要、实施成效、实施困境等几个关键环节把握职业教育扶贫开展过程中的诸多问题。

⑥实地调研访谈：坚持以理论联系实际，通过实地考察与访谈等方式搜集一手基本资料。反映扶贫对象的现实需求及研究职业教育扶贫实施工作中的问题，完善职业教育扶贫工作机制的基础理论，以促进职业教育扶贫实践开展。

除以上研究方法外，各子课题还灵活运用到其他方法，如访谈法、个案研究法、专题法等。

《贫困家庭适龄子女接受中等职业教育的研究与实践》开题报告

一、研究背景、理论与现实依据、意义

1. 研究背景、理论与现实依据

在2015年中央扶贫工作会议上公布的《中共中央、国务院关于打赢脱贫攻坚战的决定》，明确了要在2016年努力实现再减少1 000万以上贫困人口的目标，为"十三五"扶贫工作实现良好开局。到2020年，即"十三五"规划末，要确保中国现行标准下农村贫困人口实现脱贫，贫困县全部摘帽，解决区域性整体贫困。

党的十八大以来，从中央到地方，各级党委政府聚焦精准扶贫，紧锣密鼓地推出了一系列重大政策措施。治贫先治愚，扶贫必扶智。提高贫困地区教育发展水平和人力资源开发水平，是扶贫攻坚一个"老难题"！不仅关系到未来5年7 000多万贫困人口脱贫，更是让贫困人口摆脱贫困代际传递的治本之策。中央扶贫开发工作会议上，"发展教育脱贫一批"是扶贫攻坚的"五大工程"之一。未来5年，在全面建成小康社会的背景下，如何让更多贫困孩子拥有可期的美好未来，正成为各地不断探索的命题。扭转"为读书而读书"的传统思维，大力推进职业教育，提升贫困人口的文化素质和职业技能，增强脱贫致富能力，成为教育精准扶贫的一大方向和重要途径。

党的十八届五中全会明确提出，到2020年，要实现全国贫困人口全部脱贫，贫困县全部脱帽，解决区域性贫困问题。在2015年的中央扶贫开发工作会议上，习近平总书记指出精准扶贫要解决好"谁来扶""扶持谁"和"怎么扶"的问题，同时，提出实施"五个一批"工程，其中包含了"发展教育脱贫一批"，就是通过发展教育提高贫困家庭人口的文化素质和劳动技能，从而实现脱贫致富。习近平总书记的讲话为新时期的教育扶贫开发工作指明了方向。

2. 研究意义

职业教育是现代国民教育体系的重要组成部分。贫困地区面临的最大问题就是劳动力素质低下。据统计，2013年，全国贫困村中未能继续升学的贫困家庭适龄子女（两后生）达398万人，其中，未参加职业教育的352万人，每年新增"两后生"100万人。对这部分农村贫困家庭劳动力实施职业教育，提素质、学技能、稳就业、增收入，就能从源头上提高新生劳动力创业就业能力，阻断贫困世代传递。

随着我国产业结构的调整和城市化进程的加快，城市和社会经济的发展对拥有技术技能人才的需求也越来越大。农村贫困家庭适龄子女期盼改变命运，要求掌握更多、更快、更新知识的愿望越来越强烈。职业教育正是把握了市场的脉搏，能够为农村贫困家庭适龄子女提供更多学习的可能和更快更新知识的机会，成为国民终身教育的一个重要基础平台。加快职

业教育发展，推进贫困地区人力资源向人才资本转变，已成为一项十分紧迫的任务。本课题以广西物资集团定点联系的贵港市覃塘区和国家扶贫工作重点县百色市德保县为研究对象，对贫困地区的家庭贫困适龄子女接受职业教育的研究与实践进行分析研究。

二、国内外研究现状（文献综述）

习近平总书记在全国职业教育大会上指出，要加快发展职业教育，让每个人都有人生出彩的机会。他强调，职业教育是国民教育体系和人力资源开发的重要组成部分，是广大青年打开通往成功成才大门的重要途径，肩负着培养多样化人才、传承技术技能、促进就业创业的重要职责。要加大对农村地区、民族地区、贫困地区职业教育支持力度，努力让每个人都有人生出彩的机会。

为了深入理解和借鉴其他学者对贫困家庭高等教育理性选择的相关研究情况，进一步明确本研究的突破口和创新之处，深入地开展本课题研究，我们主要查阅了2000—2015年公开发表的学术论文50篇及出版的专著8部，其中，专门以贫困家庭适龄子女接受中等职业教育作为研究主题的几乎无迹可寻，相关主题的研究主要集中在以下两个方面：第一，贫困家庭的教育投资收益研究；第二，贫困家庭的教育投资风险研究。

近年来，党中央、国务院对教育扶贫工作高度重视，颁布实施的《中国农村扶贫开发纲要（2011—2020年）》已将贫困地区教育作为帮扶的一项重要内容，分别在专项扶贫和行业扶贫中提出了明确要求，如"对农村贫困家庭新成长劳动力接受中等职业教育给予一些特殊补贴""免除中等职业教育家庭困难学生和涉农专业学生学费，继续落实国家助学金政策"等一系列帮扶补助政策。

教育是实现农村反贫困战略的根本之策，而职业教育是其主要方式。美国著名学者舒尔茨认为："要改变某个地区贫困落后的状况，就必须向农民进行教育及文化投资，而促进农民掌握科技知识和技能的根本途径是教育，尤其是职业教育培训。"实践证明，在贫困地区大力发展职业教育，特别通过培训提高贫困劳动力素质，改变其生活观念，进而使他们转移到第二产业、第三产业，是帮助贫困群众增加收入、摆脱贫困的重要途径，具有重要的政治和经济意义。

在综合参考分析其他研究者的观点的基础上，本课题研究提出以下3个方面的创新。

（1）在我国大力发展职业教育开展扶贫攻坚的时代背景下，构建一套全面完善的家庭贫困子女接受职业教育的精准扶贫模式。

（2）通过校企资源和人才培养目标的无缝对接，构建适用于贫困适龄群体的多元化职业扶贫教育功能体系。

（3）以主体扶贫与观念扶贫并重，把典型励志教育和时代职业精神内涵融入中等职业学校课程教学的各个环节中。

三、研究目标

在全国大力推进职业教育扶贫攻坚的形势下，有效整合地方、学校和用人单位资源，致力于构建一套全面完善的家庭贫困子女接受中等职业教育的精准扶贫模式，实现"读书一人，带富一家"的教育脱贫目标。

引导家庭贫困适龄子女接受中等职业教育的过程中存在诸多问题，尤其在家庭经济承受能力差、知识与文化的贫乏、认识观念上的问题等方面尤为显现。本研究拟探索构建适合贫困地区贫困家庭适龄子女接受中等职业教育的精准扶贫模式，中等职业教育可以提高贫困家庭适龄子女的文化素质和劳动技能，实现"读书一人，带富一家"的教育脱贫目标，并将此扶贫模式复制，以点带面在全区进行推广应用。

四、研究内容

（1）在国家高度重视职业教育扶贫攻坚的背景下，家庭贫困子女接受中等职业教育的精准扶贫模式存在的问题及原因分析。

（2）家庭贫困子女接受职业教育扶贫激励机制的设计和开发，解决家庭贫困适龄子女接受中等职业教育的意愿问题。

（3）家庭贫困子女接受中等职业教育的精准扶贫模式推广策略。

（4）推进招生制度改革，扩大贫困家庭孩子进入职业学校学习的机会，实现"精准招生"。

（5）完善资助政策体系，让贫困家庭的孩子"真正学得起技能"。

（6）优化人才培养模式，促进贫困家庭孩子多样化成才，实现"精准培养"。

（7）重视创新创业教育，培养学生良好的职业精神和职业技能，实现"精准就业"。

五、研究难点、拟解决关键问题和创新之处

1. 研究难点

（1）对于"贫困家庭"的界定。

（2）收集处理贫困家庭资料。

（3）如何使贫困家庭子女接受中等职业教育的精准扶贫模式。

（4）如何进行脱贫观念的引导、教育和实践。

（5）如何实现"精准培养"。

（6）如何进行创业创新教育，培养贫困家庭学生的良好职业心态和技能，实现"精准就业"。

2. 拟解决关键问题

（1）解决部分贫困家庭适龄子女不愿意接受职业教育的问题。

（2）构建职业教育服务扶贫攻坚的体系。

（3）解决部分贫困家庭子女接受职业教育的意愿。

（4）进行脱贫主体观念、脱贫创新思路的研究。

3. 创新之处

（1）在我国大力发展职业教育开展扶贫攻坚的时代背景下，构建一套全面完善的家庭贫困子女接受职业教育的精准扶贫模式。随着职业教育扶贫攻坚的大力推进，农村贫困家庭适龄子女对职业教育的接受程度越来越高，而城市和社会经济的发展对技术技能人才的需求，又激励着贫困家庭适龄子女要求掌握更多、更快、更新知识的愿望越来越强烈。目前，有关

贫困家庭适龄子女接受职业教育的研究还相对较少，本研究将依托广西区部分中等职业学校对贫困家庭适龄子女的教育教学模式和政策实践，进行深入广泛调研，由此形成符合贫困家庭适龄子女需要的职业教育精准扶贫模式。

（2）通过校企资源和人才培养目标的无缝对接，构建适用于贫困适龄群体的多元化职业扶贫教育功能体系。创业、就业是职业教育扶贫的终点，通过校企资源和人才培养目标的无缝对接，可以有效推进多元化职业扶贫教育功能体系的深入发展。在当前新形势下，国家大力实施就业优先战略和更加积极的就业创业政策，以构建适用于贫困适龄群体的多元化职业扶贫教育功能体系，全力推动大众创业，推动农村劳动力就业创业，是促进农民增收和精准扶贫工作的重要手段，对于县域积极稳妥地推进城镇化建设进程、加快农业和农村经济发展、增加农民收入起到至关重要的作用。

（3）以主体扶贫与观念扶贫并重，把典型励志教育和时代职业精神内涵融入中等职业学校课程教学的各个环节中。要打好职业教育扶贫攻坚战，不仅要对贫困地区加大物质资金帮扶，还要高度重视精神扶贫、观念扶贫问题。加大精神扶贫力度，使贫困家庭及其子女保持良好的精神状态，增强自身的造血功能，有效减少返贫现象发生，做到标本兼治。要把典型励志教育和时代职业精神内涵融入中等职业学校课程教学的各个环节中，把职业教育的优质文化、理念、管理制度、职业精神内涵等优质资源融入学校各环节教学活动中。改变家庭贫困子女的落后面貌，不仅需要经济层面的帮扶，也需要精神层面的帮扶，要为家庭贫困子女群体注入反贫困的精神动力，除掉"头脑贫困"的障碍。

中共中央、国务院《关于打赢脱贫攻坚战的决定》明确了到2016年，要努力实现再减少1 000万以上贫困人口的目标，为"十三五"扶贫工作实现良好开局。到2020年，即"十三五"末，要确保中国现行标准下的农村贫困人口实现脱贫，贫困县全部摘帽，解决区域性整体贫困问题。

六、研究方法

1. 文献法

通过图书馆及网站查阅大量有关资料，了解职业教育扶贫攻坚的内涵和标准，了解家庭贫困适龄子女接受中等职业教育的现状和培养路径，了解家庭贫困适龄子女技术技能人才培养的方式方法。

2. 访谈法

通过与抽样的贫困家庭及其适龄子女进行访谈，了解他们对职业教育的认识、社会人才需求的标准、学生学习工作状况等信息，为研究家庭贫困适龄子女接受中等职业教育的应用实践做铺垫。

3. 问卷调查法

纸质版和电子版并用，主要对贫困家庭及其适龄子女接受职业教育培养意向和需求进行抽样调查，了解用人单位当前对出身贫困家庭的毕业生的帮扶意向，然后，通过分析整理与研究，为构建全面完善的家庭贫困子女接受职业教育的精准扶贫模式做支撑。

4. 行动研究法

对已经在用人单位实习工作的家庭贫困毕业生的就业工作情况进行调查和研究，邀请贫困适龄子女到职业学校感受职业教育发展成果，到用人单位感受毕业生工作环境和成绩，树立正面典型，鼓励并引导贫困适龄子女树立人生信心，做好职业生涯规划。深入开展校企合作，构建适用于贫困适龄群体的多元化职业扶贫教育功能体系。

《贫困家庭劳动力人口接受中职职业培训的研究与实践》开题报告

一、研究背景、理论与现实依据、意义

（一）研究背景及理论依据

在现阶段，我国贫困家庭劳动力人口（20～45岁）主要集中在农村。其规模之大、收入水平之低、生活之艰苦，已经严重影响到了农村社会的稳定和发展。中华人民共和国成立以来，我国的扶贫工作取得了一定的成就，无论是农村绝对贫困人群还是低收入人口其总量都呈现下降趋势，但是，目前我国贫困家庭劳动力人口规模仍然较大。

近年来，贫困家庭劳动力人口问题受到各界的高度重视，从中央到地方各级政府的工作报告和贫困家庭劳动力人口帮扶工程的实施，以及各大媒体对贫困家庭劳动力人口的大量报道，无一不显现出社会对贫困家庭劳动力人口（20～45岁）的关注。

2015年，习近平总书记在贵州调研时就加大力度推进扶贫开发工作提出"四个切实"的具体要求：一是要切实落实领导责任；二是要切实做到精准扶贫；三是要切实强化社会合力；四是要切实加强基层组织。他强调，特别要在精准扶贫、精准脱贫上下更大功夫，具体就是要在扶持对象精准、项目安排精准、资金使用精准、措施到户精准、因村派人（第一书记）精准、脱贫成效精准上想办法、出实招、见真效。

2016年11月，国务院常务会议通过了《全国"十三五"脱贫攻坚规划》，会议指出，打赢脱贫攻坚战，是党中央、国务院的重大决策部署，有利于促进区域协调发展、补上全面建成小康社会的最突出"短板"、实现共同富裕。

2016年，广西壮族自治区也出台了20项精准扶贫配套政策，内容涵盖体制机制创新、基础设施建设、社会力量帮扶、支持弱势群体和产业发展扶持5大板块。这些配套政策的实施细则中，都明确了责任单位和完成任务的具体时间，制定了标准，并列入各级党委政府和有关领导干部绩效考评。在精准扶贫摘帽实施方案中，要求2016—2020年，全区贫困村分5批脱贫，每年1 000个以上贫困村摘帽。

随着国家和地方政府连续出台一系列扶贫政策并大力推进落实，贫困家庭劳动力人口（20～45岁）的帮扶工作也日益完善，帮扶方式从直接给予钱、财、物的"输血式"扶贫，发展到"以工代赈"工程，到了最近又开始重视以智力扶贫为中心的"造血式"扶贫，帮扶内容已经从物质帮扶发展到了现在对物质、精神、文化、健康等各个方面的共同关注。在各界的共同努力下，贫困家庭劳动力人口（20～45岁）的生活有了一定的改善。

然而，整个社会都在向前发展，在激烈的市场竞争中，贫困家庭劳动力人口（20～45岁）还是处于相对弱势的地位。在我国农村居民收入的发展趋势中，种植业收入在农户收

入中的比重越来越小，非农收入在农户收入中占有的比重越来越大，贫困家庭劳动力人口（20~45岁）在非农就业中却一直处于不利地位。在中职职业转移顺序上，是普通农民优先，贫困家庭劳动力人口（20~45岁）居后，在实现转移的岗位上，普通农民收入高，贫困家庭劳动力人口（20~45岁）收入低。贫困家庭劳动力人口（20~45岁）的绝对收入在增加，但相对收入却在降低。

这种状况背后的原因复杂多样，有经济制度、自然条件、地方经济发展不平衡等因素的制约，但是最关键的因素是贫困家庭劳动力人口（20~45岁）文化素质不高、职业技能缺乏，不能适应当代非农产业对劳动力提出的素质要求。本课题便是基于这一背景来研究"贫困家庭劳动力人口（20~45岁）接受中职职业培训"，以便更好地提升贫困家庭劳动力人口（20~45岁）文化知识、职业技能等素质，促使其实现非农就业，尽快实现脱贫致富，促进农村社会的和谐发展。

（二）理论依据

"舒尔茨人力资本理论"是舒尔茨最早明确提出的人力资本概念，同时，还阐述了人力资本在经济增长、就业机会及劳动者工资增长等方面的作用。他否定了教育消费的传统观念，将人们接受教育视为一种投资，认为是为增加未来就业收益的一种投资。舒尔茨指出："尽管在某种程度上教育可以说是一项消费活动，它为受教育的人提供满足，但它主要是一项投资活动，其目的在于获取本领，以便将来进一步得到满足，或增加个人作为一个生产者的未来收入。"

舒尔茨的人力资本理论的基本内涵主要包括以下内容。

（1）人力资本的概念。人力资本存在于人的身上，表现为知识、技能、体力的价值总和。

（2）人力资本的来源。人力资本是投资形成的。投资渠道有五种，包括营养及医疗保健费用、学校教育费用、在职人员培训费用、择业过程中所发生的人事成本和迁徙费用。

（3）人力资本的作用。人力资本投资是经济增长的主要源泉。

（4）人力资本的地位。人力资本投资是效益最佳的投资，人力投资的目的是未来获得收益。

（5）人力资本的特征。人力资本投资的消费部分的实质是耐用性的，甚至比物质的耐用性消费品更加经久耐用。

（三）应用价值

1. 理论价值

本研究将为广西乃至全国贫困家庭劳动力人口（20~45岁）的中职职业培训、贫困地区扶贫脱贫实践提供指导与参考。

近年来，我国各级政府都在大力推进贫困地区贫困人口的扶贫脱贫工作，已取得了显著成效，我国贫困人口总数在减少，农民整体收入水平在提升；然而，由于局部地区资源贫瘠、交通闭塞、劳动力文化与技术水平低下、信息封闭等种种因素限制，导致国内仍有不少贫困地区亟需脱贫。在这样的时代背景下，本课题基于造血扶贫的考虑，研究如何通过现有的职业教育资源，对贫困家庭劳动力人口（20~45岁）实施精准扶贫，对口综合提升其文化水平和劳动技能，增强贫困地区脱贫的内在动力，为贫困地区的脱贫致富打下坚实基础。所以，本课题的研究，完善了我国当下关于农村贫困地区脱贫攻坚的理论体系，并为政府制定实施具体扶贫政策提供实践参考。

2. 实际价值

（1）提升贫困家庭劳动力人口（20~45岁）职业技能。这是通过对新生代农民工职业教育培训，满足其对城市文明的渴望，使他们能够更好地融入城市生活，同时，使他们获得在城市生存与发展的职业技能和市民素质；通过积极有效的职业教育培训，使新生代农民工有更大的生存和发展空间，既保证他们的生存质量，又能使他们得到发展的前途；通过培训，提升他们的创业技能、维权技能；通过培训，建设他们的心灵家园，充实精神世界。

（2）实现职业教育精准扶贫。这是通过对新生代农民工职业教育培训，提升新生劳动力职业技能，提高农民收入，实现"培训一人，就业一个，脱贫一家"。

（3）突破学校培训瓶颈。目前，学校培训项目单一，基本都是学生内部考证培训，很难与社会结合，与农村结合更是空白，因此，对涉农人员的培训，解决学校培训的瓶颈，可以充分了解农村贫困人群的技能需求。

（4）提高教师能力。由于电商相关的全部培训由本校专业教师与合作职业学校教师亲自组织与完成，因此，需要相关教师运筹帷幄，不断自我提高。

二、国内外研究现状（文献综述）

（一）国内研究

教育扶贫，就是通过在农村普及教育，使农民有机会得到他们所要的教育，通过提高思想道德意识和掌握先进的科技文化知识来实现征服自然界、改造并保护自然界的目的，同时，以较高的质量生存。关于教育扶贫尤其是职业教育扶贫的研究与实践，国内有不少专家学者做了深入的专题研究，提出了许多有益的思考。

（1）李君甫认为，农民非农就业的主要障碍之一是农民缺乏适当的非农职业教育和培训，因此，促进农民非农就业的有效手段就是对农民进行职业教育和培训。

（2）莫堃认为，职业教育作为给予学生从事某种职业或生活及劳动必需的知识和技能的教育，通过职业准入资格教育、劳动者转岗教育培训、农村转移劳动力培训等教育方式，促进我国就业率的不断增长。

（3）马桂珍在研究贫困地区中等职业教育"打工式"就业模式的研究中提出，"打工式"就业符合边远地区人才劳动力市场的发展状况，有利于为经济发展积累资金，可以更有效地促进教学与生产劳动相结合和职业教育的进一步完善。

（4）刘坚通过研究认为，加大贫困地区职业教育和劳动力转移培训力度，加快推进扶贫开发工作，应该提高劳动力培训和转移工作的针对性；应该整合资源、形成劳动力培训和转移的合力；应该加大投入力度，完善投入机制；应该切实加强对贫困地区职业教育工作的支持力度。

（5）谢振中对目前贫困地区劳动力转移培训模式进行了阐述，提出了政府主导+市场运作的模式，并对该模式的优化与构建进行了探讨。

（6）张亮在对我国农民培训现有模式进行全面调研和分析的基础上，提出了构建"一部法律、两个部门、多种机构、几类模式"的我国新型农民培训的长效机制。

（7）刘延兰对少数民族地区农村扶贫模式效果进行了综合研究后，提出扶贫系统中各系统取得的效果不甚理想，扶贫对村庄可持续发展能力建设的作用不显著，家庭特征、生产规模、劳动力就业、技能培训等几个方面是制约少数民族地区农村扶贫效果的直接因素。

（8）腾茜在对湘西农民职业培训的研究中提出，要进一步加大湘西地区农民职业培训帮扶力度，一要建立健全农民职业培训领导体制；二要建立健全农民职业培训多元投资体系及培训资金运行管理长效机制；三要加强制度建设，强化项目监管；四要通过做好宣传工作，加大激励，切实提高农民职业培训的有效需求；五要加大改革与创新力度；六要拓展就业空间，为农民职业培训提供就业保障。

（9）刘子通在通过大量实地调研和问卷调查的基础上，提出贫困地区新型职业农民培育的对策建议，认为要完善相关法律以确保新型职业农民权益，完善职业农民培育的有关政策，制定一系列适合本地农民的认定标准，并注重新型农民的效果反馈等。

（10）朱岳坤通过对湖南省新化、涟源两个县市贫困地区农村的实证研究后，发现对高中（中职）及其以上文化程度的劳动者来说，教育是影响他们收入的关键性因素，尤其是中等职业教育，对贫困地区农民增收效果显著；职业技能培训对加快劳动力转移、增加农民收入有显著的促进作用，因此，他认为在贫困地区发展教育，必须在九年制义务教育的基础上，尽快提高到高中层次，尤其是要大力发展中等职业技术教育，加大职业技能培训力度；要积极创造提高贫困地区人力资本投资回报的环境，完善制度和机制，引导农民优先发展教育，为从根本上摆脱贫困创造条件。

（11）陈伟红在分析了当前云南省农村劳动力转移的职业教育现状后，发现存在认识不到位、培训资金缺乏、培训手段亟待加强及培训资源缺乏整合等问题，提出要解决这些问题，应当积极宣传发展职业教育的意义，以提高认识；多渠道筹集资金，增加对职业教育培训的投入；坚持以就业为导向进一步端正职业学校办学指导思想；坚持学历教育和中短期培训并重，完善职业教育培养模式；根据市场需求调整专业设置和教学培训方式，提高人才培养质量。

（二）国外研究

本研究很难直接找到相关资料。因为研究的内容既涉及贫困家庭劳动力人口，又涉及贫困家庭劳动力人口（20~45岁）接受中职职业培训等问题，而迄今为止，国内外综合地专门研究这些问题的资料很少。笔者在所在地大小书店也未搜集到一本相关专著或教材，在搜索网、中国知网搜索栏，输入"贫困家庭劳动力人口（20~45岁）中职职业培训"，也未能找到一篇直接相关的文章。但是关于贫困家庭劳动力人口（20~45岁）、农民职业培训、扶贫机制等方面的文章很多。

(三) 研究目标

(1) 以《全国"十三五"脱贫攻坚规划》为指导，整合职业学校教育资源，积极探寻中职职业教育精准帮扶贫困家庭脱贫的有效路径。新时期的农村贫困家庭的扶贫方略是教育扶贫，"扶贫先扶智"决定了教育扶贫的基础性地位，"扶贫先治愚"决定了教育扶贫的先导性功能，"扶贫防返贫"决定了教育扶贫的根本性作用。本研究充分结合市场经济的规律和当地特色资源，积极探索中等职业学校对接贫困家庭劳动力人口（20~45岁）培训的契合点和有效路径，帮扶贫困家庭建立起自己脱贫的内在动力，从根本上解决贫困家庭脱贫的问题，为广西乃至全国贫困家庭劳动力人口（20~45岁）的中职职业培训，实现贫困家庭劳动力人口（20~45岁）脱贫致富的可行思路和办法，为我国党和政府解决"三农"问题提供决策参考依据。

(2) 以造血为目标，构建基于中职职业学校与贫困家庭之间的可持续良性运行保障机制。教育扶贫的目标是造血。本项目着眼于研究造血后，如何使贫困家庭能够持续保持自我造血、输血的良性循环运行功能，积极探索基于中职职业学校和贫困家庭之间的可持续良性运行和保障机制，从根本上解决贫困家庭脱贫问题，巩固扶贫成效。

(四) 研究内容

(1) 结合国家扶贫攻坚政策，深入实地调研，分析教育缺失造成贫困人群难以脱贫的原因。本研究拟在研究前期，认真学习国家现阶段对贫困人群实施扶贫攻坚的各项政策，联合政府扶贫部门和科研单位，深入广西典型贫困地区开展实地调研，综合考虑各项因素，挖掘贫困家庭难以脱贫的各种原因，并形成相关调研报告。

(2) 以市场经济为导向，整合多方资源，挖掘地方特色产业资源，开发并精准实施适合困难家庭的中等职业教育扶贫培训项目。在深入分析贫困家庭致贫的原因基础上，有效整合政府、中等职业教育资源、社会组织，深入挖掘当地特色的资源，开发符合市场经济运行规律、符合当地的项目，并针对当地劳动力开展相应技术、商业、文化等知识技能培训项目，对贫困家庭实施有效的精准扶贫。

(3) 结合具体实际，构建贫困家庭劳动力人口（20~45岁）接受中职职业培训的运行、评价和保障机制。在贫困家庭劳动力人口（20~45岁）接受中职职业培训的项目推进中，本研究经过实践和反思，有效分析和归纳，设计构建符合具体实际情况的贫困家庭劳动力人口（20~45岁）接受中职职业培训的相关运行、评价和保障机制，从制度上保障职业教育对贫困家庭实施精准扶贫取得预期效果，并可持续运行。

(五) 研究难点、拟解决关键问题和创新之处

1. 研究难点

(1) 贫困地区贫困家庭调研数据的全面性、准确性、合理性。广西地处我国西南地区，地理环境以山区与丘陵为主，人口多，可耕种面积少，经济发展整体水平较落后，贫困地区的贫困人口较多且分散。加上项目研究经费有限，因此，如何合理利用经费，调查典型贫困

地区，收集贫困信息，并确保所收集信息的全面性、准确性、合理性，最终探寻贫困地区贫困家庭致贫的原因有较大难度。

（2）设计开发适合困难家庭的中等职业教育扶贫培训项目。广西人多山多，可耕种土地少，自然资源贫瘠，尤其是贫困地区，交通闭塞，加上前期调研数据准确性的干扰，如何结合多方资源，挖掘地方本土化特色产业资源，开发扶贫项目，对接贫困家庭劳动力人口（20~45岁）的中职职业培训项目，具有一定的迷惑性和难度。

2. 拟解决的关键问题

（1）研究贫困人群难以"脱贫"的原因。教育缺失成为一些困难群体脱贫的深层障碍。大力扶持贫困地区教育事业发展，不但要从实际生活上"脱贫"，更要从教育上"脱贫"，从精神上真正"脱贫"。根据当地的贫困现状，有针对性地开展工作，做到有计划、分阶段、有梯次的脱贫。

（2）探索贫困人群"脱贫"的途径和方法。一是加大职业教育扶贫投入力度，完善教育资源配置；二是深化管理体制改革，建立健全职业教育扶贫运行机制；三是以市场为导向，加强职业教育与就业的联系。

（3）构建职业教育的多元化扶贫培训功能体系。运用科学有效的程序，对贫困人群实施精准识别，创造多元化扶贫开发模式，目标更加明确，措施更具针对性，管理更加精细化。大力发展职业教育，力求"培训一人，就业一个，脱贫一家"，为信息化城镇化建设培养数以亿计的职业技能人才。

3. 创新点

（1）面向贫困地区剩余劳动力和适龄群体开展职业化培训和人才培养，解决贫困家庭扶贫中的关键问题。本研究面向贫困地区家庭的劳动力，结合中职优质教育资源，实施精准扶贫培训项目，点对点从根本上提升贫困家庭脱贫能力。

（2）围绕贫困地区产业发展实际、市场需求和培训对象意愿，确定主要培训项目。主要对需要转移就业的劳动力开展就业技能培训和劳务品牌培训；主要对在岗农民工开展岗位技能提升培训；主要对农村创业和技能致富带头人开展示范培训；面向"两后生"开展职业技能学历教育培训；对从事农业生产和服务的农民开展新型职业农民培训；对具备创业条件，有创业需求的农民开展创业培训。

（3）创新贫困家庭劳动力人口（20~45岁）职业培训形式，扩展贫困家庭劳动力人口获得培训的机会渠道。中等职业学校开展贫困家庭劳动力人口职业培训工作，要逐步改变每年都是固定一定时段、集中授课的传统教学方式，积极开展多形式的培训。

（六）研究方法

融合精准扶贫与职业教育的研究与实践，主要采用以下研究方法。

（1）文献分析法。结合本课题的研究内容，通过多种渠道收集、整理相关内容，对现有扶贫政策和贫困人群职业教育的方式进行梳理；同时，查阅相关学术资料、论著，了解现代扶贫方式的内涵，以及在贫困人群中培养职业技能的途径、方法和成果，以资借鉴。

（2）调研分析法。在项目研究开始前后，有目的、有计划、系统地搜集有关研究对象的现实状况或历史状况,综合运用谈话、问卷、个案研究、测验等科学方式,对扶贫现象进行有计划的、周密的和系统的了解,并对调查搜集到的大量资料进行分析、综合、比较、归纳,从而了解和发现如何帮助贫困人群脱贫的有效途径。

《职业教育实施精准扶贫的研究与实践》开题报告

一、研究背景、理论与现实依据、意义

1. 研究背景

党的十八届五中全会明确提出，到2020年，要实现全国贫困人口全部脱贫，贫困县全部脱帽，解决区域性贫困问题。在2015年的中央扶贫开发工作会议上，习近平总书记指出精准扶贫要解决好"谁来扶""扶持谁"和"怎么扶"的问题，同时，提出实施"五个一批"工程，其中，包含了"发展教育脱贫一批"，就是通过发展教育提高贫困家庭人口的文化素质和劳动技能，从而实现脱贫致富。党的十八大召开不久，习近平总书记在河北省阜平县考察扶贫工作时指出："帮助困难乡亲脱贫致富要有针对性，要一家一户摸情况，做到心中有数"。习近平总书记的讲话为新时期的教育扶贫开发工作指明了方向。

广西属于少数民族地区，经济发展相对落后。目前，广西全区有5 000个贫困村，452万贫困人口，贫困人口总量排全国第4位、西部第3位。要实现到2020年，贫困人口全部脱贫、贫困村和贫困县全部摘帽，任务十分艰巨。在新一轮扶贫开发工作中，自治区扶贫办必须动员一切可以动员的力量，调动一切积极因素，整合各种资源，凝聚各方智慧，形成扶贫开发的强大合力，攻坚克难。与此同时，产业发展、经济结构调整的任务繁重，培养高素质技能型人才队伍是推动广西各项事业进步的关键。2011年，部分行政市组织实施了国家教育扶贫试点项目，并在试点的基础上继续扩大推广，2014年已成功实施16个职业教育扶贫助学项目，积极开展以中等职业教育为突破口的教育扶贫改革，取得了显著成效。但广西教育扶贫工作依然非常艰巨。新时期，职业教育应如何促进精准扶贫，更好地为全面建成小康社会服务，是值得我们思考和探索的问题。

2. 理论依据

党的十八大以来，从中央到地方，各级党委政府聚焦精准扶贫，紧锣密鼓地推出了一系列重大政策措施。治贫先治愚，扶贫必扶智。提高贫困地区教育发展水平和人力资源开发水平，是扶贫攻坚的一个"老难题"，不仅关系到未来5年，7 000多万贫困人口脱贫，更是让贫困人口摆脱贫困代际传递的治本之策。在中共中央扶贫开发工作会议上，"发展教育脱贫一批"成为扶贫攻坚的"五大工程"之一。未来5年全面建成小康社会的背景下，如何让更多贫困孩子拥有可期的美好未来，正成为各地不断探索的命题。扭转"为读书而读书"的传统思维，大力推进职业教育，提升贫困人口的文化素质和职业技能，增强脱贫致富能力，成为教育精准扶贫的一大方向和重要途径。

（1）精准扶贫。精准扶贫是粗放扶贫的对称。是指针对不同贫困区域环境、不同贫困农户状况，运用科学有效的程序对扶贫对象实施精确识别、精确帮扶、精确管理的治贫方式。

（2）创新之处"六个精准"。一是扶贫对象精准；二是扶贫目标精准；三是扶贫内容精准；四是扶贫方法精准；五是扶贫考评精准；六是扶贫保障精准。

（3）"十大要件"。一是领导精力要集中到扶贫攻坚上；二是财力支出要使用到扶贫攻坚上；三是项目布局要倾斜在扶贫攻坚上；四是基础设施要优先在扶贫攻坚上；五是工作作风要展现在扶贫攻坚上；六是排忧解难要着力在扶贫攻坚上；七是改革举措要结合在扶贫攻坚上；八是力量组织要集合到扶贫攻坚上；九是用人导向要体现在扶贫攻坚上；十是工作落实要显示到扶贫攻坚上。

（4）双联行动"六大任务"。一是宣传政策；二是反映民意；三是促进发展；四是疏导情绪；五是强基固本；六是推广典型。

（5）"1236"。"1"就是紧扣持续增加收入这一核心；"2"就是做到不愁吃、不愁穿；"3"就是落实义务教育、基本医疗和住房三个保障；"6"就是基础设施建设、富民产业培育、易地扶贫搬迁、金融资金支撑、公共服务保障、能力素质提升六大突破。

（6）"五到村"。一是目标任务到村；二是规划计划到村；三是项目资金到村；四是帮扶责任到村；五是监测管理到村。

（7）"六到户"。一是结对帮扶到户；二是脱贫计划到户；三是项目安排到户；四是产业培育到户；五是跟踪监测到户；六是效益落实到户。

（8）"七到人"。一是"两后生"等学历型技能培训落实到人；二是中等职业教育免除学费和助学金政策落实到人；三是农村义务教育、职业教育和学前教育落实到人；四是农村低保、新农合、五保供养和农村特大病救助等政策落实到人；五是计划生育奖励政策落实到人；六是增收产业技术培训落实到人；七是创业型、开发性、公益性就业岗位安置措施落实到人。

（9）贫困村实现"八有"。一是有主导产业；二是有专业合作社；三是有教学点和卫生室；四是有敬老院和幼儿园；五是有综合性村民活动场所；六是有金融网点覆盖；七是有综合商业服务；八是有良好的村容村貌。

（10）贫困户实现"八有"。一是有安全住房；二是有安全饮水；三是有基本农田；四是有增收产业；五是至少一人有技能资质证书；六是有基本社会保障；七是实现家里有余粮；八是实现手头有余钱。

（11）"两个见面""五个知道"。"两个见面"即双联扶贫工作队要与村干部见面，与帮扶户见面。"五个知道"即要让双联扶贫工作队员知道自己的工作职责；让村干部知道双联单位是哪个和扶贫工作队队长是谁；让联系户知道联系自己的干部是谁；让贫困户知道帮扶的措施是什么；让全村群众知道扶贫攻坚和小康建设的规划。

（12）建档立卡"五清"。一是摸清家底状况、致贫原因、收入来源、收入水平等基本情况，建立基础档案，做到"底数清"；二是摸清脱贫门路、需要解决的主要困难，建立问题台账，做到"问题清"；三是摸清以往扶持情况、扶持效果，提出帮扶措施，制订帮扶计划，做到"对策清"；四是确定帮扶单位、帮扶干部、实行"四定两不"，即定户定人定时定责帮扶，不脱贫不脱钩，做到"责任清"；五是逐户制订脱贫计划，确定脱贫时限，做到"任务清"。

（13）致贫原因。一是缺少致富门路；二是缺少发展资金；三是缺乏劳动技能；四是缺乏信息服务；五是饮水比较困难；六是家庭成员重病或残疾；七是赡养老人负担重；八是子女上学负担重。

3. 应用价值

职业教育在"精准扶贫"中具有的独特优势。通过接受教育提升个人的知识水平和技能水平，有助于人们改善自身的生存与发展状况。从这个层面看，任何一种教育形式都具有扶贫功能。与普通教育形式相比，职业教育在"精准扶贫"方面有着独特的优势。"精准扶贫"从扶贫效果上讲，强调在"投入"和"产出"方面具备最优的效能，即能够以相对少的教育投入，在相对短的时期内获得较好的扶贫效果。"临渊羡鱼不如退而结网，授人以鱼不如授人以渔"，职业教育实施精准扶贫通过抓住特色实现精准，给学生提供立足于社会的机会和技能，职业教育在这方面具有需求的适宜性和显著优势。

首先，从招生对象来看，职业教育对贫困地区的学子有着实际的吸引力。目前，我国职业教育主要是学历教育，招生对象主要是初中、高中毕业生。受招生体制及各种社会偏见的影响，总体上看，入读职业院校的学生成绩普遍低于普通学校的学生，这就造成了起点上的不公平，但是，对于相当一部分贫困学生来说，职业教育却是理想的选择。一方面，受经济发展水平的限制，贫困地区的教育资源相对匮乏，教育水平也落后于教育发达地区，这在一定程度上造成了贫困地区学生的升学率偏低，许多孩子无法通过普通教育渠道继续读书，而职业教育则可以为原本无法读高中、读大学的孩子提供继续学习的机会；另一方面，接受义务教育之后的教育需要承担一定的费用，这对贫困家庭来说是不小的经济负担。国家制定的中职免费等政策，为入读职业技术学校的学生解决了经济方面的后顾之忧，提升了职业教育的吸引力。

其次，从教学特点看，职业教育的技能培养方向有利于脱贫。职业教育就是以就业为导向的"能力本位"教育，开展职业教育扶贫更有利于促进贫困者的自身发展。如果说普通教育尤其是普通高中教育主要专注于理论知识的学习，职业教育则以培养技能人才为目标。职业院校的学生除了基础理论学习，更加注重技能的培养。以技术知识为载体的职业教育强调知识的实践与创新，是与岗位工作紧密相结合的教育类型，更利于学生就业。

就业是民生之本，也是贫困学子摆脱经济困难的主要渠道。在就业方面，职业院校的毕业生有着独特优势。通过系统的学习，职业院校的学生普遍可以获得"双证书"，学得一技之长。"技不压身"使有一技之长的职校毕业生在就业中具备一定的优势。从近两年的情况看，在大学毕业生遭遇严峻就业形势的情况下，职业学校毕业生却一枝独秀，在人才市场上特别受欢迎。

当今社会，高技能人才的匮乏更让职校学生有着很大的发展空间。我国已进入经济新常态，处于经济转型升级的关键时期，"中国制造"等国家战略的实施，对高技能人才有着很大的需求。从目前各种统计数据看，高技能人才缺乏恰恰是我国人才战略的"短板"所在。近年来，与大学生连年"最难就业季"相对应的则是频频出现的"技工荒"。职业教育作为与社会产业联系最为紧密的教育类型，直接着眼于培养高技能人才，在专业设置与培养模式上追求与产业经济发展的"零对接"，这无疑为职业院校学生提供了广阔的发展空间。对于渴望通过学习改变自身命运的贫困学生而言，选择职业院校无疑是一个理想的选择。

最后，职业教育是广泛面向社会人员的教育，职业教育在终身教育体系中占据主体位置，更适应精准扶贫工作的需要。1996年，教育部颁布的《中华人民共和国职业教育法》总则中规定："国家采取措施，发展农村职业教育，扶持少数民族地区、边远贫困地区职业教育的发展。国家采取措施，帮助妇女接受职业教育，组织失业人员接受各种形式的职业教育，扶持残疾人职业教育的发展"，因此，对于广大尚未脱贫的家庭人员而言，如果能在职业院校习得一技之长，无疑增加了脱贫致富的本领。

二、国内外研究现状（文献综述）

（一）职业教育扶贫的现状

1. 对职业教育扶贫的认识

教育是实现农村反贫困战略的根本之策。美国著名学者舒尔茨认为："要改变某个地区贫困落后的状况，就必须向农民进行教育及文化投资，而促进农民掌握科技知识和技能的根本途径是教育，尤其是职业教育培训。"实践证明，在贫困地区大力发展职业教育，特别是通过培训提高贫困劳动力素质，改变其生活观念，进而使他们转移到第二、第三产业，是帮助贫困群众增加收入、摆脱贫困的重要途径，具有重要的政治和经济意义。

2. 职业教育扶贫的相关行动措施

党中央、国务院对教育扶贫工作高度重视，颁布实施的《中国农村扶贫开发纲要（2011—2020年）》已将贫困地区教育作为帮扶的一项重要内容，分别在专项扶贫和行业扶贫中提出了明确要求，如"对农村贫困家庭新成长劳动力接受中等职业教育给予一些特殊补贴"，"免除中等职业教育家庭困难学生和涉农专业学生学费，继续落实国家助学金政策"等一系列帮扶补助政策。

3. 职业教育扶贫的现实效果

《中国职业教育发展报告（2002—2012年）》指出，针对85%左右的中职学生是来自农村和经济困难家庭的现状，"十一五"期间，中共中央和地方财政共安排600多亿元用于中职学生资助，90%的中职在校学生享受到了每年1 500元的资助。2011年，中共中央和地方财政投入135.9亿元，资助906万名中职学生。从2009年开始，国家对中职学校农村家庭经济困难学生和涉农专业学生逐步免除学费。2011年，中共中央和地方财政投入免学费资金79亿元，覆盖了395万名中职学生。中国特色的职教体系的逐步建立，在新型工业化、劳动力转移、扶贫开发与再就业等方面发挥着不可替代的作用。

以贵州省为例，"十一五"期间，全省在"雨露计划"实施过程中，先后投入财政扶贫资金4.4亿元，培训农村贫困劳动力587 088人，转移就业（转产）493 168人，转移就业率为84%。从2007—2010年的监测汇总的情况看，经过培训的劳动力年人均工资收入超过1.5万元，2010年，初级技工年人均工资收入为1.99万元，基本实现了"转移一人，脱贫一户"的目的。截至2011年8月15日，已完成"雨露计划"培训71 351人，占中共中央的地方财政年初下达任务的58%。其中，农业产业化技能培训完成46 494人，就业技能培训完成 19 607 人。

(二) 职业教育扶贫存在的问题

1. 我国幅员辽阔、贫困家庭分布散乱、人员流动性大

信息资源的不对称和不及时，对于精准扶贫家庭现状调研的真实性和有效性有很大难度，要开展针对职业教育实施精准扶贫更是困难重重。

2. 职业教育本身就存在两个突出矛盾

一是国家需求和社会对职业教育的认可度偏低的矛盾，二是职业教育出口好与入口差的矛盾，即虽然职业教育就业率高，但是报名者却不够踊跃，因此，虽然目前职业教育的地位和社会效应已经比以前有很大提高，但是受读书无用论及快速发展的市场经济影响，还有很多家庭和社会人士不了解职业教育的功能及职业教育扶贫的巨大作用和意义。

3. 国家扶贫投入有限、职业教育扶贫投入不足，教育资源配置匮乏

职业教育扶贫整体办学设施落后，教学和实训设备与学生增长的矛盾仍然十分突出。尤其是县级职业学校图书资料缺口较大且陈旧，教学实验设备缺少，许多实验课无法开设，实习、实训基地建设严重滞后，设施无法满足教学需要，不能实现技能培养目标和要求，致使教学质量差、专业设置落后于市场需求，直接影响到学生的就业能力和职业选择能力。

4. 农村职业教育发展面临重重困境，农村职业学校基础薄弱

由于地区经济发展不平衡，农村地区的职业学校基础薄弱现象普遍存在，尤其是西部地区的中等职业学校。地区办学条件不足，办公和教学硬件设施不够；师资水平低，优秀骨干教师少，"双师型"教师少；实习实训场地条件差，车间、仪器设备少；校园文化不浓，信息化、网络化程度低等。西部一些职业学校由于教学、生活条件差，在第二学年就安排本该加强专业学习的学生外出实习。农村职业技能培训力量弱。农村地区低技能、无技能人口多，职业技能培训需求大，但自 2005 年以来，适合农村地区成人培训的学校和机构规模逐年下降。农村地区培训机构逐步减少，农村劳动力技能培训需求不能有效满足。农村劳动力由于缺少技能、市场竞争力弱，只能在劳动力次级市场无技能或低技能就业。

5. 职业教育扶贫机制不健全，缺乏长效动态机制及符合精准扶贫需求的脱贫致富规划，导致扶贫开发效率不高

由于职业教育扶贫方面的监督和责任追究机制不健全，政策规定的职业教育扶贫投入目标和增长要求没有完全落实到位。近年来，我国职业教育扶贫机制在不断地完善，但仍然存在着一定的问题。目前的状态基本是职业教育归教育行政部门来管理，教育扶贫资金归地方扶贫办公室管理的分立状态。另外，中等职业学校范畴内的普通中专学校、职业高中、成人中专学校由教育部门管理，技工学校则由劳动部门管理。由于管理部门不同，造成很多政策不同。尤其在学校发展规划和资金投入方面的矛盾仍然存在。目前，职业教育扶贫体系不够健全，从中央到地方没有形成一个统一的管理运行机制，在一定程度上，制约了职业教育扶贫的进展。

6. 职业教育扶贫发展与劳动力市场需求脱节，与行业对接不紧密

职业教育扶贫的培养目标是提高学生素质，使其顺利就业，从而能够创业致富，摆脱贫

困。从某种程度上讲，职业教育是直接面对劳动力市场的教育类型，与劳动力市场的连接最为紧密。但是，由于政府部门在职业教育市场上占据主导地位，对职业教育发展缺乏科学规划和动态管理，没有在劳动力市场和职业教育发展上建立科学的供求信息反馈关系。不少职业学校或培训机构开展职业教育培训时，未与就业服务机构和企业充分沟通合作，只管发展职业教育而不管市场就业形势，职业教育扶贫发展与劳动力市场需求脱节；职业学校的教育教学方式还比较传统，与产业需求对接不紧密，脱离职业教育产教融合、校企合作的办学特点，存在闭门办学、黑板上实践，缺乏有效的实习实训。如此，必然造成两者之间的相互脱节，最终影响学生的就业。

三、研究目标

总的来说，就是帮助贫困家庭摆脱贫困。在对精准扶贫内涵框架和贫困家庭现状进行翔实有效调研的基础上，借助职业教育的平台合理分配相关企业和政府的市场性和政策性资源，帮助贫困家庭剩余劳动力掌握职业技术技能和职业素养，适龄群体有效接受完成中职学历教育和职业培训，提供就业服务，可以实现贫困家庭劳动力人口的就业，切实提升家庭收入。最后，从宏观层面上构建职业教育实施精准扶贫的运行保障机制，从根本上多角度确保各项扶贫措施的有序开展，努力实现"人人受教育，个个有技能，家家能脱贫"的目标，最终帮助贫困家庭摆脱贫困。

四、研究内容

1. 职业教育精准扶贫内涵及作用的研究

目前，国内对精准扶贫内涵、途径与策略方面的研究较多，但是对如何结合职业教育资源对接贫困家庭的精准扶贫方面的研究与实践稍有不足，多数是个案的研究，缺乏面上的升华。本课题拟研究职业教育背景下精准扶贫的内涵及基于职业教育平台和资源的对口贫困家庭实施精准扶贫的功能研究，给其他具体子课题的研究提供有利的理论指导与实践依据。

2. 职业教育精准扶贫现状及存在问题的研究

近年来，从国家到地方分别出台了不少关于农村贫困地区实施扶贫的政策和文件，也倾斜了大量社会各方资源，取得了不俗的成效；然而，由于我国幅员辽阔、贫困家庭分布散乱、国家扶贫投入有限、职业教育各地区不均衡、职业教育扶贫机制不健全、职业教育扶贫发展与劳动力市场需求脱节等多种复杂因素影响，很多贫困家庭仍然没有实际摆脱贫困，因此，为了从根本上破开制约职业教育实施精准扶贫有效性的难题，本课题拟对贫困家庭的现状做全面、深入、详细调研，掌握扶贫攻坚的第一手原始材料，为精准扶贫策略的研究打下坚实基础。

3. 职业教育精准扶贫方法、路径的研究

职业教育精准扶贫的方法、路径，是职业教育实施精准扶贫的重点和核心所在，是精准扶贫的主题框架。本课题主要从以下 11 个方面展开研究。

（1）精准宣传。对于认为"打工没技术，创业没思路，务农没出路"的贫困家庭，提升贫困人口对职业教育的认识很关键。在贫困人口集中居住地，政府协调宣传资源，实行精

准宣传，要加深贫困人口对职业教育的认识，使他们认识到职业教育的好处，看到职业教育的前景，从而愿意接受职业教育，选择职业教育。只有真正帮助贫困地区提升劳动者素质，精准脱贫才能见到持久效果。要求粗放型生产的企业也要进行相关职业教育宣传及从业人员素质要求的提升，让素质偏低的体力劳动者也能接受职业教育观念，并给他们提供明确的接受职业教育的指引。

（2）精准分类。通过建档立卡对贫困人口接受职业教育进行精准分类及制订符合需求导向的培训。利用信息技术，做好摸底调查工作，全方位了解困难家庭的主要经济收入情况及主要经济负担，家庭适龄劳动力情况，家庭居住条件，处于困难状况的主要原因等具体情况，形成一户一档的档案资料。在建档立卡的基础上，对贫困人口以年龄、文化程度、性别、健康状况等分层次、分类别，制订"一户一策"或"一人一策"的职业教育帮扶措施，进行有针对性的职业教育培训，制订个性化、菜单式、可操作的脱贫方案，对症下药，并跟踪到脱贫为止。

（3）精准规划。制订符合精准扶贫需求的脱贫致富规划，对不同人群的脱贫制订动态有效的职业教育规划及相关扶持。

为此，要改革办学模式，推进中高职教育人才培养一体化，建立和完善以初中为起点的五年制高等职业教育人才培养制度，探索在示范性高职院校开展以高中为起点的"3+2"应用型本科人才培养试点，在应用技术类型高校开展专业学位研究生培养试点，逐步打通职业教育从中职、专科、本科到研究生的上升通道，为广大青年学生提供更加公平的多次选择、多条路径的发展机会。

（4）精准招生。推进招生制度改革，扩大贫困家庭子女进入职业学校学习的机会，实现"精准招生"。实行中等职业学校注册上学制度，加大学校招收应往届初中毕业生、大龄社会青年的力度。学校深入贫困家庭，对初中毕业生、大龄社会青年进行调查摸底，弄清他们的学业基础、家庭经济状况、个人兴趣爱好，推荐他们接受职业教育。逐步打通高职、本科有机衔接的上升通道，对贫困家庭子女单独划线、单独录取。创造条件，支持贫困地区学生到发达地区接受职业教育，支持贫困县初中毕业生到大中城市示范性中等职业学校就读。这些举措，可以使贫困地区每个适龄青少年都能学会一项实用技能，每个劳动者都有机会接受职业培训。

（5）精准资助。完善资助政策体系，让贫困家庭的孩子"真正学得起技能"，实现"精准资助"。目前，我国建立的"奖、助、贷、勤、补、免"六位一体的职业教育学生资助体系，覆盖了90%的中职学生和20%的高职学生，切实减轻了困难家庭供应子女上学的经济负担；然而，由于城乡差距过大，能继续求学的贫困孩子比例仍不高，且随着发达地区孩子受教育程度持续提升，贫困家庭子女与其差距在无形中被拉大。即使有机会继续求学，其支出对贫困家庭仍是重负。必须进一步完善贫困家庭子女接受职业教育的资助政策，在全面享受现有资助政策的基础上，予以他们最大限度的拓展。对建档立卡的贫困家庭学生接受中等职业教育的全部免除学杂费，按每生每学年2 000元标准发放国家助学金；接受高等职业教育的实行学费减免，高校内公益性岗位优先安排。大力实施"雨露计划"，对接受中、高等职业教育的农村建档立卡贫困家庭子女，按每人每年不低于3 000元的标准予以补助。"职教资助一小步，人生前进一大步"，资助体系的完善，可以有效缓解家庭经济困难学生的就学压力，帮助更多寒门学子完成学业。

（6）精准培养。优化人才培养模式，促进贫困家庭子女多样化成才。通过实现针对精准的人群，制订精准的课程、配备精准的师资培养技能，提高贫困人员的素质。

改革人才培养模式，深入推进校企合作、工学结合、顶岗实习、订单培养、现代学徒制等人才培养模式改革，进一步完善校企共建实训基地制度、学生到企业实习实践制度、教师到企业实践制度、企业技术技能人才从教制度，推动校企双方形成利益共同体，实现可持续发展。改革教学模式，推行项目教学、案例教学、工作过程导向教学等教学模式，"双证式"（学生毕业后除拿到普通毕业证书外还拿到绿色证书）课程改革模式研究、"六连结构"（课堂、基地、农户、实体、农校与高校连为一体）教育模式研究、"教育扶贫示范田"基地建设，可以将职业教育发展与经济发展有机地结合起来。这样，既改变了职业教育是"断头教育"的倾向，让有升学意向和能力的孩子进入高层次深造；又改变了单纯"升学教育"的倾向，让掌握技术的学生带着技术进入市场，实现顺利就业，产生良好的经济效益和社会效益。

（7）精准培训。加强实用技术培训，让贫困家庭主要劳动力拥有一技之长，实现"精准培训"。"治贫先治愚，扶贫先扶智"。职业教育是实现精准扶贫的重要途径。让精准扶贫的贫困人口脱贫的最好办法是让他们掌握现代农业技术及其他手艺，成为有文化的、拥有一技之长的现代农民、种养殖业专业户、现代手艺人及其他经营者，成为新型职业农民或者是城市的建设者。以县级职教中心为主阵地，发挥涉农高校的优势和作用，采取送训下乡、集中办班、现场实训等多种形式，分别对在家务农、外出务工、回乡创业人员开展菜单式培训。具体操作上，可通过晒专业、晒工种、晒师资、晒设备、亮时间表的"四晒一亮"活动，向社会公开所有职业学校的基础培养培训能力和培养方向，建立优先面向扶贫村全体村民的职业教育"培训包"，同时，组织和引导未继续升学的初高中毕业生等新成长劳动力进入职业院校参加学历教育或技能培训，让这些孩子掌握专业技能，提高脱贫致富能力。据统计，2013年年底，全国贫困村中，未能继续升学的贫困家庭富余劳动力（主要是初高中毕业后学生，简称"两后生"）398万人，其中，未参加职业教育的352万人，每年新增"两后生"100万人。对这部分农村贫困家庭劳动力实施职业教育，提素质、学技能、稳就业、增收入，就能从源头上提高新生劳动力创业就业能力，阻断贫困世代传递。

（8）精准就业。重视创新创业教育，培养学生良好的职业精神和职业技能，实现"精准就业"。让贫困家庭孩子稳定就业，融入工业化、城镇化进程，是切断贫困代际传递链条的有效办法。各级政府和教育行政管理部门要开发开设纳入学分管理的创新创业教育必修课，推出一批资源共享的慕课、视频公开课，并要求所有高职院校开设创新创业课程；实施好"大学生创业引领计划""大学生创新创业训练计划"，建设一批实践育人创新创业基地。职业院校要完善实践教学体系，加强顶岗实习管理，探索集约化顶岗实习；将职业技能鉴定和实训教学有机结合，切实加强校企合作和订单培养，增强学生就业竞争力，增加学生就业机会；重视对学生进行创业教育，采取"2+1"（2年专业学习、1年企业实习）培养模式、工作室平台的构建（模拟或仿真地对学生进行技能训练）、岗位创业教育培养（在岗工作的同时，利用自身特长和资源进行创业）等多种方式，提升学生的创业意识和创业能力。教育行政部门和劳动就业管理部门要建立贫困家庭大学生实名制信息库，摸清核准学生家庭背景、学业情况和就业创业意向，建立"一对一""多对一"的帮扶机制；充分利用"互联网+"技术，建立精准推送就业服务机制，开展有针对性的职业规划指导、创业教育培训，举办专门招聘会，挖掘适合性就业岗位，优先推荐和帮助贫困家庭毕业生就业创业。对毕业后服义务兵役、到艰苦边远地区基层单位就业的贫困家庭毕业生，建立学费补偿和贷款代偿制度；对回乡自主创业的贫困家庭毕业生，按规定享受小额担保贴息政策；对家庭特别困难、就业特别困难的毕业生实行救济性"托底"安置，安排其进入社区公益性就业组织，从事由政府出资的公益性工作。以上措施，可以确保所有贫困家庭大学毕业生就业或创业，达到"一人长期就业、全家稳定脱贫"的目的。

（9）精准市场需求。职业教育需要培养出市场需求的技能人才，必须精准地贴近市场行业发展，引进及鼓励企业参与工业扶贫开发，甚至企业办职业教育是很有必要及保持职业教育长效的重要手段。大力宣传国家、广西的扶贫政策，让参与精准扶贫企业有政策获得感，并开展形式多样的交流活动，搭建合作共赢平台，共享推介扶贫项目，让更多的企业家积极参加进来，把扶贫开发工作所需与企业所能结合起来，积极争取扶贫优惠政策等实现企业与贫困地区、贫困村优势互补，互惠共赢，为加快改变贫困地区落后面貌，加快脱贫致富步伐做出积极贡献，实现社会扶贫效果最大化。

对那些确实需要行业更多支持的教育，应鼓励行业去办，尤其是中等职业教育、高等职业教育和部分具有浓厚应用特色的理工科大学。依托有条件、有实力的企业，建立职业院校"双师型"教师队伍，是国家关于职业教育发展的重要方针，也是职业院校发展的必由之路。这样会更加有利于"双师型"师资队伍的建设，有利于学校在行业支持下，提供更多更好的条件，使学生更好地掌握技术与技能。

（10）精准机制保障。建立精准帮扶机制，在扶贫责任、权力、资金、任务"四到校到人"的基础上，精准确定扶贫对象，落实建档立卡，实施动态管理，保证统一有数、进退有据、应扶尽扶；建立责任落实机制。落实各级党政主要负责人的责任，按照"一事一主体、一主体一责任人"的原则，规划到村、落实到人，做到时间表、路线图、任务书。推动帮扶措施精准，能量化的严格量化，能细化的坚决细化；推动资金使用精准，捆绑使用资金，实行项目化管理，引导群众自力更生、勤劳致富。

（11）精准实施圆梦班与案例推广。以现有松散的精准扶贫学生群体为基础，成立精准扶贫圆梦班，实施一系列精准扶贫圆梦措施，实现精准扶贫的职业教育实践。前期直接受益人群主要包括广西物资学校、灵山职校、玉林一职校、容县职校的部分贫困学生及与政府合作指导农民进行"党旗领航，电商扶贫"技能培训及脱贫指导；后期受益人群不仅覆盖调研中涉及的贫困学生及广大农民，还会扩大延伸；随着成功经验的推广，会逐渐惠及以上学校的所有贫困学生。

本研究基于我国教育扶贫、精准扶贫的时代背景，致力于研究职业学校学生资助政策体系，让贫困家庭的孩子"真正学得起技能"，实现"精准资助"的研究与实践，并形成一套动态长效合作机制。该项目研究成功后，将会酌情向区内其他职业学校推广。

4. 职业教育精准扶贫机制的研究

为了保障职业教育各项精准扶贫措施有序开展，并巩固职业教育实施精准扶贫的效果，本课题拟从微观层面研究职业教育精准扶贫的实施，从而总结形成职业教育精准扶贫的经验及一系列可行实施方案，为总课题的机制研究及政策建议提供有力的数据及实践依据。

五、研究难点、重点、拟解决关键问题和创新之处

1. 本课题研究难点

（1）对于"精准扶贫"的识别和验证。由于我国幅员辽阔，人员流动性大，信息不对称，精准扶贫制度的不健全、管理的不规范，政府各部门标准不统一，精准扶贫政策落实与公示渠道不顺畅等导致存在精准扶贫的识别和验证困难。

（2）怎样制订符合精准扶贫需求的脱贫致富规划和精准扶贫的职业教育整体规划，对精准扶贫家庭人员的脱贫观念思想转变的引导存在很大挑战。

（3）如何调动政府、学校、家庭、个人的积极性去实施长效动态的职业教育的"精准扶贫"。

（4）如何进行创业创新教育，培养符合精准扶贫的家庭学生良好的职业心态和技能，实现"精准就业"。

2. 拟解决关键问题

（1）精准扶贫的内涵。这是制约着本课题研究与实践的根本性问题，需要通过各种渠道探索解决精准扶贫的内涵。

（2）精准扶贫家庭现状调研的真实性和有效性。

3. 创新之处

（1）针对职业教育实施精准扶贫存在的现实问题，提出一系列解决方法，制订实施方案并在研究中实践验证提升总结。

（2）结合研究开展职业教育精准扶贫的实践，开展精准扶贫圆梦班及扶贫案例的推广。
①坚决执行国家职教扶贫免学费政策。
②贫困学生优先享有国家每年2 000元的助学金。
③制定学校政策，实现贫困学生免学杂费，如住宿费、书费等。
④充分发动企业，实现企业助学项目。
⑤提供校内勤工俭学岗位，每月获得一定的劳动报酬。
⑥减免职业资格考证费用。

六、研究思路与方法

1. 研究思路

为更好地实现主课题研究的预期成果，本课题首先通过文献调查法搜集、分析和归纳，研究职业教育精准扶贫的内涵和功能，并对贫困家庭的现状做深入、全面的调研，形成调研报告；其次，本课题依据精准扶贫的理论依据，结合调研成果，制订职业教育精准扶贫的总体框架，实施的路径、内容、策略，构建精准扶贫的保障机制；再次，本课题切实实施职业

教育精准扶贫的各项措施，做好扶贫进度的跟进、信息记录和分析，形成各项研究成果；最后，本课题通过不断地深入实施和反思，逐渐完善职业教育精准扶贫的运行模式和保障机制，并进行资料整理，完成结题报告。

2. 研究方法

主要采用文献资料法、个案研究法、调查法等研究方法。

（1）采用文献资料法。是指主要研究职业教育精准扶贫模式，分析研究构建精准扶贫的原则、途径和方法。

（2）采用个案研究法。是指主要通过职业学校职业贫困生培养过程中的实践表现及个别案例个案研究，探讨促进精准扶贫模式的构建及培养力度的最大化应用的途径及方法。

（3）调查法。是指为了探究职业学校精准扶贫模式，制订一系列比较全面的计划，收集贫困学生的各种材料，全面把握当前的状况，并作出分析及探究，总结职业学校精准扶贫的有效模式。

《职业教育扶贫机制与政策研究》开题报告

一、研究背景、理论与现实依据、意义

1. 研究背景

当前,正处于我国国民经济建设"十三五"发展规划的关键一年,这一年承载着全面建成小康社会重大时刻的历史重任。我国经济发展已经步入新常态,经济新常态意在体现我国领导决策层对当下现实问题的宏观把握及对长远挑战的充分考量。对于经济新常态概念和意涵的理解,是国家宏观经济战略布局及深化改革的重要前提。我国劳动力成本不断上升,传统竞争优势淡化,而且许多产业已达到或接近世界前沿水平,由此带来的资源耗费,环境生态破坏也日趋显现。由于我国国民经济增长出现适度回落符合世界经济发展一般规律,具有一定程度上的历史必然性,因此,反贫困仍是我国理政的大事。

党的十八届五中全会明确提出,到2020年,要实现全国贫困人口全部脱贫,2016年是全面建成小康社会进入决胜阶段。让6 000多万农村贫困人口走出贫困,是重点也是难点。《"十三五"脱贫攻坚规划》与国民经济和社会发展第十三个五年规划纲要及交通、水利、能源、教育、卫生、农业、林业、旅游等专项规划的衔接,继承和细化了"十三五"脱贫攻坚总目标。其中,在"十三五"国家扶贫攻坚战略的实施中,教育扶贫显得尤为重要。

"十年树木,百年树人"。"教育扶贫"能让贫困地区的孩子掌握知识、改变命运、造福家庭,是最有效、最直接的精准扶贫。"扶贫先扶智"决定了教育扶贫的基础性地位,"治贫先治愚"决定了教育扶贫的先导性功能,"脱贫防返贫"决定了教育扶贫的根本性作用,因此,教育扶贫不仅应该大有作为,而且必须大有作为。

职业教育扶贫机制是本课题研究的重点,所谓职业教育扶贫机制,是指职业教育扶贫系统内部及其与外部之间的有机制约关系及其运行机理。职业教育发展及相关扶贫政策是职业教育扶贫开发工作的目标走向,是正确开展职业教育扶贫开发工作的基础和前提。职业教育扶贫主要从职业教育和降低贫困家庭就学负担等方面,提出了一系列行动计划和措施,不断提升贫困人口综合素质和就业技能,逐步消除因学致贫问题,阻断贫困代际传递。

近年来,我国职业教育扶贫事业虽然取得了一定的成绩,但仍面临着投入不足、体制不顺、供求脱节等问题。目前,我国职业教育扶贫存在的问题有以下3个。

(1)职业教育扶贫投入不足,教育资源配置匮乏。由于监督和责任追究机制不健全,因此,从职业教育扶贫投入的实际来看,有关规定的职业教育扶贫投入目标和增长要求没有完全落实到位。职业教育扶贫办学设施简陋,教学和实训设备缺乏的问题仍然十分突出。虽然国家出台了一系列相关的补助政策,但是由于教育资源的匮乏,尤其是基础设施建设远远跟不上贫困地区学生就学的要求,因此,很多需要学习的学生不得不外出打工。另外,部分民族地区职业教育底子薄、基础差,学校的硬件建设严重滞后。县级职业中学中大部分的校

舍没有进行扩建或改建，生均教学面积不足；职业学校图书资料缺口较大且陈旧，教学实验设备缺少，许多实验课无法开设，实习、实训基地建设严重滞后，设施无法满足教学需要，不能实现技能培养目标和要求，致使教学质量差、专业设置落后于市场需求，直接影响到学生的就业能力和职业选择能力。

（2）职业教育扶贫机制不健全，导致扶贫开发效率不高。近年来，我国职业教育扶贫机制不断地完善，但仍然存在一定的问题。目前的状态基本是职业教育归教育行政部门来管理，教育扶贫资金归地方扶贫办公室管理。另外，职业教育法规定，职业教育包括职业学校教育和职业培训，同时还规定，国务院教育行政部门负责职业教育工作的统筹规划、综合协调、宏观管理；国务院教育行政部门、劳动行政部门和其他有关部门在国务院规定的职责范围内，分别负责有关的职业教育工作。在实际工作中，多头管理、政出多门、资源分散、效益低下等问题很突出，主要表现在职业学校管理方面。中等职业学校范畴内的普通中专学校、职业高中、成人中专学校由教育部门管理，技工学校则由劳动部门管理。由于管理部门不同，造成很多政策不同。例如，学校级别和拨付经费标准不同，教师工资待遇和职称评定标准不同，毕业生获取职业资格证书的等级、工作身份和待遇不同。同类学校不同政策，产生了颇多矛盾；同时，难免会出现重复办学，且学校整合难度大，存在教育资源浪费等问题。这几年，地方为调整职业教育管理体制做了不少努力，但由于上级管理体制没理顺，因此，地方调整的难度很大。目前，职业教育扶贫体系不够健全，从中央到地方没有形成一个统一的管理运行机制，在一定程度上制约了职业教育扶贫进展。

（3）职业教育扶贫发展与劳动力市场需求脱节。职业教育扶贫的培养目标是提高学生素质，使其顺利就业，从而能够创业致富、摆脱贫困。从某种程度上讲，职业教育是直接面对劳动力市场的教育类型，与劳动力市场的连接最为紧密，但是，由于政府部门在职业教育市场上占据主导地位，对职业教育发展缺乏科学规划和动态管理，没有在劳动力市场和职业教育发展上建立科学的供求信息反馈关系，不少职业学校或培训机构开展职业教育培训时，未与就业服务机构和企业充分沟通合作，只管发展职业教育而不管市场就业形势。

由于管理机制的不健全，且缺乏部门之间的协调、配合，职业学校和培训机构一味地上热门专业，造成了专业重复设置，浪费了大量的培训资源；同时，由于劳动力市场需求始终在变化，接受职业教育的劳动力在毕业后难以就业，使得人们对职业教育失去了信心，制约着职业教育扶贫的健康发展。一些地方在职业教育发展中过度依赖政府力量，不仅缺乏规划，而且在市场发展过程中缺乏市场调查的基础，实行"一刀切"，造成培训专业设置与劳动力市场信息不对称，存在一定的盲目性和重复性，教育资源未被合理、充分地利用。

基于这样的社会背景，本课题将对国家、地区对职业教育扶贫机制政策进行深入的研究显得尤为重要。

2. 理论与现实依据

国务院下发的《"十三五"扶贫攻坚规划》中明确指出："加快发展职业教育，强化职业教育资源建设。加快推进贫困地区职业院校布局结构调整，加强有专业特色并适应市场需求的职业院校建设。继续推动落实东西部联合招生，加强东西部职教资源对接。鼓励东部地区职教集团和职业院校对口支援或指导贫困地区职业院校建设，加大职业教育力度。引导企业扶贫与职业教育相结合,鼓励职业院校面向建档立卡贫困家庭开展多种形式的职业教育。启动职教圆梦行动计划,省级教育行政部门统筹协调国家中等职业教育改革发展示范学校和国家重点中等职业学校选择就业前景好的专业,针对建档立卡贫困家庭子女单列招生计划。实施中等职业教育协作计划,支持建档立卡贫困家庭初中毕业生到省外经济较发达地区接受中等职业教育,让未升入普通高中的初中毕业生都能接受中等职业教育。鼓励职业院校开展面向贫困人口的继续教育。保障贫困家庭的妇女、残疾人平等享有职业教育资源的机会。支持民族地区职业学校建设,继续办好内地西藏、新疆中等职业教育班,加强民族聚居地区少数民族特困群体国家通用语言文字培训。加大贫困家庭子女职业教育资助力度。继续实施'雨露计划'职业教育助学补助政策,鼓励贫困家庭'两后生'就读职业院校并给予政策支持。落实好中等职业学校免学费和国家助学金政策。"

我区是经济和文化相对比较落后的少数民族自治区,境内有55%的县(市)属于贫困落后地区。2015年,广西教育厅、财政厅、人力资源和社会保障厅、扶贫开发办公室和农业厅5部门联合印发了《关于印发〈广西职业教育扶贫富民工程实施方案〉的通知》,提出了实施"9+3"教育精准扶贫计划等职业教育扶贫富民工程的5个主要任务,稳步推进的扶贫富民工程3个阶段,保障投入等5项措施。

广西在职业教育扶贫富民工程中有多项措施。一是建立贫困学生资助管理信息系统,实施"9+3"教育精准扶贫计划,实现对广西全区各阶段的贫困学生动态精准的统计和管理,以及家庭经济困难学生资助政策与扶贫培训政策的无缝连接;二是加大力度,完善学生资助政策,有效解除了家庭经济困难学生就学压力,增强其接受中职学历教育的意愿,使其"真正学得起技能";三是加强职业教育技能培训,实施农民工技能培训工程,实现"培训一人、就业一人、脱贫一户"的目的;四是鼓励和帮扶学生就业创业;五是建立职业教育协作扶贫培训基地,开展东西部职业教育协作。

3. 研究意义

实施职业教育攻坚扶贫富民工程,作为扶贫开发攻坚的重要任务,坚持政府主导,加大投入,推进教育移民、技能富民、就业安民,帮助贫困地区摆脱贫困落后面貌,进一步增强职业教育主动对接经济、回报社会的能力,促进经济社会又好又快发展。

建立健全职业教育扶贫机制是全面深入推进扶贫工作的重中之重,进行研究职业教育扶贫机制的意义深远。

(1) 推进职业教育扶贫机制是贫困地区摆脱现状的迫切需要。贫困地区由于基础差、底子薄、交通闭塞,很多地方教育条件与外界差距大,一些家庭贫困生初中没毕业便外出务工,又因缺乏劳动技能,出现就业困难。据国务院扶贫办政策法规司司长苏国霞介绍,贫困地区教育事业的发展水平、贫困家庭子女受教育的程度明显低于全国平均水平。在全国建档立卡贫困人口中,超过50%的人只有小学以下文化程度;22.3%的家庭表示,因为缺少技能摆脱不了贫困。贫困地区学生的理想大都是,"快点长大,出去打工挣钱。"一旦求学条件和求学成本超过贫困家庭承受能力,或对通过教育摆脱贫困缺乏预期,很容易使贫困家庭放弃教育之路,并陷入"低人力资本投资—低就业—低收入—低人力资本投资"的恶性循环。"进村入户,房子最破、最穷的家庭,九成的可能是这家有孩子读高中或大学。"许多扶贫干部这样感叹。这也是倍受社会诟病的"因学致贫"。大力发展职业教育，对贫困家庭孩子免除学杂费，并补助生活费、交通费，让他们掌握一技之长，较为快速的获得较为满意的收入，能为受教育者的家庭带来希望，为受教育者个人甚至其家庭成员带来摆脱贫困的信心，步入致富的快车道。"一技在手，终身受益"，尽管这个过程比较漫长，但起码可以起到降低个人及其家庭贫困度的作用。

（2）推进职业教育扶贫机制是贫困家庭孩子改变命运的优先选择。通过职业教育可以直接提升贫困家庭子女的自我发展能力，是典型的"造血式"扶贫。上海市教育科学研究院和麦可思研究院共同编制的《中国高等职业教育质量年度报告》显示：高等职业院校91%的毕业生为家庭第一代大学生，52%的毕业生家庭背景为"农民与农民工"，这两项比例，4年来一直保持上升趋势。这表明职业教育"以教育脱贫，阻断贫困代际传递"的功效非常明显。数据表明，94%的高职学生毕业3年后月收入明显增长，且注重服务贫困地区、乡镇建设、县域经济和中小城市发展；53%的高职毕业生在本地就业，发挥了服务基层的优势。另据《湖北省职业教育发展报告（2014）》显示，近年来，湖北省每年有40万以上的学生通过在职业院校掌握的技能，进入企事业单位工作并逐渐成长为技术骨干，改变着自身命运和家庭面貌。其中，2014年，湖北省中等职业学校毕业生的平均起薪约为每月2 000元；高职院校毕业生的平均起薪约为每月2 500元；部分专业或能力突出的职业院校毕业生起薪超过本科生，月薪为5 000~6 000元；不少全国职业技能大赛获奖者已成为企业高管或技术骨干，年薪可达20万元以上。越来越多的职业院校毕业生通过有尊严的劳动成为中等收入群体中的一员。很多人已经成为家庭经济来源的主要承担者，实现了"读书一人，带富一家"的教育脱贫目标。

（3）推进职业教育扶贫机制是农民群众脱贫致富的重要帮手。农民收入一般包括工资性收入（劳动报酬收入）、家庭经营收入（包括家庭经营农业收入和家庭经营二、三产业收入）、转移性收入及财产性收入。发挥职业院校的优势和作用，可以对贫困地区人口进行职业技能和技术培训，积极开展劳务输出，是增加贫困人口工资收入的重要途径；同时，也提高了农副产品的科技含量，优化了农业和农村经济结构，为农业和农村经济发展开拓了新的空间。多年来，一些职业院校采取送训下乡、集中办班、现场实训等多种形式，大力开展农村劳动力转移培训，提高新生代农村人口的城市融入能力，促进了数百万农村富余劳动力向城市有序转移，来自农业收入的家庭经营性收入比例下降，来自外出从业收入的工资性收入比例明显提高。职业教育已成为新型农民培养、农业转移人口市民化、农村富余劳动力产业工人化的主渠道。

职业教育扶贫机制的建立和完善对于扶贫更有效更精准有着重要意义。

二、国内外研究现状（文献综述）

1. 国内研究现状

在国内，虽然职业教育扶贫机制仍然处于发展阶段，但也取得了一定的理论成果。

（1）以发展职业教育推动精准脱贫，把发展职业教育与脱贫攻坚结合起来，通过大力推进职业教育提升贫困人口的文化素质和职业技能，增强脱贫致富的能力。朱爱国、李宁在

《职业教育精准扶贫策略探究（2016）》中提出职业教育的主要功能是培养技术技能人才，是最有效的"造血式"扶贫，要瞄准扶贫对象，聚焦重点人群，支持农村贫困家庭子女接受职业教育，增强脱贫致富的能力。文章建议推进招生制度改革，实现"精准招生"；完善资助政策，实现"精准资助"；推进教学改革，实现"精准培养"；加强技能培训，实现"精准培训"；重视创新创业教育，实现"精准就业"。

（2）将职业教育扶贫机制作为职业教育扶贫的一项重要内容来研究。我国对职业教育扶贫开发机制的设计处于起步发展阶段，针对机制设计存在的问题，游明伦、侯长林在《职业教育扶贫机制设计框架与发展思考（2013）》中，依据机制设计理论，从完善职业教育扶贫机制顶层设计、优化调整区域职业教育发展布局、创新职业教育扶贫联动机制三个方面对职业教育扶贫机制的未来发展进行了理性思考。我国职业教育发展起步比较晚，各级政府、社会各行各业对职业教育的认识有一个不断深化和提高的过程，从扶贫视角认识职业教育的发展及其功能，更是一个崭新的课题。目前，我国职业教育扶贫机制设计框架包括职业教育及其相关扶贫政策、职业教育管理运行体制、职业教育合作办学机制、职业教育人才培养机制、职业教育扶贫对象识别机制、职业教育资金投入保障机制、职业技术培训服务工作机制、职业教育发展模式设计8个方面。通过加快发展职业教育，我国职业教育扶贫机制设计的框架体系已基本形成，但职业教育扶贫机制尚不健全，有待深化管理体制改革，建立健全职业教育扶贫运行机制《职业教育扶贫的几点思考（豆小文、叶秀芬，2014）》，在职业教育扶贫有效发展的情况下，建立职业教育扶贫的考核评价机制，建立健全评估机制，以确保职业教育扶贫工作精准、有效、持续地进行。

（3）立足于精准扶贫，根据地域特点制定有针对性的扶贫制度。《精准扶贫体制机制创新研究（林忠伟，2016）》提出，2016年是精准扶贫新机制全面落地的关键年，在这样重要的时间点上，如何做到准确识别扶贫对象，深入分析致贫原因，找出现行的扶贫制度设计存在的缺陷与问题，对于研究广西精准扶贫新机制具有重要的现实意义。精准扶贫离不开教育扶贫，早在2014年，广西也针对本地区的特有情况制定了《广西壮族自治区人民政府关于开展教育精准扶贫扶持贫困家庭子女上学就业的实施意见（桂政发〔2014〕32号）》，为开展教育精准扶贫扶持广西贫困家庭子女上学和就业提供了制度保障。

以上专家学者从不同层面对职业教育扶贫机制进行了丰富的研究，不难看出，通过加快发展职业教育，我国职业教育扶贫机制设计的框架体系已基本形成，目前正处于不断发展过程中，但由于贫困问题复杂多变，因此，我们对职业教育扶贫机制的研究应当与时俱进，以灵活多变的手段和方法进行适应性调整。

2. 国外研究现状

由于国情与教育体系不同，因此，国外关于以职业教育扶贫机制为课题的研究论述少之又少，但对于教育与贫困之间的关系已经进行了基本研究，阿玛蒂亚·森强调，受教育水平的高低与贫困程度之间具有关联性。他将教育作为一种"可行能力"，认为提高可行能力可以相应提高赚取收入能力，"可行能力与收入的这种联系对消除收入贫困是特别重要的。更好的教育和医疗保健不仅能直接改善人们的生活质量，同时，也能提高收入并摆脱贫困"。"低收入是饥饿和营养不足、文盲和健康不良的一个重要原因，相反，更好的教育与健康有助于获取更高的收入。提高人的可行能力一般也会扩展人的生产力和挣钱能力。这种关联提供了一种重要联系"。

美国经济学家舒尔茨则从人力资本角度出发，认为贫困原因在于人力资本没有得到应有的重视，并且贫困人群得不到良好的教育，进而导致知识和技能的匮乏，陷入贫困的怪圈。要缓解贫困，就要大力发展教育，使人们具有知识技能，从而使人切实摆脱贫困。舒尔茨等人的"人力资本理论"提出反贫困是个世界性的话题，从20世纪五六十年代的单纯重视物质资本投入（以英国罗森斯坦·罗丹和美国的罗斯托为代表）到20世纪七八十年代的注重人力资本的投入（以舒尔茨和丹尼森为代表），再到综合反贫困战略（以缪尔达尔为代表）。教育扶贫本质上是通过开发人力资源，提高人的自给能力，来解决贫困问题。人所拥有的知识、技能及其他类似的可以影响从事生产性工作的能力，即是人力资本；人力资本较传统西方经济学中生产三要素土地、劳动、货币资本而言，是在经济活动中更活跃、更具发展特性的因素，在现代经济中属于最关键因素。扶贫开发是改变落后面貌，促进社会整体发展的重要手段，而教育扶贫则是扶贫的重头戏，因此，世界各国十分关注教育均衡和公平问题。

三、研究内容

1. 职业教育扶贫机制的含义

扶贫机制是指扶贫体系内各构成要素之间相互作用、相互关联及相互制衡的动态关系及其功能。

职业教育扶贫机制是指在职业教育扶贫过程之中引导、调配、促进扶贫行动持续有序发展的组合样式、管理制度及调控措施的总称，即职业教育扶贫机制是以实现脱贫解困为目的，以对扶贫对象实施有效精准帮扶，进而实现自我发展为内容，是职业教育扶贫过程中各种机制要素，即识别机制、帮扶机制（合作办学，人才培养，职业技术培训服务）、管理机制及考核机制的相互依赖与相互作用。

2. 国家、地方与学校职业教育扶贫政策

通过多渠道文献搜索，研究到目前为止，国家、地方与学校出台与实施过的职业教育扶贫政策，厘清职业教育扶贫取得的主要成果、政策方向与执行细节，为后面职业教育扶贫机制的研究提供政策依据。

3. 职业教育扶贫机制的有机组成部分

在职业教育扶贫工作机制之中，各个具体的机制组成部分，有着相互联系，但又有明确功能分属的关系。

（1）识别机制。是开展扶贫工作整体机制运作的关键前提，只有建立在识别基础之上的扶贫工作才有持续推进的必备因子。

（2）帮扶机制。这个前提建立后，就是实施帮扶机制的运作，不同于以前我国传统扶贫帮扶机制，而是精准帮扶机制。重在体现对于不同帮扶对象实施具体的措施，从而建立起针对性具体，目的性明确的帮扶办法，做到有的放矢。包括合作办学，人才培养，职业技术培训服务。

（3）管理机制。是保障扶贫工作得以顺利高效开展的关键步骤，在整体扶贫机制体系之中处于中轴作用。扶贫管理机制对于统筹扶贫帮扶规划、制订扶贫办法、运作调配扶贫资源，都有着根本性的指导意义。

（4）考核机制。这项机制是完成扶贫工作的必要补充，起到了保驾护航精准扶贫的重要作用，同时，职业教育扶贫以上四个方面的工作机制，又不是单一独立运作的，需要各个分机制之间的相辅相成，才能实现整个机制的稳定、持续。健康运作，切实保障精准扶贫工作实际效果的取得。

四、研究难点、重点、拟解决关键问题和创新之处

1. 研究难点

职业教育扶贫机制中的考核评估机制。对扶贫效果进行精准考核，这项机制是完成扶贫工作的必要补充，起到了保驾护航精准扶贫的重要作用。

2. 研究重点

完善职业教育扶贫机制。由于职业教育扶贫体系不够健全，从中央到地方没有形成一个统一的管理运行机制，因此，在一定程度上制约了职业教育扶贫的进展。建立职业教育扶贫的识别机制、帮扶机制（合作办学，人才培养，职业技术培训服务）、管理机制及考核机制四个方面的工作机制，并使各分机制之间相辅相成，才能实现整个机制的稳定、持续、健康运作，切实保障职业教育扶贫工作实际效果的取得。特别是在精准识别的基础上，针对贫困家庭的致贫原因，因户和因人制宜地采取有针对性的扶贫措施的帮扶机制，更是消除致贫的关键因素和脱贫的关键障碍。

3. 拟解决的关键问题

完善职业教育扶贫管理机制，理顺管理层次，建立信息化、大数据化的管理平台，实现动态管理。首先是对所有识别出来的贫困户建档立卡，为扶贫工作提供包括贫困家庭基本状况、致贫原因和帮扶措施等方面的详细信息，为精准扶贫提供信息基础；然后，根据贫困状况的实际变化，及时识别出新的贫困家庭和人口，同时，将已经脱贫的家庭和人口调整出去，保持精准扶贫的有效性。

4. 创新之处

创新职业教育扶贫联动机制。职业院校、职业培训机构等扶贫实施单位教育培训能力欠缺，制约着受助者职业能力和就业能力的提升；行业企业和职业院校参与扶贫动力不足，相互之间缺乏利益协调机制，开展合作教育及其培训难；扶贫对象参与扶贫的话语权、决策权和选择权缺失，扶贫对象难以依据自身个性化发展的需要选择学习职业教育扶贫项目，接受教育的积极性和主动性没有得到有效激励，被动参与和接受的多，实施效果与预期目标存在较大偏差，在很大程度上影响和制约着扶贫的成效。

五、研究思路与方法

1. 研究思路

（1）收集、整理、汇总现行国家扶贫的有关政策（中央，地方—广西及其他省份、职

业院校），找出其中有利于构建职业教育扶贫新机制的相应政策，为本项目的正常开展、顺利进行寻求政策依托。

（2）赴广西各地调研当前职业教育扶贫取得的成绩、不足的地方、存在的问题、前行的困境，分析问题的原因，探索解决问题的方法。

（3）收集、考察、研究借鉴其他省份职业教育扶贫经验。

（4）探讨建立一系列职业教育扶贫的机制保障、实施方案、实践路径，形成一套完整有序、可操作、可执行的职业教育扶贫创新模式，有效促进各项扶贫工作的顺利开展。

2. 研究方法

主要采用文献资料法、理论分析与实证分析相结合、系统分析法、调查访谈法等研究方法。

（1）文献研究法。在课题研究准备阶段，搜集、鉴别、整理文献，并通过对文献的研究形成对事实的科学认识的方法。我们通过文献、书籍和网络中搜集、整理有关教育扶贫、精准扶贫、职业教育扶贫机制等各省市实践经验及总结，确定了研究课题，并形成研究方案。在研究过程中，还要进一步积累、总结文献资料。坚持以先进的理念指导实践，以创造性的实践丰富理论的内涵。

（2）理论分析与实证分析相结合。分析职业教育扶贫机制的核心要素和关键所在，分析构建的可行性和必要性，然后，通过广西目前开展职业教育扶贫实践的实证分析进行检验，探索职业教育扶贫机制理论的可适用性，使本研究具备一定的实践指导意义。

（3）系统分析。职业教育扶贫机制是一个包含许多环节、步骤的统一系统。采用系统分析法研究职业教育扶贫时，基于系统分析法从扶贫机制的实施必要、实施成效、实施困境等几个关键环节把握职业教育扶贫开展过程中的诸多问题。

（4）实地调研访谈。坚持以理论联系实际，通过实地考察与访谈等方式搜集一手基本资料。反映扶贫对象的现实需求及研究职业教育扶贫实施工作中的问题，完善职业教育扶贫工作机制的基础理论，以促进职业教育扶贫实践的开展。

发挥职业教育优势实现教育精准扶贫——以玉林市第一职业中等专业学校为例

——沈德海 赖春秀

为深入贯彻落实党的十八届五中全会和中央、省、市扶贫攻坚会议精神，做好脱贫攻坚和全面小康建设工作，玉林市第一职业中等专业学校立足当下，充分发挥自身的职业教育优势，使教育精准扶贫工作取得了很好的成效。

在教育扶贫工作中，玉林市第一职业中等专业学校创新精准扶贫方法，注重实际效果，按照"围绕产业、围绕就业、围绕创业、围绕市场"的工作思路，以"职业技能培训为重点、以精准扶贫职业技能培训为纽带、以实习就业安置为主抓手、以打造'党建+扶贫'品牌为突破"，锁定贫困生，瞄准建档立卡学生，采取得力措施，集中力量开展精准扶贫工作，加快脱贫致富步伐。

一、制订了精细的教育扶贫实施方案

学校建立了校长总负责、分管领导具体实施的教育扶贫机制，层层进行压力传导，进一步夯实责任，选派懂业务、责任心强的教师（特别是党员教师）作为教育扶贫工作人员，并确定四名就业指导人员负责安置与指导贫困学生实习就业工作，做好扶贫培训与就业等工作。在深入摸底调查的基础上，结合全校贫困学生实际，制订切实可行的扶贫工作方案和计划，确保目标明确，内容详细，职责和时间明晰。重点突出了四个方面：一是重点做好学校扶贫村点的扶贫工作；二是以专业部为单位，对贫困学生家庭现状调查了解，开展精准教育扶贫职业技能培训工作；三是结合脱贫致富产业和劳动力市场需求，重点盯紧对贫困学生进行顶岗实习安排管理与就业指导；四是确保在读贫困生安心稳定求学，完成学业。

二、全心履行历史使命，举全校之力完成对学校扶贫对象村的脱贫攻坚

玉林市第一职业中等专业学校的扶贫对象贫困村是陆川平乐镇三安村，该村经济基础较差，贫困户多。学校先后派驻了杨书明与陈雷宇两位党员教师担任村第一书记，采取了以下措施。

（一）积极争取各级资金，向有关部门争取项目和经费支持

驻村以来，学校紧紧围绕群众利益无小事，积极想方设法为群众办实事、做好事的原则，积极争取各级资金，向有关部门争取项目支持。

1. 积极争取基础设施建设资金

三安村是一个国家级贫困村，共有5个片屯，其中，贫困户有139户，贫困人口600人。全村虽已实现通电、通网络宽带、通广播电视，但要脱贫摘帽，任务还是很艰巨的，资

金缺口大，任务重，压力大。

全村需要硬化的村屯道路约计20千米，2011—2015年，"十二五"规划期间，通过"一事一议"资金、扶贫基金硬化了村屯道路13.5千米，尚有6.5千米需要硬化。2016年，学校配合村两委利用财政分配的一事一议资金、扶贫债券资金40.1万元，还有群众集资6.7万元，修建了四条水泥路，总长度共1 500米。

全村需要修建的水利工程有5 000多米。2016年5月，学校协助村委向县水利局申请30万元饮用水引水工程，该项目已立项并动工建设。

2. 争取单位项目资金支持

由于村委会没有集体经济年收入，因此，财政部门每年安排的办公经费只有15 000元，村委工作经费严重不足。三安村村委因缺乏资金支持，办公设备陈旧，办公场所环境不佳，对三安村的公共服务造成一定的影响。为保证村委会日常工作正常运转，学校领导高度重视，2016年投入11.8万元扶贫工作经费用于办公室装修及会议桌添置。2017年8月，向后盾单位玉林市第一职业中等专业学校争取资金支持，购买安装了空调设备两套并支付了线路安装费用。2017年下半年，驻村第一书记积极联系县扶贫办，争取到了村委会场地装修费用，对村委办公楼的墙面和门窗进行了翻修。

为提高就业专业技能，促进农村富余劳动力转移就业，拓宽农民就业门路，增加农民收入，带动贫困户早日脱贫，在学校领导的大力支持下，安排老师、专家分别到三安村举办了以养殖技术为主的职业技能培训班3个班，培训人数150人。培养了一批有知识、懂技术、会经营的新型农民，引导贫困户创业就业。

沈海校长还亲自带领党员干部到三安村开展"精准扶贫·先锋行动"活动，聘请专家到三安村为果农"传经送宝"，现场给果农上课，为果农解答种植砂糖橘的各种疑难问题，然后，还慰问了困难党员2人，帮扶对象5户，并送去了慰问品和慰问金，给贫困户带去了温暖和关怀。

(二) 带动群众积极发展农村产业

玉林市第一职业中等专业学校派驻三安村第一书记杨书明引导139户贫困户及2015年退出贫困户29户，发展一户一产业养殖、种植，每户贫困户养鸡、养鸭30只以上。

2016年5月，驻村第一书记杨书明组织村民成立了两个合作社，开展鹅、火鸡、水牛养殖，种植水蜜枣、木瓜、柠檬。通过"基地+农户"模式带动周边农户致富。参与项目的贫困户有30户。

(三) 利用金融服务扶贫开发机制，推进新村扶贫工程

以扶贫新村建设为载体，加快推进移民搬迁、危房改造、房屋修缮加固，学校驻村第一书记杨书明协助上级有关部门积极做好2016危房改造项目工作，危房改造30户。投入房屋修缮资金14万元，修缮房屋14户。移民搬迁2户。

深入推进"金融支持扶贫惠农工程"，带动村两委积极发动贫困户参加小额信贷，参与入股企业，至2016年12月，有将近32户贫困户办理了小额信贷，并与企业签订了入股协

议,享受到了分红。为贫困户早日脱贫增加了收入。

(四) 抓党建促扶贫

学校驻村第一书记杨书明指导三安村党组织按自治区要求实行"星级化"管理,围绕增强村党组织的政治功能和服务功能,集中力量抓好村级党组织和党员干部队伍建设,打造"五个好"村级党组织,实现"六个有"目标。推动完善村党组织领导的充满活力的村民自治机制,加强村务监督委员会建设,落实"四议两公开",推行"一组两会"等议事机制,促进村级事务公开、公平、公正。围绕抓党建促扶贫发展,村党支部组织三安村党员18名,帮扶贫困户65户318人,在扶贫工作中取得了较好的成绩。

(五) 开展十九大精神宣讲活动

1. 到村开展十九大精神宣讲活动

2017年11月8日,学校领导班子成员到三安村村委会与村干部、老党员代表、困难群众开展了一次既严肃又生动的十九大精神宣讲活动。由沈德海校长主持的本次宣讲活动受到广大群众的好评。沈德海校长围绕十九大会议召开的情况、大会提出的新思想作了详细解读,并对学习好贯彻好十九大精神提出了相关要求。通过本次宣讲活动,三安村的群众学习了习总书记《决胜全面建成小康社会,夺取新时代中国特色社会主义伟大胜利》的报告,而且也明确了中国共产党第十九次全国代表大会的主题是:"不忘初心,牢记使命,高举中国特色社会主义伟大旗帜,决胜全面建成小康社会,夺取新时代中国特色社会主义伟大胜利,为实现中华民族伟大复兴的中国梦不懈奋斗。"

2. 到三安小学开展十九大精神宣讲活动

2017年11月,玉林市第一职业中等专业学校单位领导班子到三安村小学与全体教师开展了一次十九大精神宣讲活动。三安小学是学校点对点结对帮扶的贫困村小学,学校多次向三安村小学捐赠学习用品和办公设备等物资,两校合作关系紧密,情谊深厚。由沈德海校长主持的本次宣讲活动受到三安村小学全体教师的热烈欢迎,沈校长不但把十九大精神的理念讲得清楚、讲得透彻,也把均衡发展的理念、小学党建的有关理念带到了三安小学,活动后广大教师更加明确了今后将十九大精神统一到教育教学中的历史使命。

3. 到贫困户家中开展十九大精神宣讲

2017年11月,玉林市第一职业中等专业学校领导班子成员分别到帮扶联系户覃勇、覃伟、覃科目、覃科才、黄秀青家中慰问贫困户并共同学习十九大精神,调查研究贫困户"八有一超"中欠缺的条件,为今后带领贫困户脱贫提供强有力的帮扶支持。学校帮扶干部送达帮扶联系户的慰问品有五台电风扇、十袋大米、十桶花生油、五台电磁炉、五床棉被。

(六) 学校领导班子到村开展"五个一活动"

2018年1月5日,玉林市第一职业中等专业学校领导干部与党员教师到三安村开展"万名干部进万家活动"。黄善荣副校长与平乐镇三安村驻村第一书记陈雷宇深入基层,进村入户,与群众"面对面交流","零距离"服务,深入开展一次宣讲、开展一次劳动、走访一次贫困户、做一件好事、同吃一顿农家饭的"五个一"活动。三安村村支书,驻村第一书记带领党员教师先后实地调研了田螺养殖生态园、百香果种植基地,听取并了解农户在生产中遇到的难题,一同参与了农业劳作,将党员的先锋示范性与群众路线紧密结合。

三、创新教育扶贫职业技能培训方法,着力提高培训质量和效果

玉林市第一职业中等专业学校配强工作力量,细化工作措施,创新职业培训方法,迅速掀起了"精准扶贫"职业技能培训工作的热潮,实实在在组织各专业各班级贫困学生开展了各类职业技能培训,切实提高脱贫致富的能力。

对全校所有班级进行贫困生调查摸底报名,根据实际情况确定了电商、汽修、维修电工、焊工、服装工等工种的贫困学生职业技能培训带动扶贫项目,并制订了培训计划。根据报名情况展开对各项目的培训,进行职业技能资格考核,并发放相关证书。

四、优化对贫困学生顶岗实习安排与就业推荐指导工作,并加强跟踪管理服务

(1) 优化三年级贫困学生顶岗实习安排与就业推荐指导工作。学校教育扶贫领导机构层层把关,紧盯贫困学生,特别是建档立卡的贫困学生。重点把贫困学生安排在与学校合作挂钩的扶贫就业企业基地实习或就业,学校派驻人员常驻管理,紧盯不放,确保每一个贫困生都能就业,都能为家庭脱贫致富起主要作用。

(2) 为一、二年级贫困学生提供勤工俭学岗位,学校后勤部门组织一、二年的贫困学生利用课余时间做一些辅助性工作,解决这部分学生的伙食问题。

(3) 暑假以工助学。学校就业指导办在暑期组织符合要求的二年级贫困学生到一些企业以工助学,并派驻人员驻守管理,贫困学生获得经济收入,用以自己的读书经济开支,切实减轻家庭负担。

五、成立精准扶贫"圆梦班",精准开展对建档立卡贫困学生的扶贫工作

2016年起,为响应国家精准扶贫的政策,学校组织成立建档立卡贫困学生"圆梦班",目前,一、二、三年级共有"圆梦班"学生858人。每个"圆梦班"学生每年获得的生活资助金为2 000元。另外,学校每年还力所能及地为"圆梦班"学生减轻一定经济负担,学校联系一些有实力企业进行校企合作,企业向学校提供供"圆梦班"学生职业技能培训的实训设备与耗材价值共102万元。这些校企合作的企业优先"圆梦班"毕业的学生就业,解决贫困学生就业之忧,圆贫困学生就业脱贫致富之梦。

扶贫工作是目前党中央最关注的工作之一,是关系到我党在建党一百周年实现全面把我国建设成小康社会伟大目标的关键。玉林市第一职业中等专业学校继续加强教育精准扶贫工作,创新工作方法,撸起袖子加油干,发扬不怕苦不怕累、敢啃硬骨头的精神,为国家脱贫攻坚工作贡献力量。

参 考 文 献

[1] 李世举,赵亮."互联网+"背景下大健康产业发展的对策研究——以贵州省为例[J]. 经济研究导刊,2016,23(11):38-40.

[2] 朱爱国,李宁. 职业教育精准扶贫策略探究[J]. 职教论坛,2016,81(1):16-20.

[3] 民建中央调研部. 关于大力推进教育精准扶贫的思考[J]. 教育与职业,2016,17(20):29-30.

[4] 朱爱国. 基于精准视阈的职业教育扶贫策略探究[J]. 新课程研究(中旬-单),2016,26(1):4-7.

[5] 孟庆国. 全力构建职业教育精准扶贫体系[J]. 江苏教育(职业教育版),2016,41(10):1.

[6] 陈雪梅. 精准扶贫背景下农村贫困人口职业教育脱贫探索[J]. 中国成人教育,2018(3):157-160.

[7] 杨智. 经验思维转向专业思维:农村职业培训扶贫"精准化"的本土路径[J]. 江苏开放大学学报,2017,28(4):62-66.

[8] 卢柳. 运用精准扶贫理念推动民族贫困地区教育发展[J]. 中华少年,2016(36):3-4.

[9] 邓俊."精准扶贫"理念指导下的大学生自我帮扶机制探索[J]. 当代教育实践与教学研究:电子版,2017(6):227-228.

[10] 贾蕾. 浅析五大发展理念在精准扶贫中的地位和作用[J]. 北京农业职业学院学报,2017,31(1):53-58.

[11] 张超. 厚植精准扶贫理念 勇当网络扶贫的"拓荒者"[J]. 信息技术与信息化,2016(11):13-14.